Deutsche
Colossal-Dogge
„Lord"
aus der
Race-Hunde-Zucht-Anstalt
von
Arthur Seyfarth
Köstritz

Kampfhunde II – von Dr. Dieter Fleig

Dr. Dieter Fleig

Kampfhunde
II

Impressum

Verlag Helga Fleig
Haus Alemannentrutz
D 5531 Mürlenbach/Eifel
Telefon (06594) 653
Druck: Tagblatt-Druckerei Haßfurt
Printed in Germany
Herstellung: H. Böhm, H. Prell, H. Weber

ISBN 3-924008-03-5

Inhalt

Illustrationen

Vorwort

KAMPFHUNDE I ist im Jahre 1981 als erstes deutschsprachiges Buch über die alten Kampfhunderassen veröffentlicht worden. Das Echo der Hundefreunde auf dieses Buch war überwältigend, die Nachfrage nach dem angekündigten Fortsetzungsband wurde von Monat zu Monat dringlicher. So greife ich heute erneut zur Feder, um meinen Lesern ein wirklichkeitsgetreues Bild zu entwerfen über die Entstehung und Entwicklung der einzelnen Kampfhunderassen von ihrem Ursprung bis in die 80er Jahre des 20. Jahrhunderts. Es macht mir Freude, dieses Buch zu schreiben, denn ich liebe diese schönen Hunde mit all ihrer Kraft und ihrem einzigartigen Charakter.

Eine Buchbesprechung von KAMPFHUNDE I des österreichischen Kynologen H. von Markusfeld kommt beim Blick auf den züchtenden Menschen zu der Feststellung: »Wo doch der Mensch, dieses eigenartige Säugetier, Hütehunde züchtet, um diese dann als sogenannte ›Gebrauchshunde‹ zu Beißmaschinen zu machen – oder Kampfhunde züchtet, und sie dann zu Spielzeugen degradiert!« Wir werden uns in diesem Buche – leider – immer wieder mit dem Menschen, »diesem eigenartigen Säugetier« zu befassen haben. Sein Tun, seine Zucht, seine Launen haben aus so mancher guten alten Kampfhunderasse kranke Hunde gemacht. Der Mensch hat leider auch alte Kampfhunderassen imitiert, Rückzüchtungen vorgenommen, deren kynologischer Wert zu Recht sehr umstritten ist.

Was das Erscheinen des zweiten Buches verzögerte? Ganz offen gesagt, ich bin zutiefst erschrocken, in welcher Weise im 20. Jahrhundert, in einer zivilisierten Menschheit, mittelalterliche Mißbräuche der Tiere wieder aufbrechen, daß es in den 80er Jahren des 20. Jahrhunderts immer noch möglich ist, Hunde als Kampfmaschinen zu mißbrauchen. Sicherlich, diese »Menschen« sind eine winzige Minderheit, gemessen an dem großen Kreis wirklicher Liebhaber der schönen Kampfhunde. Diese »Hundekämpfer« sind wohl in erster Linie ein ernster Fall für den Psychiater, hoffentlich auch für den Staatsanwalt. Aber es beunruhigt mich doch sehr, wie aus skrupelloser Geldgier, persönlicher Geltungssucht, eigenen Minderwertigkeitskomplexen ganz bewußt versucht wird, diese ekelerregenden Tierkämpfe neu zu beleben oder gar so umzufunktionieren, daß nunmehr unsere Kampfhunde auf Dressurplätze geschleppt werden, um auch sie zu »Beißmaschinen« gegen den Menschen zu machen! Und dies alles mit dem törichten Argument, so könne der einmalige Charakter dieser alten Kampfhunderassen bewahrt werden, ja dies sei geradezu zur Erhaltung eines guten Wesens notwendig! Es gibt Menschen, deren Verhältnis zum Hund sich erschöpft in der törichten Frage: »Beißt er?« – Ich sehe in dieser Fragestellung das völlige Unvermögen des Fragestellers, das wahre innere Verhältnis Mensch – Hund je zu begreifen. Die Hunde – ja gerade unsere Kampfhunde – haben Anspruch darauf, daß der Mensch sie nicht zum »Abschreckungswerkzeug« degradiert! ›Panzer der Antike!‹, ›100% Schutzhund für Millionäre!‹, wie weit sind doch diese Menschen gesunken, die ihre Hunde mit solchen Schlagworten vermarkten. Sie ahnen nicht, welch ein beseeltes, liebeheischendes und liebeschenkendes Lebewesen unser Hund ist, Freund und treuer Begleiter in jeder Lebenslage. Die Wurzel der Zweisamkeit Mensch Hund, des Eingebettetseins unseres Vierbeiners in die volle menschliche Lebensgemeinschaft steckt viel tiefer in Mensch und Hund. Mein dringender Rat an alle Züchter und Liebhaber: Werfen Sie den Frager ›Beißt-er‹ vor die Türe, samt seiner ihn begleitenden ›Überprüfer‹, sie haben keine Ahnung von den Grundvoraussetzungen für eine echte Lebensgemeinschaft Mensch – Hund. Sie ersparen mit diesem rechtzeitigen Hinauswurf ihrem Hund ein bedauernswertes Hundeleben!

Mein Zögern, den zweiten Teil meines Buches auf den Weg zu schicken, war von dieser Entwicklung mit begründet. Ich wollte und will mit meinen Büchern solchen Menschen durch die Herausstellung der wertvollen Kampfhunderassen nicht noch weitere Geschäftsmöglichkeiten erschließen!

Ich weiß auch, daß so mancher engagierte Züchter und Liebhaber unserer Kampfhunderassen durch kritische Anmerkungen zu »seiner Rasse« verletzt sein könnte. Aber kritische Anmerkungen sind notwendig, wenn ich ein ehrliches Buch schreiben soll. Seit nahezu einhundert Jahren wird von Anatomen, Tierärzten, Verhaltensforschern und Kynologen immer wieder betont, daß die Freiheit der züchterischen Gestaltung einer Hunderasse an dem Punkt endet, an dem fahrlässig oder gar vorsätzlich Krankzuchten betrieben werden, wobei ich seelische wie anatomische Mängel als völlig gleichrangig ansehe. Die Zucht großrahmiger Hunderassen hat ihre eigenen, gewichtigen Probleme, alle auf den Bulldog zurück gehenden Hunderassen haben von ihm neben dem sprichtwörtlichen Mut, seinem Selbstbewußtsein auch eine Fülle anatomischer Mängel ererbt, die im Interesse der Gesundheit der Tiere einfach so nicht hingenommen werden können.

KAMPFHUNDE II soll in erster Linie die Entstehung der modernen Kampfhunderasse dokumentieren. Dabei hielt ich es für falsch, auf aktuelle, rassespezifische Zuchtfragen einzugehen, etwa ob der Hals geschwungener, der Fang tiefer, Vorbiß oder Scherengebiß, Körperbau im Quadrat oder Rechteck sein sollten. Diese Fragen kann und soll nur der mit den aktuellen Zuchtproblemen vertraute Rassespezialist beantworten.

Naturgemäß liegt damit der Schwerpunkt meiner Arbeit auf der Dokumentation in Wort und Bild. Das reiche Bildmaterial spricht sicherlich seine eigene Sprache, zeigt, welche anatomische Vollkommenheit viele Rassen bereits im 19. Jahrhundert erreicht hatten. Gerade vor diesem Hintergrund läßt sich dann sicherlich vom Spezialisten die Frage beantworten, ob wirklich die Kampfhunderassen in unserer Zeit zu ihrem und der Menschen Vorteil züchterisch weiter entwickelt wurden. Ob diese Frage wohl bei allen Rassen bejaht werden kann?

Seit nunmehr 25 Jahren sind Kampfhunde meine Lebensgefährten. Eines darf ich meinen Lesern versichern: Ich schreibe dieses Buch, weil ich die Kampfhunderassen liebe, weil ich allen Freunden dieser Hunde Wissen vermitteln möchte, das ihnen das Verständnis um die Eigenarten, Vorzüge und Fehler ihrer Tiere erleichtert. Sollte dann der eine oder andere Züchter oder Liebhaber aus diesem Buche Anregungen aufnehmen, die eine Weiterentwicklung der Hunderassen zu gesunden und wesensstarken Kampfhunden fördern, dann wäre das die schönste Rechtfertigung für dieses Buch!

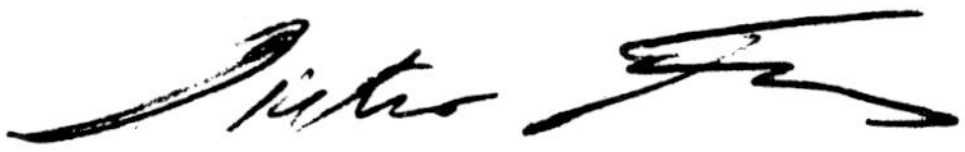

Mürlenbach/Eifel, im März 1983

I. Alte Kampfhunderassen

Bei der Diskussion über die richtige Einordnung der Kampfhunderassen auf der großen kynologischen Abstammungstafel und in den bei der Vielfalt der Hunderassen notwendigen Rassegruppen (vgl. KHI S. 16f.) habe ich bereits dargestellt, daß mir die alten Gruppierungen nicht zusagen. Kampfhunde in ihrer äußeren körperlichen Vielfalt gibt es von den langbeinigen Doggenschlägen über die schwergewichtigen Mastiffs zu den im Terrierlager stehenden Bull Terriern bis herunter zur kleinen französischen Bulldoge und zum Mops. Aus diesem Grunde habe ich sieben im oder vor dem 19.Jahrhundert nachgewiesene Kampfhunderassen herausgestellt, die nach meinen Forschungen die entscheidenden Ausgangsrassen sind für alle heutigen Hunderassen. Dabei bin ich mir natürlich bewußt, daß diese sieben Rassen wieder untereinander Verbindungen haben. Die alte Chincha-Bulldoge habe ich in die Grundbetrachtung mit einbezogen, um das hohe geschichtliche Alter und die Eigenständigkeit der Rassenentwicklung in verschiedenen Kulturkreisen zu dokumentieren. Für viele meiner Leser wird das die erste Begegnung mit dieser schon lange ausgestorbenen Hunderasse sein.

Da diesen Hunderassen für die Entwicklung aller Hunderassen eine Schlüsselstellung zukommt, werde ich die Rassen wesentlich ausführlicher darstellen als später die modernen Kampfhunderassen, da über die modernen Rassen ja doch recht gutes zeitgenössisches Material rassespezifisch von einer Vielzahl von Rassespezialisten erarbeitet ist.

1. Die Tibetdogge

Die Wiege der Tibetdogge – der ältesten Kampfhunderasse der Welt – steht in der Abgeschiedenheit des tibetanischen Hochlandes. Dieser uralte Kirchenstaat unter der Herrschaft des Dalai Lama erstreckt sich heute unter der Oberhoheit der Chinesen über etwa eine Million Quadratkilometer Hochfläche in 4000 bis 5000 m über dem Meeresspiegel mit Hochgebirgen bis zur Höhe des Himalaja von über 8000 m. Eine dünne Luft! Das Volk der Tibetaner, ein Nomadenvolk, züchtete schon vor mehr als tausend Jahren große, starkknochige wilde Hunde zum Schutze seiner Herden und Wohnstätten gegen große Raubtiere. Die fast absolute Abgeschlossenheit des alten Kirchenstaates Tibet, die Unwegsamkeit und Unwirtlichkeit des tibetanischen Hochlandes sorgten dafür, daß die tibetanischen Hunderassen über die Jahrhunderte rein, ohne Vermischungen durch andere Schläge gezüchtet wurden. Allerdings brachten diese Nomadenvölker von Zeit zu Zeit beim Verkauf ihrer Herden auch einzelne Exemplare hinunter nach Indien. Diese Hunde vermischten sich dann mit den bodenständigen Vorgebirgsrassen. Eine erste geschichtliche Spur der Tibetdogge finden wir weit außerhalb des Landes auf einem Grenzstein im Reiche Babylon etwa aus dem Jahre 1000 vor der Zeitenrechnung (Abb. 1). Dieser Stein zeigt einen großrahmigen starkknochigen Doggenschlag mit der typischen Rutenhaltung des Tibetaners. Die Inschrift auf diesem Grenzstein spricht von Lik-Ku, dem Hund des Wohnsitzes. Alte assyrische Dokumente aus dieser Zeit und Deutungen der Inschrift auf dem Stein ergeben nach STREBEL eindeutig, daß die Abbildung auf dem Grenzstein einen Hund aus dem tibetanischen Hochland des Ostens darstellt. Somit können wir historisch fundiert sagen, daß die Tibetdogge mit Sicherheit als Hunderasse mehr als dreitausend Jahre alt ist.

Abb. 1 Babylonischer Grenzstein, ca. 1000 v. Chr.

Die Schriftsteller des Altertums sprechen in der Regel von »indischen Hunden«, wobei es sich hierbei wohl meist um Mischlinge handelt aus den Original-Tibetanern und den heimischen großen Hundeschlägen aus dem Vorgebirge. Auffällig ist die volle Übereinstimmung aller Berichte, daß diese Hunde ganz besonders wild und gefährlich seien, in der Wut kaum zu bändigen, mit ganz besonderer Eignung für den Einsatz als Kriegshunde. In ihrer Heimat schützten sie die von den Männern tagsüber verlassenen Frauen und Kinder in den Dörfern vor Raubtieren und zweibeinigem Gesindel. Ist es da verwunderlich, daß moderne Forscher im Westtibet nachweisen, daß der Hund nach dem Manne das ranghöchste Lebenswesen war und noch vor der Frau und den Kindern rangierte (A.H. FRANCKE)? Als zuverlässigem Schützer der Herde und der Familie wuchs ihm diese Stellung zu! Als anderes, sehr wichtiges Dokument über unsere Tibetdogge gilt die Abbildung eines mächtigen assyrischen Kampfhundes. Dieser Hund wird von nahezu allen Forschern übereinstimmend als typische Tibet-Dogge identifiziert. Als Beweis dienen starke Halswamme, Größe (Schulterhöhe ca. 80 cm), Kraft des Tieres, kurze Behänge, typische Rutenhaltung und extreme Knochenstärke. Diese Abbidlung stammt von einer 1854 gefundenen dünnen Ziegelplatte aus dem Schutt der Ruine von „Birs i Nimrud“ in Niniveh. Dieser Tempel wurde ursprünglich im zwölften Jahrhundert vor Christi von einem babylonischen König erbaut und 580 vor Christi von Nebucadnezar erneuert. Das Ziegelstück selbst wird auf etwa 640 v. Chr. datiert.

Ich habe schon bei der einleitenden Besprechung über die Entstehung der Hunderassen (KH I, S. 14 f.) betont, daß ich die Auffassung vieler Forscher teile, wonach in vielen Ländern – weitgehend unabhängig voneinander – bestimmte Hundeschläge für bestimmte Aufgaben gezüchtet wurden. Sicher ist daher auch im Einzelfall der Nachweis sehr schwierig oder gar unmöglich, ob es sich bei Funden um bodenständige Rassen oder um Einzelexemplare aus anderen Ländern handelt. In der Regel spricht einiges dafür, daß einheimische Hunde dargestellt wurden. Bei dem Wert der kostbaren Kriegshunde, die ja meist den Herrschenden zum Geschenk dargebracht wurden, ist es natürlich auch naheliegend, daß gerade diese kostbaren ausländischen Hunde von Künstlern der Nachwelt überliefert wurden. Die großen Kriegszüge in Begleitung wehrhafter Hunde sind historisch belegt, aus vielen Dokumenten läßt sich beweisen, daß Hunde aus dem tibetanischen Hochland zu den begehrtesten Kriegshunden jener vorchristlichen Zeit gehörten.

Bei unseren Tibetanern kommt für die Forschung erschwerend hinzu, daß wir in Tibet selbst bei den Nomadenvölkern praktisch keine verwertbaren Dokumente oder figürliche Darstellungen erwarten können. Die auf dieser Hochfläche von einzelnen Reisenden oder späteren Forschungsexpeditionen vorgefundenen Hunde stimmen aber in Typ und Charakter weitgehend mit den in Persien und Assyrien nachgewiesenen Abbildungen überein. Absolute Aussagen hinsichtlich der Herkunft der abgebildeten Hunde sind unmöglich, wohl aber der Nachweis, daß es sich um Hunde des tibetanischen Rassetyps handeln muß. Und es ist sicherlich logisch auszuschließen, daß diese Hunde etwa den umgekehrten Weg gegangen wären. Wie hätten die armen Nomadenvölker wohl die kostbaren Kriegshunde bezahlen sollen? Damit besteht heute in der Forschung Übereinstimmung, daß die Tibetdogge tatsächlich ihren Ursprung im tibetanischen Hochland hat.

Der griechische Geschichtsschreiber Ktesias ist wohl die originäre Quelle für die fabulösen Berichte der Schriftsteller Diodor, Plutarch und Photio. Diese berichten übereinstimmend von hohen Berggipfeln, behütet und bewacht von vierfüßigen Vögeln in der Größe eines Wolfes mit Läufen und Klauen des Löwen. Der ganze Körper dieser Tiere sei bedeckt von schwarzen Federn, die Brust rot-gelb gefärbt. Die Wachsamkeit und Angriffslust dieser Greife verbiete jegliches Besteigen der Berge. – Wenn wir bei den Fabeltieren das Wort Vogel streichen, uns an Stelle der Federn Haare vorstellen, dann könnte dies die Beschreibung der mächtigen Tibetdoggen sein, die das Hochplateau und die ihnen anvertrauten Yak-Rinder-Herden nachhaltig gegen jeden Fremdling verteidigten.

Aristoteles (384–322 v. Chr.) berichtet von riesigen „indischen Hunden", welche sich besonders durch eine unbezähmbare Wildheit auszeichneten.

Dabei vermutet Aristoteles, diese Hunde seien aus einer Kreuzung zwischen Tiger und Hund entsprungen, eine neue Legende, die später von vielen Schriftstellern kritiklos übernommen wurde.

Megasthenes schreibt 327 v. Chr. von indischen Hunden, mit Hängeohren, kollossalen Knochen, muskelbepackt, schwer, mit mächtigen Köpfen und breiter Schnauze. Schon in einem früheren Kapitel (KH I S. 47) berichtete ich über die Begegnung Alexander des Großen mit diesen den Löwen furchtlos attackierenden tibetanischen Hunden. Der griechische Geograph Strabon schreibt um die Zeitenwende über den Tibet. Ebenholz gebe es da und große, sehr mutige Hunde, welche das einmal Gepackte so lange nicht mehr los ließen, bis man ihnen Wasser in die Nase gieße. Die Hunde kämpften gegen Löwen und wilde Stiere. Einige dieser Hunde verdrehten im Kampf in wilder Wut die Augen.

STREBEL, der Mann der sich neben M. SIBER wohl am intensivsten um die Aufklärung der historischen Quellen um die Tibetdogge bemüht hat, unterscheidet ausdrücklich zwischen den schweren tibetanischen Hunden, welche sicherlich den heutigen Tibetdoggen an Größe und Kraft weit überlegen waren, den assyrischen Kampfhunden ähnelten und den leichteren tibetanischen Schlägen, welche vorwiegend zur Jagd Verwendung fanden. Der schwere Schlag war offensichtlich viel seltener und weitaus begehrter. Hierzu meint STREBEL: »Die leichtere Form ist die natürlichere, die schwere die erzüchtete, daher kehren alle schwereren Formen, wenn man züchterisch nicht sehr vorsichtig ist, stets zur leichteren Form zurück.« STREBEL sieht hierin einen züchterischen Lehrsatz für alle Doggenzuchten und hat sicher hierin völlig recht. Die Züchter großer Hunderassen haben auch mit einem Naturgesetz zu kämpfen, wonach die auf dem Wolfsskelett aufbauende Hundeanatomie Übergrößen und Übergewichte nur sehr beschränkt ohne körperliche Schäden zuläßt. Übertreibungen in Größe und insbesondere in Gewicht gehen stets zu Lasten eines harmonischen und funktionsgerechten Körperbaus, der dringend erforderlichen Beweglichkeit des Hundes.

Aus dem Mittelalter sind uns durch MARCO POLO (1254–1323) klare Angaben über die Tibethunde überliefert. 25 Jahre in Ostasien, dabei berichtet Marco Polo aus Tibet: »Ich muß auch erzählen, daß in diesem Lande viele der Tiere vorkommen, die Moschus liefern. Das Volk dieses Landes besitzt eine große Anzahl mächtiger und edler Hunde, die große Dienste beim Fang der Moschustiere leisten. Das Volk Tibets ist eine schlecht beschaffene Rasse; sie halten Doggen, so groß wie Esel, die vorzüglich zur Jagd wilder Tiere sind. Sie halten auch manche andere Rasse von Jagdhunden und besitzen ausgezeichnete Jagdfalken.« Interessant ist gerade der Hinweis auf die neben den schweren Doggen im Tibet verwendeten Jagdhunde, ein klarer Beweis für die Thesen Strebels, wonach im Lande gezielt verschiedene Hunderassen für unterschiedliche Aufgaben gezüchtet wurden.

Zwischen den Überlieferungen Marco Polo's und den nächsten Berichten aus diesem geheimnisumwitterten Land liegen immerhin rund fünfhundert Jahre. So reiste um 1800 SAMUEL TURNER im Auftrage der ostindischen Company nach Tibet. Turner fand die Tibetdogge als ständigen Begleiter der tartarischen Hirten bei Herden von 200 bis 300 Yaks. Die Rinder grasten tagsüber auf den Bergen ringsum, wurden nachts zusammengetrieben und eingepfercht und von einigen großen tibetanischen Hunden gegen Vier- und Zweibeiner beschützt. Die selben Wächter fand Turner auch in den Dörfern und er betont ausdrücklich die Gefährlichkeit und Angriffslust dieser Hunde.

WILIAM YOUATT bringt eine imposante Darstellung des Tibet-Hundes in seinem 1850 erschienenen Hundebuch (Abb. 2). Hinter dem stehend dargestellten mächtigen schwarzen Hund türmen sich die tibetanischen Hochgebirge. In seinem Text fußt Youatt weitgehend auf den Berichten eines MR. BENNET. „Dieser Hund wird auf der Hochebene des Tibets am Fuße des Himalaya-Gebirges gezüchtet. Die Bhoteas ziehen diese Hunde sehr sorgfältig auf. Wenn die Männer zu bestimmten Jahreszeiten in die Ebene hinunterziehen, um Borax und Moschus zu verkaufen, bleiben ihre Frauen und die

Abb. 2 Tibetanischer Hund nach William Youatt, London 1850

großen Herden alleine zurück, außerordentlich aufmerksam und wirkungsvoll von den großen Hunden geschützt. Die Tibet-Dogge ist der zuverlässige Wächter fast jeder Hütte in ganz Tibet.« Bei seinem Besuch am Hofe des Teskoo Llama passierte Bennet eine Reihe hölzerner Käfige, aus denen ihn eine große Anzahl wilder großer tobender Hunde bedrohten. Sie waren einheimische Tibet-Doggen und entweder ihrer Natur nach so wild oder durch die Einsperrung besonders ergrimmt. Sie zeigten sich so angriffslustig, daß Mr. Bennet es nicht wagte, nur etwas näher an die Zwinger heranzutreten. Jeder, der über diese Hunde berichtet, spricht von ihrer besonderen Größe, ihrer stolzen Erscheinung, ihrer Wildheit, der ausgeprägten Angriffslust gegen alle Fremden. Die Hunde werden von tiefschwarzer Farbe beschrieben, an den Flanken etwas aufgelichtet; nur die Läufe und kleine Tupfer über den Augen seien von roter oder hellbrauner Farbe. Wie beim Mastiff sei der Fang sehr breit, kurz und tief, aber die Lefzen noch mehr hängend als beim Mastiff. Das Fell hänge rings um den Körper recht locker.

STREBEL stellte nach allen ihm vorliegenden Berichten die Tibetdogge in ihrer heimischen Umgebung auf einer Hellogravure dar, mitten im tibetanischen Hochland als Wächter der Yak-Büffel. (Abb. 3).

Kein Wunder, daß bei allen den imposanten und reizvollen Berichten über diese sagenumwitterte Hunderasse die ersten Importe in England und auch auf dem Kontinent größte Aufmerksamkeit fanden. Der erste Tibethund wurde von dem späteren König George IV Ende der 60er Jahre dem neuen zoologischen Garten Londons geschenkt. 1876 kam ein weiteres Paar aus Indien, der Rüde davon wurde von DALZIEL 1881 in seinem Buch abgebildet (Abb. 4).

Weitere Importe folgten, aber stets vereinzelt, da es sich als außerordentlich schwierig erwies, über Indien in den Tibet vorzudringen und, – selbst wenn dies gelungen war – dann ein wirklich gutes Tier dieser Rasse zu erwerben. Auch der lange Transportweg über See und die gesundheitlich sehr problematische Umstellung der Hunde aus dem Höhenklima nach Europa erschwerten die Importe außergewöhnlich.

Zu den erfolgreichen Importeuren vor der Jahrhundertwende gehört ein MR. BROOKE, der uns folgenden Bericht lieferte: »Ein Hauptmerkmal dieser Rasse ist ihre Körpergröße, je größer, desto besser. Besonders gut sein muß die Front des Hundes mit besonders starken und kräftigen, geraden Vorderläufen. Demgegenüber sind die Hinterläufe erstaunlich schwach entwickelt, neben den Wolfskrallen eine weitere Parallele zu anderen aus dem

Abb. 3 Tibet-Dogge nach Richard Strebel (Heliogravure), 1905

Abb. 4 Thibet-Mastiff »Siring« nach Hugh Dalziel, London 1881

Gebirge kommenden Hunderassen. Die löwenähnliche Mähne steht bei einem Hund in vollem Haarkleid aufrecht, seine Halskrause verstärkt den Eindruck imponierender Größe. In seiner Heimat dient dieser Hund neben seiner Hauptaufgabe als Wächter der Herden und der Hütten auch als Packesel für schwere Salzsäcke. Seine vornehmste Aufgabe ist aber die Abwehr von Raubtieren. Hierzu wird er gerne mit einem stachelbewehrten eisernen Halsband ausgerüstet, was natürlich seine typische Halskrause schwer beeinträchtigt. Sein Fell ist sehr dicht, mit starker Unterwolle versehen und steht vom Körper ab. Seine Farbe ist in der Regel schwarz mit lohfarbenen Abzeichen, manchmal auch rein schwarz, vereinzelt findet man auch rote Tiere. Seine üppig behaarte buschige Rute wird meist hoch getragen, oft auch über den Rücken gerollt.

Sein Kopftyp liegt zwischen dem Bluthund und dem Mastiff, er hat mächtige Kiefer, diese braucht er sowohl beim Kampf gegen Leopard oder Wolf wie um einen wild gewordenen Yak-Büffel nieder zu halten. Sein Oberkopf ist aufgewölbt, Schädel und Gesichtsteil sind von Hautfalten bedeckt. Seine Augen sind klein, liegen tief und man sieht einen Teil der Bindehaut des Auges.

An den Grenzen und in den Außengebieten schwinden schnell Größe und Typ dieser Hunderasse. Ihre ausgeprägten Rassemerkmale entwickeln sich durch Kreuzungen zurück, es bleibt dann nur noch ein gewöhnlich aussehendes Tier vom Typ eines gewöhnlichen Schäferhundes.

Der wahre Typ des Gebirgshundes ist ein unverwechselbarer echter Mastiff. Das Schwarz seines Felles ist samtig, völlig verschieden etwa vom Schwarz eines Neufundländers.«

MAJOR DOUGALL brachte 1904 von einer Tibet-Expedition den Rüden Bothean mit (Abb. 5). Auch er beklagt, daß der alte mächtige Typ des echten Tibet-Hundes mehr und mehr schwinde. Er erzählt über Bothean: »Sein Charakter ist der eines ausgeprägten »Ein-Mann-Hundes«. Ich konnte alles mit ihm machen, aber er behielt eine unüberwindliche Abneigung gegen alle fremden Männer, versuchte jedoch nie eine Frau oder gar ein Kind anzugreifen. Bei Spaziergängen mußte er an der Leine gehalten werden, man konnte ihn nicht frei laufen

Abb. 5 Thibett-Mastiff »Bhotean« London 1912

lassen. Zu Anfang bildete ich mir ein, ihn richtig eingewöhnt zu haben und ließ ihn frei, – mit katastrophalen Folgen! Es war völlig unmöglich, ihn von dem Fehler zu heilen, alle fremden Männer sofort als persönlichen Feind anzusehen. Er war ein hervorragender Wächter, während der Nacht stets hell wach, tagsüber ruhte er . . . Tibet-Hunde sind recht gesellig und ihrem Herren treu ergeben, sehr schnell dabei, eine Bestrafung zu rächen und nehmen eine lange Zeit übel. Wenn man sie gelegentlich ausschimpft, Strenge zeigt, trotz Freundlichkeit, so werden sie zu ergebenen Sklaven. Man kann natürlich überhaupt nichts tun, um die wahre Natur dieses Hundes zu verändern und diese besteht nun einmal darin, jeden Fremden als persönlichen Feind ihres Herren zu sehen. Fremde Hunde beachten sie nicht, solange sie nicht von ihnen belästigt werden. Frauen und Kinder sind ihnen gleichgültig, jedes Kind ist bei ihnen in bester Obhut.«

Diese Tibet-Doggen wurden zu Beginn unseres Jahrhunderts als besondere Kostbarkeiten nach Europa geholt, waren auf vielen Hundeausstellungen die Sensation. Oft wurden sie von den Privatkäufern ihrer Wildheit wegen später an Zoos abgegeben, wo dann auch Zuchtversuche angestellt wurden. Die lange Reise und die extremen klimatischen Veränderungen sind den Hunden selten bekommen, in ihrem Heimatland fiel der Typ nach der Jahrhundertwende durch Vermischungen steil ab. Die Rasse heute besprechen wir in Teil II dieses Buches.

Hier nur noch eine einzige Anmerkung. Es besteht der Verdacht, daß die zahlreichen alten Größen- und Gewichtsangaben einer strengen Prüfung kaum Stand halten würden. Zwar wird immer wieder die Forderung nach einer maximalen Schulterhöhe erhoben, die kontrollierten Importe lagen jedoch – was ihre Schulterhöhe angeht – im Größenbereich unserer Schäferhunde. So maß Mr. Brooke's »D'samu« 61 cm Schulterhöhe und wog etwa 45 kg. STREBEL hat um die Jahrhundertwende 4 Tibet-Doggen in Deutschland in allen Einzelheiten vermessen. Der Rüde hatte eine Schulterhöhe von 65 cm, die drei Hündinnen maßen 62 cm und zweimal 59 cm. Leider gibt es zu den Messungen keine ergänzende Gewichtsangaben, diese dürften aber kaum 50 kg übertroffen haben. Spiegelte sich in diesen Hunden bereits der Niedergang der Rasse?

Wir beenden das Kapitel mit der imposanten Darstellung eines Tibet-Mastiffs auf dem Kontinent, der

Abb. 6 Tibet-Dogge »Aylva«, Kupferstich aus BYLANDT, 1897

Hündin »AYLVA«, einem Kupferstich aus dem herausragenden Hundebuch des Grafen BYLANDT aus dem Jahre 1897. Diese Abbildung (Abb. 6) unterstreicht nochmals Kraft und imponierende Statur der Tibet-Doggen, läßt aber gleichzeitig ahnen, daß es sich hierbei doch um relativ tiefgestellte Hunde handelte.

2. Molosser

Ist es eine Schande, wenn ich einleitend zu diesem Kapitel ganz offen zugebe, daß mir auch nach recht eifrigem Studium der Molosserbegriff der verschiedenen Autoren sehr vage erscheint? Zum einen ist heute für die meisten Kynologen ein molossoider Hund ein Angehöriger der alten Kampfhunderassen, zum anderen aber werden recht logisch klingende Ableitungen über Haarart, Ohrenstellung und Aufgaben vorgenommen, um den geschichtlich nachgewiesenen Molosser zum Stammvater einer ganzen Reihe von Herdenhunden zu machen. Hierzu schließe ich mich jedoch der Meinung von Rittmeister von Stephanitz an, der mit Recht betont, daß sicherlich die örtlichen Hütehundeschläge der jeweiligen Aufgabe entsprechend aus einheimischen Hundeschlägen entstanden sind. Der Gedanke, teure Kampfhunde wären von einfachen Schäfern zur Aufbesserung ihrer Hundestämme aus fernen Ländern heran geholt worden, hat nun wirklich keine große Wahrscheinlichkeit. Bei den wertvollen Kampfhunden machte dies sicherlich schon eher einen Sinn, sie brachten die notwendige Verbesserung der einheimischen Stämme als Kriegshunde.

Lassen sie mich mit den Tatsachen beginnen. Das alte MOLOSSIS, wovon diese Hunde sicherlich ihren Namen ableiten, ist ein Teil des Epirus und liegt an der nördlichen Westküste von Griechenland. Die Molosser waren ein halbgriechischer mit keltischen Ureinwohnern vermischter Volksstamm, der seinen Sitz im alten Epirus, also dem südlichen Teil Albaniens hatte. In Molossis lag ein von vielen Gläubigen aufgesuchtes Heiligtum des Himmelsgottes Jupiter: die heilige Eiche zu Dodona. Ihr Rauschen kündigte den Gläubigen Orakel. Von diesem Wallfahrtsort soll sich dann über die Gläubigen ein lebhafter Export wehrhafter großrahmiger Hunde entwickelt haben. Die Gläubigen brachten diese Hunde in ihre Heimat mit, um sie selbst weiter zu züchten oder einheimische Rassen zu verbessern.

Der Franzose Mégnin und eine Reihe anderer Forscher vertreten die Auffassung, daß die Molosser nichts anderes waren als die Nachkommen der Tibetaner, die durch Alexander den Großen nach Griechenland gebracht wurden und nun in Molossis eine neue Zuchtstätte gefunden hätten. Andere Forscher wie STREBEL sehen in erster Linie in den Molossern selbstgezüchtete große bodenständige Hunde aus diesem Lande.

Aristoteles (384–322 v. Chr.) rühmt die Molosser: »In Molossis zeichnet sich eine Hunderasse, die als Beschützer der Herden dient, durch ihre Größe und unbändigen Mut gegen wilde Tiere vor allen anderen Hunden aus!« Der Schriftsteller Marius Terentius Varro, gestorben im Jahre 27 v. Chr., berichtet in seinem Buch über die Landwirtschaft von zwei Arten von Hunden, die in diesem Lande gezüchtet würden, über Jagdhunde und große Hütehunde, die Schafe und Ziegen wirksam schützten. Aus seiner Beschreibung dieser Hütehunde zitieren wir: »Der Unterkiefer steht vor, aus ihm wachsen zwei Zähne links und rechts, die nur wenig heraus ragen . . . Diese Hunde haben große Köpfe und Hängeohren, starken Nacken und Hals . . . Die Rute stark, das Bellen volltönend, großer Rachen; die Farbe hauptsächlich weiß, um sie in der Dunkelheit von dem Raubzeug unterscheiden zu können.« Häufig finden wir Berichte, daß einheimische Hunderassen durch Kreuzung mit den Molossern ganz beachtlich in Gestalt und Wesen verbessert wurden.

Der Streit der Gelehrten konzentriert sich auf die Frage, ob die Molosser vorwiegend von weißer Farbe waren, was die Vermutung stützen würde, sie seien in erster Linie Herdenhunde gewesen. Durch die weiße Farbe waren sie ja bei Nacht besser durch den Hirten zu erkennen, besser von Raubtieren zu unterscheiden. Andere Fundstellen dokumentieren schwarze Farbe der Molosser, damit eine Anlehnung an die Tibetdoggen und diese Berichte sprechen wiederum von großrahmigen Hofwächtern, denen ja dann die dunkle Farbe als Tarnfarbe diente.

Ein weiterer Streitpunkt ist die Ohrenstellung dieser Hunde. Hängeohren, wie sie Varro beschrieb, sollten die Abstammung von den Tibetanern beweisen, Stehohren werden als Beweis für eine eigene Rassenentwicklung gewertet, ja wohl auch für Einkreuzung von Wolfsblut. Den Gelehrten diente die berühmte Molosser-Statue des NIKIAS im Vatikan als Beweis für ihre Theorie (Abb. 7). Hierzu darf ich anmerken, daß ich mich gerade bei diesem Modell nicht von dem Eindruck befreien kann, es könnte sich hierbei auch um ein kupiertes Ohr handeln. Stehen bei dieser Theorie nicht auch andere Widersprüche an, etwa die Tatsache, daß schwere, groß-

Abb. 7 Molosserstatue des Nikias im Vatikan

rahmige Hunderassen in aller Regel nun einmal auch schwere Ohren tragen?

Als sehr typische Molosser gelten die Funde im Palast des assyrischen Königs Assurbanipal (668–626 v. Chr.) in Niniveh. Eine kleine Terracotte zeigt einen großrahmigen Molosser (Abb. 8) mit einem prächtigen Hängeohr. Niemand kann sich wohl die assyrischen Kriegshunde auf dem Wandrelief aus dem gleichen Palast (Abb. 9) mit Stehohren vorstellen, oder? Wiederum typische Molosser!

STREBEL fordert zu recht, Fakten aus dem sehr unübersichtlichen Wust an Überlieferungen herauszuzählen. Wir werden schon im nächsten Kapitel bei der Diskussion über die Entstehungsgeschichte des Mastiffs, später des Bulldogs wieder herausfinden, daß aus ursprünglich klar fixierten Begriffen mit der Zeit vage Gattungsbegriffe werden. Dies erschwert natürlich jedes Quellenstudium.

Es ist erwiesen, daß in Molossis selbst großrahmige, kampfstarke Hunde planmäßig gezüchtet wurden, daß diese Hunde vorwiegend dem Schutz der Herden dienten, aber sich auch für den Einsatz als Kriegshunde bestens eigneten. Wahrscheinlich standen in friedlichen Zeiten die weißen Hunde an den großen Herden, die schwarzen als Wächter in den menschlichen Ansiedlungen. Hängeohr, Stehohr, kupiertes Ohr, hierüber läßt sich sicher trefflich streiten. Wer garantiert übrigens, daß die Abbildungen stehohriger Hunde wirklich den Molosser portraitieren? Von der Größe und Schwere des Hundes her spricht sicherlich sehr viel für das Hängeohr.

Kein Streit besteht wohl darüber, daß diese Molosser eine weitgehend identische Anatomie hatten (das konnten wir ja auch bei den Tibetdoggen klar nachweisen). Kommen wir später zu unseren Kapiteln über heutige Kampfhunderassen, so werden wir sicher berichten, daß einige davon auch heute noch als großrahmige Hirtenhunde ihren Dienst tun. Kampfhunde und wehrhafter Hirtenhund, dies haben wir ja auch beim Tibetmastiff vorgefunden!

Lesen wir, was Prof. Studer in seinem Buch »Die Rassen des Hundes« im Jahre 1894 zu diesem Thema schreibt: »Ob man sich nun aus der Schilderung . . . ein ganz klares Bild von dem Hunde machen kann, und ob nicht im Altertum mit der Zeit der Name Molosser überhaupt auf große Hunde angewendet wurde, will ich dahin gestellt sein lassen und folgende Tatsachen hervorheben: Aus der

Abb. 8 Molosser-Terracotte Niniveh ca. 650 v. Chr.

Abb. 9 Wandrelief aus dem Palast von Niniveh, ca. 650 v. Chr.

Landschaft Molossis in Epirus wurden große Hunde als Wachthunde bezogen, welche von ihrer Herkunft Molosser hießen. Die Landschaft lag in der Umgebung des heutigen Sees von Janina.

Die Molosser gehörten zum Stamm der Illyrer, der um 1200 v. Chr. von Norden her in Nordgriechenland eindrang, die Hellenen vertrieb und an ihrer Stelle Epirus besetzte. Die Nachkommen der illyrischen Epiroten sind die heutigen Albanesen.

In den rauhen Gebirgen von Epirus, die wohl mit Ausnahme der fruchtbaren Täler nur Viehzucht, wahrscheinlich besonders Schafzucht gestatteten, wurden die Herden von großen Hunden bewacht, die wegen ihrer Stärke und Wachsamkeit geschätzt und bald nach Griechenland und Italien als Wachthunde eingeführt wurden.

Nun sehen wir, daß eine große Anzahl antiker Statuetten, Mosaiken und Gemälde solche Wachthunde darstellen; das schönste Bild einer solchen ist die bekannte Statue von Nikias im Vatikan. Solche Abbildungen finden sich in Griechenland, Italien, Südfrankreich verbreitet. Alle stellen dieselbe Rasse dar, einen muskulösen Hund mit Stehohren, mitunter auch Kippohren, einem trockenen Kopf mit verlängerter, mehr oder weniger verdickter Schnauze und einer starken, mähnenartigen Behaarung an Hals und Nacken, die sich bei einigen auf die Vorderschenkel fortsetzt . . .«

Es dürfte der Wahrheit recht nahe kommen, wenn wir feststellen, daß Molosser vom ursprünglich geographischen Herkunftsort der Hunde sich über die Jahrhunderte zum Gattungsbegriff für große, wehrhafte Hunde auf dem ganzen Kontinent entwickelt hat.

Zum Schluß dieses Kapitels über den Molosser verweisen wir auf unsere Abbildung in KH I S. 21, Geßner's Schirm- und Streithund (Canis bellicosus et homines defensor). Er ist ein echter Molosser und Conrad Geßner schreibt 1669 über diese Hunde: »Es werden etliche Hund zu der Menschen Hut und zum Streit erzogen, wie auch den Mördern nachzustreichen. Diese sollen groß, dürr und scheußlich, darbey aber starck und verwegen seyn, daß sie auch wider bewaffnete Leuth zu kämpffen und zu streiten angeleitet werden. Sie sollen keine andere Menschen erkennen und keinen anderen liebkosen als allein ihren Herren, sich auch von keinem antasten lassen und allein auff ihren Herren sehen und seiner hüten.

Zu dem Streit werden sie mit Kunst erzogen und abgerichtet.

Alexander Pheraeus, ein grosser Tyrann in Thessalia soll einen überauß grossen und scheußlichen Hund erzogen haben, der jedermanns Feind gewesen, außgenommen derjenigen nicht, so ihm Speyse dargeworffen. Solchen Hund hat er zu einem Thürhüter oder Wächter seiner Schlaffkammer gehalten, dieweil er sich für den Leuten von wegen seiner Tyranney nicht sicher wuste.

So haben auch der König der Garamanten, als er ins Elend verwiesen ward, zwey hundert Hunde auß dem Elend wieder in sein Reich bracht, so treffliche Gegenwehr haben sie gegen seine Feinde gethan.«

Das Geßneri Thierbuch beschreibt die Aufgaben unserer Molosser weiter: »Noch ist eine andere Art von Hunden, so die Meyerhöff und die Schiffe verhüten. Diejenige, so zur Hut und Beschirmung der Meyerhöffe gebraucht werden, sollen in alleweg scheußliche Stimm und Ansehen, wie auch einen scheußlichen Kopff, ganz schwartze Farb und kurtzen Leib haben. Daß sie nicht allein mit ihrem Geschrey, sondern auch mit der grausamen Gestalt die Diebe und Schelmen verjagen mögen. Gleicher Gestalt soll auch der seyn, so zur Hut der Ruder der Schiffe und Kauffmanns-Güter in den Schiffen gehalten wird.

Es werden auch etliche Hunde sonst von gemeinen Leuten gehalten, damit das Hauß vor Dieben oder anderen auffsätzigen Leuthen möge verwahret seyn. Ist bey den Alten ein gemeiner Brauch gewesen, wird auch noch bey unsern Zeiten von vielen gebraucht.«

3. Hatzrüden

Es ist geschichtlich überliefert, daß die Germanen auf ihren Kriegszügen stets große, wehrhafte Hunde mit sich führten. Römische Geschichtsschreiber berichten von mächtigen Hunden, welche die germanischen Wagenburgen und die Frauen und Kinder erbittert verteidigten.

Bullenbeißer, Bärenbeißer, Saupacker, verschiedene Namen für einen und denselben wehrhaften Hund. Unter dem Sammelbegriff »Hatzrüden« – für Rüden wie Hündinnen – sind die bodenständischen, germanischen Packer zusammengefaßt.

Wir haben diese Rüden schon in KAMPFHUNDE I bei der Jagd auf wehrhaftes Wild ausführlich dargestellt (S. 23 ff.) und verweisen insbesondere auf den umfangreichen Bildteil über diese Jagden. Die Packer wurden im damaligen Feudalsystem meist an den Höfen in großen Meuten gehalten. Das mittelalterliche Jagdsystem forderte geradezu gebieterisch den Hatzrüden, wenn man auf Auerochsen, Bär und Sau jagen wollte. Bei der Gefährlichkeit dieser Gegner leisteten die alten Bullenbeißer stets einen hohen Blutzoll, – Schweinsköpf' kosteten Hundeköpfe! So war aus dem ursprünglichen Kriegshund ein unentbehrlicher tapferer Packer geworden.

In den alemannischen Gesetzen aus dem fünften und siebten Jahrhundert nach der Zeitenwende werden diese Rüden erstmals schriftlich überliefert. Das Gesetz unterscheidet sogar zwischen Bärenfänger (canis ursoritius), Saurüden (canis porcaritius) und dem Bullenbeißer (canis qui vacaam et taurum prendit). In Kapitel 83 der alemannischen Gesetze wird dem, der einen solch wertvollen Hund mutwillig tötet, eine hohe Geldstrafe auferlegt: »Wenn jemand einen guten Saurüden, der Sauen festhält, einen Bärenrüden, der den Bären faßt oder einen Bullenbeißer, der Kuh oder Bullen niederzwingt, tötet, so hat er eine Buße zu zahlen von drei Solidis.«

Mit Recht betont Strebel, daß sicherlich zu dieser frühen Zeit keine Rede davon sein kann, daß etwa importierte englische Mastiffs bereits eingekreuzt wurden, vielmehr waren die Hatzrüden sicherlich eine eigene, in germanischen Ländern gezüchtete Hunderasse, Nachfahren jener großen Kriegshunde, welche die germanischen Wagenburgen schon verteidigten.

Es ist übrigens interessant, wie immer und immer wieder von den Forschern der Nachweis gesucht wird, daß bestimmte Hunderassen nun eben rein indisch, echte Molosser, germanische Packer waren. Dabei werden sicherlich jene unendlich weiten Entfernungen zwischen den einzelnen Zuchtgebieten viel zu wenig gesehen. Sicherlich, es gab Völkerwanderungen, Kriegszüge, ganz wenige Handelsreisen, gewiß waren diese auch von einigen Hunden begleitet, die sich dann vielleicht einmal mit einheimischen Hunderassen paarten. Bei der großen Zahl guter Hunde, die damals der Mensch für die Jagd, für den Schutz der Gehöfte brauchte, spielen dann aber sicherlich solche Auskreuzungen für unsere Betrachtungen nicht die geringste Rolle. Anders wurde dies erst, als später an Königs- und Fürstenhöfen Hundezucht mit aus anderen Ländern planmäßig importierten Rassen betrieben wurde.

Aus dem 12. Jahrhundert sind in den Kreuzgängen des Großmünsters in Zürich Hundereliefs erhalten, die jene germanischen großen Hatzrüden bei Sau- und Bärenhatz darstellen. Noch eine Anmerkung, bei den Tibetanern und den Molossern stoßen wir auf große Herdenhunde, wehrhafte Hunde, welche in erster Linie dem Schutz der Herden dienten. Im germanischen Bereich dominieren die großen Jäger, die Hatzrüden. Ein Spiegelbild der unterschiedlichen Hundehalter! Tibetdoggen und Molosser bei den Hirten und Bauern, germanische Hatzrüden an den Höfen des Adels.

Erste Importe englischer Mastiffs werden von Geßner 1406 erwähnt. Johann TÄNTZER schreibt 1699 eingehender von diesen englischen Hunden, über ihre Brauchbarkeit bei der Jagd und daß sie auch dazu beitrügen, durch Einkreuzungen die alten Hatzrüden zu verbessern. Täntzer unterscheidet hierbei ganz klar zwischen englischen Hunden, Blendlingen und den unverändert gebliebenen alten Bullenbeißern.

Hans Friedrich von FLEMMING gibt uns in seinem 1719 erschienenen Buch »Der vollkommene teutsche Jäger« ein recht anschauliches Bild vom »Bären- oder Bollbeißer«: ». . . von mittelmäßiger, doch etwas starker Größe, von breiter Brust, mit kurzem und dickem Kopf, kurz aufgeworfener Nase, steifstehenden und spitzig verschnittenen Ohren, doppeltem Gebiß am Kinnbacken, weswegen sie sich sehr verfangen können. Von breiter Stirn zwischen den Augen. Welche Hunde zwar dick, schwer, stark und unbehende zu laufen, im Fangen aber ungemein hitzig, erbittert und so grimmig anfallen, daß sie auch davon zittern und schwer abzubringen sind.«

FLEMMING unterscheidet einen Hund als den »Dantzicker Bährenbeißer« (Abb. 10), er hält ihn für eine tartarische oder andere grimmige Art von Hunden. »Dann sie sind ganz böse, unfreundlich und tückisch aussehen und vor anderen Hunden was besonderes haben. Sie werden insgemein zur podolischen oder ungarischen Büffelochsenjagd, wie auch zuweilen die Bären damit zu hetzen, gebrauchet, zu welchen Kampfjagen sie denn auch am nützlichsten dienen.«

FLEMMING spricht dann weiter von einem etwas niedereren Hund, in allen anderen Teilen aber sonst ähnlich gebaut, dem »Brabanter oder niederländischen Bollbeißer« (siehe KH I, S. 82). Wie der Name schon besagt, seine Aufgabe war nicht die Jagd, sondern das Bullenbeißen, wie wir es ja aus Bd. I kennen (S. 56 ff.). Beide Hundeschläge würden an Ohren und Rute kupiert. Besonders unterstreicht er, daß sie ein außergewöhnlich starkes Gebiß haben und sich oft in ihre Gegner verbeißen. »Sonsten sind auch diese Hunde, weil sie von böser Art, stark von Leib und einen groben Laut haben, am nützlichsten zu guten Hof- und Kettenhunden zu gebrauchen, indem dieselben sehr wachsam und alles grimmig anfallen. – Diese Hunde sind meistenteils von kurzen Nasen und schwarz um das Maul, die Unterkiefer stehen vor, sie sind gelblicht oder braunstreifig und sehen mit den Augen sehr unfreundlich und launisch aus.«

Es ist zu betonen, daß FLEMMING seine Schilderung auf eigene Beobachtungen begründet, was bei – leider – nicht allen Chronisten der Fall ist. So manche andere Berichte – dies haben wir ja bei der Tibetdogge nachgewiesen – beruhen auf dem »Hören-Sagen«. Also, Einsatz des BRABANTER vor-

Abb. 10 Dantzicher Bährenbeißer nach Flemming

wiegend zur Stierhetze, ähnlich wie in England, während der große DANZIGER wehrhafter Jagdhund zur Bärenhatz war.

Joh. El. RIEDINGER (1698–1767), der berühmte Augsburger Kupferstecher, war nahezu Zeitgenosse Flemmings, auch er schildert Bärenjagden mit dem Bärenbeißer. RIEDINGER gilt zu Recht als großer Experte in allen jagdlichen Fragen, sein gesamtes künstlerisches Werk besticht durch peinlichgenaue Wiedergabe aller Details. Diesem Künstler verdanken wir zwei großartige Illustrationen dieser Hunde. Sein Brabanter Bullenbeißer (Abb. 11) ist ein großrahmiger gelber Rüde mit dunkler Maske, er hat einen besonders ausgeprägten Kopf und steht auf starken Läufen. Sein Danziger Bärenbeißer (Abb. 12) hat etwas längere Behaarung, ist wohl von gestromter Farbe, er ist ein großrahmiger mächtiger knochenstarker Hund.

Als Ergänzung hierzu habe ich ein sehr gutes Blatt des Franzosen CHARPENTIER ausgewählt, mit anatomischen Studien der Saupacker in diesem Land (Abb. 13). Frappierend die deutliche Ähnlichkeit zu den Stichen von Riedinger. Der mit gezeigte

Abb. 11 Brabanter Bullenbeißer nach Riedinger

Abb. 12 Danziger Bärenbeißer nach Riedinger

hängeohrige kräftige Hundekopf demonstriert, daß wohl nicht alle diese Packer kupiert wurden.

In WINCKELL's Handbuch für Jäger und Jagdberechtigte finden wir Anfang des 19. Jahrhunderts eine klare Empfehlung der alten Hatzrüden, allerdings nur zur Bärenhatz, nicht für die Saujagd, da sie dabei zu leicht wegen ihres unerschütterlichen Angriffs schwer geschlagen würden. Für die Bärenjagd sagt Winckell: »Bullen- oder Bärenbeißer, eine nicht gar zu große, aber starke, beherzte Hunderace mit dicken, kurzen Köpfen. Sie packen alles, worauf sie gehetzt werden, sind aber schwer. Man pflegt sie zu mäuseln, d. h. die Ohren verstutzen, auch die Rute kurz abzuschlagen. Beides geschieht, ehe sie sechs Wochen alt werden. Ihrer Tücke und Bosheit wegen können sie Menschen und Tieren leicht gefährlich werden; aus diesem Grunde ist es in mehreren Ländern nicht erlaubt, sich derselben zu bedienen.«

Von J. M. BECHSTEIN erhalten wir aus dem Jahre 1801 den klaren Hinweis auf das massive Auftreten von Spaltnasen beim Bullenbeißer. Diese Doppelnasen wurden zu jener Zeit nicht etwa als Fehler angesehen, sondern vielmehr als ganz großer Vorzug. Je scheußlicher, desto abschreckender, desto – besser! Diese Philosphie ist von unverbildeten Hundefreunden nur sehr schwer nachzuvollziehen, aber sie ist sehr verbreitet bei den Anhängern der

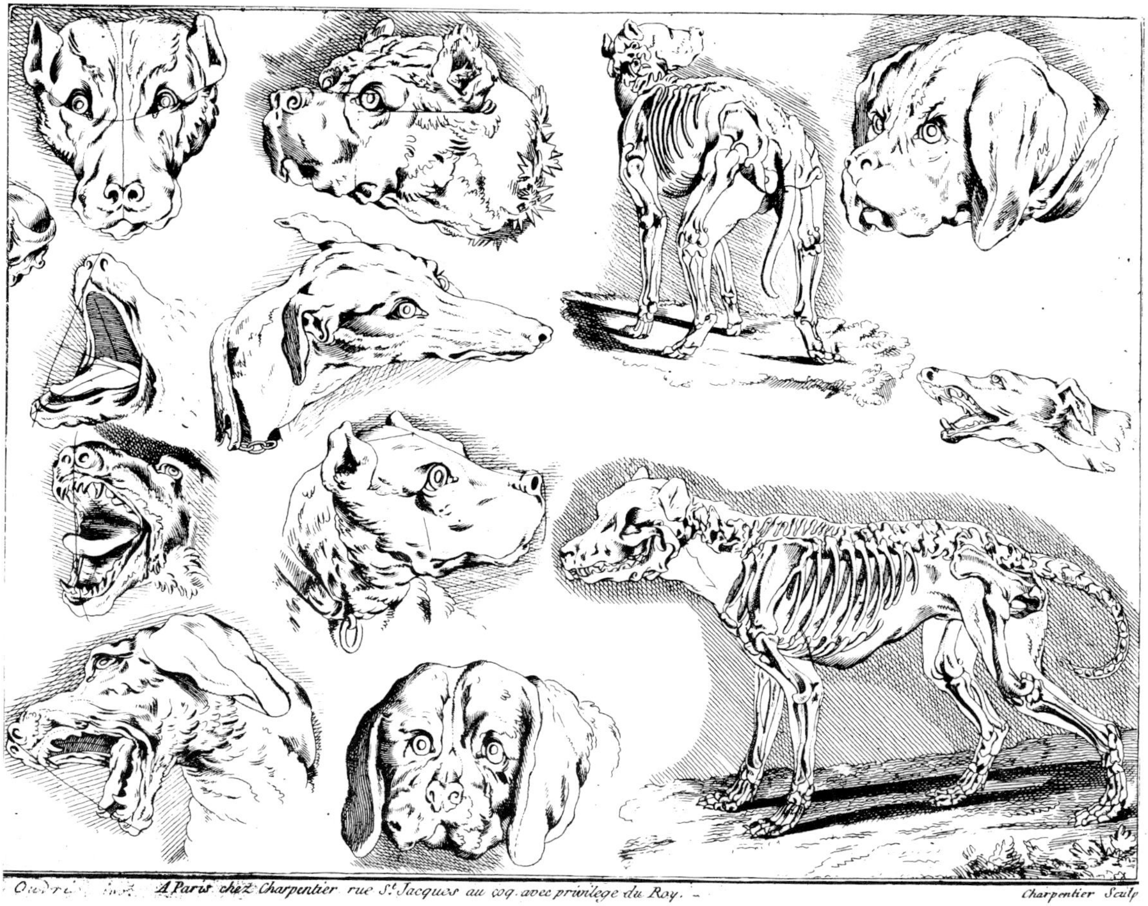

Abb. 13 Bullenbeißer Studien von Charpentier

alten Kampfhunderassen. Wir werden uns mit diesem Phänomen in diesem Buch noch öfters auseinandersetzen müssen. Für den Augenblick wollen wir es nur als Tatsache festhalten, als Tatsache, daß man um der Groteske willen schwere Krankheitserscheinungen sogar noch züchterisch pflegte. BECHSTEIN beschreibt den »Bullenbeißer mit der Hasenscharte«, dem er gleich noch den lateinischen Namen canis fam. lagochilus verpaßt: »die Oberlippe entweder ganz durchschnitten, daß die Zähne durchschauen, oder nur bis auf den Grund, so daß es zwei Nasen zu sein scheinen.«

In der »Monographie des Hundes« von Th. GÖTZ aus dem Jahre 1834 finden wir eine recht gute Beschreibung des Bullenbeißers: »Der Kopf ist ungemein dick mit tief eingebogener Nase, die gemeiniglich in der Mitte des Nasenbeines von Natur aus gespalten ist, und daher haben solche Hunde auch den Namen ›Doppelnase‹. Er ist außerordentlich kräftig, dabei von einem wilden, bösartigen Temperament, aber dagegen mit Leib und Leben seinem Herrn und dessen Eigentum ergeben.

Diese Hunderasse wurde sonst häufig in Wien in der Tierhetze, einem beliebten barbarischen Vergnügen der Wiener Welt gebraucht, wo oft ein einziger Hund mit einem Bären oder Auerochsen kämpfen mußte. Die schönsten findet man in den Meistereien, wo sie oft sehr teuer bezahlt werden.

Sie leisten vortreffliche Dienste auf Reisen und werden von Gefängniswärtern zur Bewachung der Gefangenen gehalten. Der berühmte Räuberanführer, der sogenannte Hundesattler, führte dergleichen, wovon er seinen Namen erhielt.

Seine Farbe ist meistens fahlgelb mit dunkelschmutzig-braunen Schwielen und Streifen; es gibt aber auch braune; jedoch ist bei allen der Vorderteil des Kopfes bis hinter die Lefzen schwarz.«

Um nochmals auf die auch hier angesprochene Doppelnase zurückzukommen: Prof. HILZHEIMER betont in seinem Buch über die Chincha-Bulldogge, daß die Doppelnase beim alten Packer geradezu als untrügliches Merkmal für Rassereinheit angesehen wurde. Gewissenlose Hundehändler erweckten bei den vertrauensseligen Käufern den Eindruck, die der Rasse nachgesagte Schärfe und Angriffslust seien untrennbar mit diesen Spaltnasen gekoppelt.

Dr. FITZINGER konstruiert hieraus in seinem 1876 erschienenen berüchtigten Buch den CANIS MOLOSSUS PALMATUS, den doppelnasigen Bullenbeißer, den er als eine reine, unvermischte Rasse darstellt. Neben der völlig gespaltenen Nase dichtete Fitzinger diesem armen Hund als weiteres untrügliches Rassemerkmal gleich noch an den Hinterläufen »stärker entwickelte Spannhäute zwischen den Zehen« an, also so eine Art von Schwimmflossen. Daher sei der Hund einer der besten Schwimmer unter den Hunden! – Interessant ist noch bei dieser Beschreibung, daß Fitzinger schreibt, daß von den Lefzen dieses Hundes fortwährend der Geifer in langgezogenen Fäden heruntertriefe.

Wir können feststellen, daß in einer jahrhundertelangen Entwicklung sich aus den großen alten Hatzrüden zwei Hundeschläge bildeten. Zum einen großrahmige, langbeinige etwas beweglichere Hunde – die Vorgänger der heutigen Doggenschläge, zum anderen die untersetzten, breitköpfigen schweren Packer, wohl neben der englischen Bulldogge die Ausgangsrasse für den heutigen Boxer. GÖSCHEL berichtet, daß die letzten in Deutschland noch feststellbaren alten Saupacker am kurhessischen Jägerhof zu Kassel gezüchtet wurden. Die letzten echten Packer wurden im Jahre 1876 verkauft, die Zucht eingestellt. Seither muß diese Hunderasse – leider – als ausgestorben – aber später im Boxer wiederbelebt – angesehen werden.

4. Der Mastiff

Der englische Mastiff gilt sicherlich zu Recht als eine der großartigsten Hunderassen der Welt. England ist stolz auf diese alte Hunderasse. Auch beim Mastiff stoßen wir natürlich direkt wieder auf die Frage, ob es sich um eine völlig eigenständige, allein in England entwickelte Hunderasse handelt oder ob die Tibetaner und Molosser ihre Stammväter waren. Die Verfechter der Theorie, es handele sich um eine rein englische Rasse stützen sich auf die Berichte des römischen Schriftstellers GRATIUS FALSIUS aus dem Jahre 8 n. Chr. Er schreibt über große Schaukämpfe im Amphitheater des alten Rom zwischen den pugnaces aus Epirus – also Molossern – und den pugnaces aus Britannien – also den frühen englischen Mastiffs. Bei diesen Schaukämpfen zeigte sich, daß die breitmäuligen Hunde aus Britannien den griechischen Molossern weit überlegen waren, ihre Siege bei diesen Schaukämpfen begründeten den Ruhm der englischen Hundezüchter. FALSIUS berichtet: »Obwohl die britischen Hunde weder durch ihre Farbe, noch durch gute Anatomie sich auszeichnen, so konnte ich doch auch keine besonderen Fehler an ihnen finden. Wenn grimmige Arbeit zu leisten, wenn besonderer Schneid notwendig ist, wenn Mars zum äußersten Kampfe ruft, dann wird Dich der kräftige Molosser weniger befriedigen und auch der Athamanenser Hund kann sich mit der Geschicklichkeit dieser britanischen Hunde nicht messen.«

STRABO, ein anderer Römer berichtete dann im Jahre 38 n. Chr. von großen englischen Hunden, die in ihrer Heimat Britannien zur Jagd auf wehrhafte Tiere und als Kriegshunde gezüchtet würden. Die Römer stießen bei ihrer Eroberung Englands auf diese gefährlichen Hunde, die zusammen mit den Ureinwohnern den Römern erbitterten Widerstand leisteten. Der Mut dieser Hunde war so überzeugend, daß die Römer sie als Kriegsbeute für die Schaukämpfe nach Rom schickten. Ein römischer Offizier, der »procurator cynegii« war in Winchester stationiert und trug die Verantwortung für Auswahl und Versand dieser Hunde nach Rom.

Also ist der Mastiff eine urenglische Hunderasse, denn diese Hunde traten ja den von den Römern mitgeführten Molossern schon bei der Eroberung Englands als die kämpferisch überlegene Hunderasse entgegen!

Es gibt aber eine Reihe prominenter Forscher, die dennoch eine Einflußnahme der Tibetaner und Molosser auf den Mastiff bereits zu dieser frühen Zeit nicht ausschließen. Fest steht, daß bereits im 6. Jahrhundert v. Chr. phönizische Händler zu den Scilly Inseln und auch nach Cornwall kamen, um griechische Güter gegen begehrte englische Metalle zu tauschen. Dabei konnten diese Händler durchaus auch große Molosser an die Bewohner des Landes verkauft haben, wodurch dann die im Lande befindlichen kleineren, aber außerordentlich mutigen Hunde verbessert und Anschluß an Tibetaner und Molosser gefunden hätten. Ein ziemlich sinnloser Streit! Sachlich gibt es wenig vernünftige Gründe, weshalb nicht in jedem Lande entsprechend den Anforderungen der Bewohner die gewünschten Hunderassen aufgabengerecht entwickelt werden konnten. Man bedenke doch die enorme Variationsbreite des Hundegeschlechtes, vom Zwerghund bis zur Kolossaldogge! Es ist demnach völlig belanglos, ob der Mastiff durch diese frühen Handelsreisen einige Spritzer Molosserblut erhielt oder nicht. Der Mastiff ist sicherlich eine urenglische Hunderasse!

Sprachforscher haben gleichfalls versucht, die Deutung des Wortes »Mastiff« mit Rückschlüssen über die Herkunft des Hundes zu verbinden. DR. ALBRECHT kommt in seinem Buch »Zur ältesten Geschichte des Hundes« über die vergleichende Sprachforschung zu der Ähnlichkeit der in den verschiedenen Ländern gebrauchten Bezeichnungen der großen Hunde mit »Mastiff«, »Maytin«, »Matîn« zu der Annahme, diese europäischen Hunderassen müßten eine gemeinsame Wurzel haben. Er sieht die Wurzel in dem lateinischen Wort »Mausuetus« = gezähmt. Andere Sprachforscher führen auf den lateinischen Begriff »Massatinus« = häuslich zurück. Die Richtigkeit dieser Sprachforschung sei durchaus anerkannt, auch die Ableitungen, die ja Hinweise auf die Eigenschaften dieser großen Hunde geben. Mir erscheint es aber völlig abwegig, hieraus die Verwandtschaft dieser Hunderassen zu folgern. Viel logischer ist die Feststellung, daß die lateinische Sprache auf fast alle europäische Sprachen Einfluß genommen hat, Hunde gleichartiger Aufgaben dadurch aus der lateinischen Sprachwurzel ähnliche Namen erhielten.

Noch eine letzte sprachliche Anmerkung. Die altenglische Bezeichnung für den Mastiff lautete »mase-theve«. Hieraus läßt sich ableiten »master of the thieves« – Meister der Diebe; eine völlig andere Ableitung im germanischen Sprachraum führt zum plattdeutschen »Mast-teve«, einer Bezeichnung für einen schweren, plumpen Hund.

Ein Sprung über einige Jahrhunderte bringt uns aus der Kampfarena des alten Rom in die riesigen Wälder Englands des 15. Jahrhunderts. Aus dem ältesten englischen Buch über die Jagd »The Master of the Game« lesen wir von zwei großen englischen Hundeschlägen, dem Alaunt und dem Mastiff. Der Herzog von York schildert den Alaunt als großen, kräftigen Hund. Seine Aufgabe war es, als Packer insbesondere die Jagd auf Sauen zu ermöglichen; er stand aber auch Hirten und Metzgern als mutiger Viehtreiber zur Seite. Bei unserem Kapitel über den englischen Bulldog werden wir auf diesen Alaunt zurück kommen. Über den Mastiff schreibt der Herzog von York in »The Master of the Game« 1406: »Es ist die Aufgabe des Mastiffs und entspricht seinem Wesen, die Tiere, Haus und Hof seines Herren zu beschützen. Es ist eine gute Hunderasse, denn sie schützt und verteidigt mit all ihrer Kraft alles Eigentum ihres Herren. Sie müssen von unfreundlichem Wesen und ausgesprochen abschreckender äußerer Gestalt sein.« Der Herzog ergänzt, daß es einige recht gute Mastiffs gebe, die auch dem Berufsjäger zu gutem Fleisch verhülfen. Man könne den Mastiff – ähnlich dem Alaunt – auch zur Saujagd verwenden. – Die Hauptaufgabe des Mastiffs war aber – im Gegensatz zum Alaunt – der sichere Schutz des Eigentums seines Herrn.

Von DR. CAIUS, Leibarzt von Königin Elisabeth I, erfahren wir aus dem Jahre 1550: »Der Mastiff oder ›ban-dog‹ ist ein grober, sehr großer Hund mit dickem, schwerem Kopf, häßlich und recht eifrig, von schwerer, plumper Gestalt und deshalb wenig schnell. Er ist schrecklich und furchterregend anzusehen, viel wilder und angriffslustiger als irgendein anderer arkadischer Hund (Molosser). Man sagt ihm nach, er stamme vom Löwen ab. Diesen Hund nennt man auch ›Villatica‹, weil es seine Aufgabe ist, zu wachen und die Bauernhöfe zu schützen.« – »Er ist ein Hund von wildem Mut und Kampfeslust, sein Anblick erfüllt das Herz des Menschen mit Furcht. Diese Hunde fürchten nichts auf dieser Welt, keine Waffe läßt sie zurückweichen oder nimmt ihnen den Mut.« Dr. Caius berichtet weiter, der Mastiff werde häufig als Kriegshund systematisch zum Angriff auf den Menschen geschult, er lobt seinen unerschrokkenen Einsatz beim Angriff auf Bär, Bullen oder Sauen. Bei der Schulung werde der menschliche Gegner mit Speer, Keule oder Schwert ausgerüstet, aber durch solche Zweikämpfe werde dieser Hund nur noch stärker und selbstbewußter.

ALDROVANDUS verdanken wir aus dem Jahre 1637 eine sehr anschauliche Beschreibung des Mastiffs im Mittelalter. »Laßt diese Hunde riesige Bullen und Bären angreifen, sie werden sie zum Anhalten zwingen. Sie führen jeden Kampf fort, auch wenn sie schwer verwundet werden. Ihre Ohren hängen tief, ihre Lefzen fallen lose, sie sind von wildem Aussehen und haben einen starken Nacken. Ihr Kopf muß seitlich flach, von vorne gesehen stumpf wirken. Der Mastiff hat große, aufgewölbte Pfoten mit weichen Ballen, im Knie ist er fest gefügt, der Körper nicht zu schwer. Die Läufe müssen völlig gerade sein, die Lendenpartie lang. Das Rückgrat ist fest, kräftig die Lendenpartie. Farbe rotbraun, der Brustkorb gut zum ganzen Körper passend. Der Hund erweckt den Eindruck, als stoße er Feuer aus der Nase, seine Stimme füllt die Wälder mit dröhnendem Gebell, das den Ärger aus seiner tiefen Brust löst. Dabei glühen seine Augen, sein Nacken schwillt an und oft krümmt er seine Rute ringförmig über seinem behaarten Rücken.« ALDROVANDUS verdanken wir einen guten Holzstich (Abb. 14), der als »Englischer Kampfhund von erschrecklichem Ansehen« bezeichnet wird. Wir könnten eine stattliche Reihe weiterer Zeugen für das hohe Ansehen dieser Hunde zitieren, die Schilderungen gleichen einander so sehr, daß sicherlich keinerlei Zweifel bestehen, daß der alte englische Mastiff eine der großartigsten und wertvollsten Hunderassen im mittelalterlichen England war.

Wir haben bereits in KH I S. 64/65 das wohl früheste Ölgemälde des Mastiffs von ABRAHAM HONDIUS aus dem Jahre 1635 vorgestellt. Die Kraft, der anatomische Körperbau und die Angriffslust dieser zwei Hunde gegen den wehrhaften Keiler sind beeindruckend. Auch eine ganze Reihe weiterer Jagdbilder aus England in KH I zeigen den Mastiff bei seinem Einsatz auf der Jagd von wehrhaften Tieren.

Abb. 14 Englischer Kampfhund, Holzschnitt nach ALDROVANDUS, 1637

Die Zucht des Mastiffs lag in den Händen großer, angesehener Familien, meist aus dem hohen Adel. Von geradezu legendärem Ruf ragen die LYME HALL-Mastiffs heraus. Dieser Zwinger lag in Cheshire, seine Tiere waren von ganz besonderer Größe und Kraft, hatten aber einen wesentlich längeren Fang als später gewünscht. Die Geschichte dieser Zuchtstätte geht bis auf den 25. 10. 1415 zurück, dem Tag der Schlacht von Agincourt. Hier errangen die Briten einen bedeutenden Sieg über die Gallier. Peers Legh von Lyme Hall kämpfte auf Seiten der Sieger, wurde nach der Schlacht schwer verwundet von seinem Kameraden auf dem Schlachtfeld gefunden, an seiner Seite seine treue Mastiff-Hündin. Sie wich beim Abtransport nicht von der Seite ihres Herren, auch nicht auf dem langen Weg nach Paris. Sie folgte dem Sarg ihres Herren, als er im Lyme Hall seine letzte Ruhestätte fand. Auf dieser treuen Hündin gründete die Familie Legh ihre LYME HALL-Zucht, die direkten Nachkommen der Hündin wurden nie verkauft. In einer klaren engen Familienzucht wurde von den Legh's der LYME HALL-Mastiff aufgebaut.

Insgesamt sind vier große alte Zuchtstätten hervorzuheben. Die LYME-HALL-Linie haben wir schon besprochen. Wichtig ist danach die CHATSWORTH-Linie des Herzogs von Devonshire, die dritte bedeutende Zuchtstätte wurde von Lord Harrington unter dem Namen ELVASTON-CASTLE aufgebaut und die vierte Linie HADZOR HALL gehörte der alten Familie Gattons. Mastiffs aus diesen vier englischen Spitzenzwingern machten den Hund in ganz England bekannt und berühmt.

Es ist erschreckend, bereits im Jahre 1803 im SPORTMAN's CABINETT zu lesen, daß der gute alte Mastiff mehr und mehr zur Seltenheit geworden sei, Einkreuzungen aus verschiedenen anderen Hundeschlägen das Bild dieser großen Rasse sehr verschlechtert hätten. Ein echter Mastiff sei nun wirklich eine Kostbarkeit geworden. Dieser alte Schlag unterscheide sich von den Mischlingen durch seine besondere Substanz, Schulterhöhe, Knochen und Kraft. Man müsse sehr auf schwere Behänge, starke Belefzung, Feuer der Hunde achten. Die Majestät der Erscheinung dieses Hundes vereinige Kraft und Stärke. Unsere Abbildung 15 zeigt die Originalillustration aus diesem sehr wichtigen Buch durch den englischen Hundemaler REINAGLE. Der Rüde steht am Südufer der Themse vor den alten Lagerbauten, am anderen Ufer erkennt man deutlich St. Pauls. Der hier abgebildete Hund stimmt in erstaunlichem Maß mit den zitierten Berichten überein. Breiter Oberkopf, mittellanger Fang, schwere Behänge, starke Belefzung, kräftiger, aber dennoch edel geschwungener Hals, langer, aber fester Rükken, Bombenknochen, erstklassige Pfoten, recht ansprechende Winkelung von Vor- und Hinterhand. Besonders hervorzuheben, – guter kräftiger Körper ohne jede Überladung des Hundes.

Noch eine interessante Anmerkung des Autors dieses Buches, eines »Veteran Sportsman«. Die Agressivität oder auch Gutartigkeit des Mastiffs sei weitgehend von seiner Haltung durch den Menschen abhängig. Beschränke man seinen Lebensraum, dann werde er sehr agressiv, extreme Wildheit, ja Bösartigkeit erwachse aus der Kettenhaltung. Lasse man jedoch dem Mastiff guten Auslauf auf einem großen Grundstück, so sei dieser Hund in aller Regel gutartig und greife nur bei wirklicher Gefahr an. Diese Wesensbeschreibung deckt sich mit vielen anderen Berichten.

So schreibt PROF. GMELIN in »The Animal Kingdom« 1792 über den Mastiff: »Die Aufgabe als Wachhund erfüllt der Mastiff mit großer Treue, ja sogar mit Verstand. Einige erlauben Fremden auf

Abb. 15 MASTIFF nach D. REINAGLE, 1803

das bewachte Grundstück zu kommen und gehen dann friedlich neben dem Eindringling über das Gelände, solange er nichts berührt. Aber im Augenblick, da der Fremde einen Gegenstand anfaßt oder es wagt, das Grundstück wieder zu verlassen, macht der Mastiff alles klar. Zunächst warnt er durch leises Knurren, wenn dies nichts hilft, macht er in seiner groben Art deutlich, daß der Fremdling weder Unheil anrichten, noch weggehen darf. Dieser Hund wendet solange keine Gewalt an, als man keinen Widerstand leistet. Wer sich jedoch nicht fügt, der wird festgehalten, umgeworfen, notfalls auch für Stunden an derselben Stelle festgehalten, ohne daß der Hund ernsthaft zubeißt. Das ganze dauert so lange, bis der Besitzer den Eindringling befreit.« – Fürwahr, dies ist sicherlich ein Wächter, wie ihn sich so mancher Hundefreund erträumt!

Eine sehr schöne Abbildung des Mastiffs verdanken wir dem Maler W. R. SMITH, die wir dem bekannten Buch von JESSE aus dem Jahre 1846 entnommen haben (Abb. 16). Hier sehen wir den Mastiff als imponierenden Wächter draußen auf dem freien Land. Der das Eigentum schützende große Wachhund, bei aller Größe von sehr gutem anatomischem Aufbau!

Lassen Sie mir die Freude, Ihnen an dieser Stelle

noch eine weitere großartige Darstellung des Mastiffs vorzustellen. Der Tierbildner DEMAY hat etwa 1850 eine Mastiff-Bronze geschaffen, die zeigt, wie vollendet man Größe des Hundes, Knochenstärke, Kopftyp und erstklassigen anatomischen Aufbau miteinander verbinden kann. Unsere Abbildung 17 halte ich für eine echte Herausforderung für jeden Mastiff-Züchter, einen solchen urgesunden, schönen Hund, der auch offensichtlich noch altes Mastiff-Wesen zeigt – wieder zu züchten!

RAWDON R. LEE schreibt 1899 von einem unübersehbaren Verfall dieser schönen alten Hunderasse. Es gebe in der Zucht eine maßlose Übertreibung bei dem Bestreben, extreme Kopfformen zu erreichen, die Zucht gehe völlig zu Lasten der richtigen Symetrie der Hunde. Senkrücken, krumme Laufknochen untypischer, rollender Bewegungsablauf werden beklagt. Der Hund entferne sich von seiner früheren Stellung als König unter den Hunderassen immer mehr.

LEIGHTON blickt 1912 mit Wehmut auf die alte Zeit zurück, als – wie er berichtet – etwa 1871 im Chrystall Palace zu London noch 63 Mastiffs vorgestellt wurden, – »nicht ein schlechter Hund darun-

Abb. 16 MASTIFF nach W. R. SMITH, 1846

Abb. 17 MASTIFF-BRONZE von DENAY, ca. 1850 *(Foto: Lazi Perenyi, Sammlung: Dr. Fleig)*

ter!« Er sieht nach der Jahrhundertwende einen echten Verfall der Hunderasse. Die Züchter seien sich nicht mehr bewußt, daß es bei der Zucht gerade dieser Hunderasse größter Sorgfalt bedürfe, das gelte auch besonders für die Haltung. Der Mastiff müsse stets in richtiger Kondition gehalten werden, in der allgemein üblichen engen Zwingerhaltung liege die Gefahr, daß der Hund zu schwer werde. Besonders bemängelt er die immer schwächer werdende Hinterhand.

DRURY schreibt 1903, die Rasse verliere immer mehr Liebhaber, es werde zu sehr auf Kopf mit extrem kurzem Fang gezüchtet, dabei alle anderen wichtigen Merkmale völlig übersehen. Er klagt über zu kurze Körper, kurze Läufe, schlechte Winkelung der Hinterhand, steiles Sprunggelenk, Verlust an Ausdruck, mangelnde Bewegungsfähigkeit.

Diese ziemlich willkürlich herausgegriffenen Berichte über den Mastiff zu Beginn des 20. Jahrhunderts dokumentieren, daß bereits zu dieser Zeit massive Fehler im Rassebild auftreten, die auch heutige Beobachter der Rasse immer wieder anführen. Ich habe die Literatur um die Jahrhundertwende sorgfältig geprüft und dabei nicht einen einzigen Autor gefunden, der den Abfall der Qualität dieser Hunderasse nicht beklagte! Dies gibt sicherlich zu denken! Kann es daran liegen, daß wirklich der große Hund einen sehr viel weiteren Lebensraum braucht, um sich gesund zu entwickeln? Man denke an die weiten Lebensräume auf dem freien Land, wo dieser Hund als Wächter seine Aufgabe fand, man denke an die großen Jagden, an die riesigen Zwingeranlagen auf den alten Schlössern! Krankt diese Hunderasse – und viele anderen großen Rassen mit ihr – an der räumlichen Enge, für die sie nun einmal nicht geschaffen wurde?

Lassen wir diese Frage einmal im Raume stehen, wir werden sie am Ende des Buches wieder aufgreifen. Zurück zur Entwicklung des Mastiffs Ende des 19. Jahrhunderts.

Im Jahre 1872 wurde der »Old English Mastiff Club, England« gegründet. Seine Aufgabe sollte es sein, diese Hunderasse weiter zu entwickeln, die Züchter und Liebhaber der Rasse nach besten Kräften zu fördern. Ich habe bereits aus den Kommentaren etwa dreißig Jahre nach der Gründung nachgewiesen, daß dieses Ziel wohl nicht ganz erreicht wurde, ja, daß sogar vielleicht durch falsch gesetzte Zuchtziele eine Fehlentwicklung eintrat.

Schauen wir uns aber zunächst noch die Hunde an, die zu dieser Zeit in England an der Spitze standen. Mancher Rassekenner ist nämlich der Auffassung, daß in diesen Jahren wirklich die Blütezeit der Rasse lag.

Der Rüde TURK (Abb. 18) wird als einer der besten Mastiffs Englands angesehen und war Stammvater vieler guter Zuchten. Der Rüde wurde 1867 geworfen und geht auf die berühmte LYME HALL-Linie zurück. Für ihn wurde im Jahre 1868 die enorme Summe von 500 £ bezahlt, das waren umgerechnet etwa 10 000 Goldmark! Ein Vergleich von TURK (Abb. 18) und dem von REINAGLE dargestellten Mastiff im Sportsman's Cabinet zu Beginn des 19. Jahrhunderts (Abb. 15) dokumentiert eindeutig den Fortschritt der Rasse während des 19. Jahrhunderts.

Abb. 18 MASTIFF TURK, 7 Jahre alt, 1874

Eines der schönsten Mastiff-Bilder aller Zeiten zeigt den Rüden WOLSEY (Abb. 19), geworfen 1873. Auch WOLSEY geht auf die alte LYME HALL-Zucht zurück. Mancher Liebhaber der Rasse wird aber vielleicht bei einem Vergleich der Bronze von DEMAY (Abb. 17) einwenden, daß WOLSEY doch schon sehr viel Gewicht trägt, – aber dies war ja einmal das Zuchtziel, – majestätische Größe! –

Von WOLSEY ist überliefert, daß er 61 kg auf die Waage brachte, bei einer Schulterhöhe von 77 cm und einem Brustumfang von 104 cm. Für mich ist das Bild dieses Rüden deshalb so beeindruckend, weil es den Mastiff in die ihm gemäße Umgebung stellt, als den Hund der großen alten Landsitze und Schlösser.

Lassen wir zum Abschluß den großen Mastiff-Kenner SIDNEY TURNER zu Wort kommen. Er war führendes Gründungsmitglied des Old English Mastiff Clubs. TURNER schreibt in seiner großartigen Encyclopaedie des Jahres 1910 von einer Besessenheit der Mastiffzüchter bei ihrer einseitigen Zucht auf kurzen Fang. Zum wahren Typ des Mastiffs betont er: »Es gibt keinen edler aussehenden Hund, sicher wenig edler aussehende Tiere überhaupt als einen gut proportionierten, aktiven Mastiff! Es gibt aber sicher auch kaum ein mitleidserregenderes Bild als das eines verkrüppelten Riesen! – Was wird aus dem Eindruck des hübschesten Menschen, wenn er einen verkrüppelten Rücken hat und über die eigenen Beine stolpert? Was empfindet man für einen edlen Vollblüter mit einem Traumkopf, wenn er kein einziges gesundes Bein mehr hat, um darauf zu stehen? Warum dann in aller Welt sollte der Kopf eines Hundes Entschuldigung sein für all die anderen Fehler seiner Anatomie?« Turner schreibt ausdrücklich, daß die Überbetonung der Zucht auf Köpfe den Mastiff zu einem Monstrum degeneriert habe!

Abb. 19 MASTIFF WOLSEY, 1876

Vielleicht ist es ganz richtig, mit dieser abschließenden Feststellung den Mastiff in seinem Entwicklungsstand kurz nach der Jahrhundertwende zu verlassen. Sicherlich werden wir bei der Besprechung des modernen Mastiffs hier gut wieder anknüpfen können.

5. Der Bulldog

Die Bedeutung dieser Hunderasse kann für die gesamte Hundezucht überhaupt nicht hoch genug eingeschätzt werden. Mit dieser Hunderasse wird noch bis zum heutigen Tage das ganze englische Volk identifiziert, der Bulldog wurde zum Symbol der englischen Nation (John Bull). Es gibt keine andere Hunderasse, an der sich die Geister so extrem scheiden. Die Skala der Empfindungen reicht von extremer Abscheu bis zur rückhaltslosen Bewunderung, – ja fast Anbetung. Dabei beschränken sich die Gefühle bei weitem nicht nur auf die Beurteilung des Charakters des Hundes, sondern erstrekken sich auch auf seine äußere Gestalt.

Der geschichtliche Hintergrund des Bulldogs leuchtet blutrot, diese Hunderasse wurde für den gnadenlosen Kampf, ja auch zum Töten gezüchtet. Wir haben hierüber in KH I ausführlich berichtet, die gezeigten Bilder und Illustrationen sprechen eine klare Sprache.

In »The Master of the Game« des Herzogs von York stoßen wir 1406 auf eine geschichtlich eindeutige Quelle, die Wesen und Anatomie des Alaunt klar beschreibt. Wichtig in diesem Buche ist die klare Unterscheidung von Mastiff und Alaunt als getrennte Rassen. Nur zwei der im Buch beschriebenen drei Schläge des Alaunts dürften die Ahnen des Bulldogs sein, der Saupacker des Jägers und der Bullenbeißer des Metzgers. Der an gleicher Stelle erwähnte »freundliche Alaunt« mit hohen jagdlichen Fähigkeiten dürfte wohl mehr Ahnherr des Irish Wolfshounds und des Deerhounds sein.

Alaunt ventreres und Alaunt of the butcheries, dies sind die uns interessierenden zwei Schläge. Wir lesen: »Der Alaunt ist von besserer äußerer Gestalt und stärker als irgend ein anderes Tier, wenn es darum geht, irgendein Tier anzugreifen . . . Man kann es sehen, wie man will, Alaunts sind völlig unberechenbar, nehmen alles übel. Sie sind verrückter und rabiater als irgendein anderer Jagdhund.« Der Herzog von York schildert den Alaunt als in seiner äußeren Gestalt ähnlich dem Greyhound, aber er habe einen sehr großen und dicken Kopf mit schweren Lefzen und Behängen. Er werde hauptsächlich zum Bullenbeißen und zur Jagd auf Sauen eingesetzt. Für die Rasse sei charakteristisch, daß sie sich stets in ihren Gegner verbeiße und dann kaum dazu gebracht werden könne, die Kiefer wieder zu öffnen. In der Regel seien die Alaunts schwere Hunde, sehr häßlich, darum sei es auch kein großer Verlust, wenn sie von Bullen oder Sauen getötet würden. Der Alaunt werde auch von Metzgern in der Stadt zum Viehtrieb gehalten. Einen ausbrechenden Ochsen könne ein einziger Hund festhalten. Der Alaunt werde zum bull-baiting eingesetzt und erweise sich als besonders nützlich, um Sauen herauszusprengen, wenn sich andere Hunde nicht in das Dickicht getrauten.

Diese Beschreibung des Alaunts zeigt eindeutig einen großen schweren Hund mit ausgeprägtem Schädel, einen wehrhaften und selbstbewußten Hund, der sicherlich gefährlich sein konnte. Er war wesentlich größer als der spätere Bulldog, da er ja auch auf der Jagd Einsatz fand. Seine übrigen Aufgaben ähneln aber bereits sehr dem Zweck, für den der Bulldog dann später gezielt gezüchtet wurde.

Die erste Fundstelle, an der das Wort Bulldog auftaucht, ist ein Brief aus dem Jahre 1630. Darin wurden aus St. Sebastian, Spanien in London zwei gute Bulldoggen bestellt, sie sollten baldmöglichst per Schiff versandt werden. Die spanische Forderung lautete: »Sie müssen am Bullen gut sein und können kosten, soviel immer es sei, solange sie nur wirklich gut sind.« Ein klarer Beweis, daß gute englische Bulldoggen schon in so früher Zeit nach Spanien, dem Land des Stierkampfes, exportiert wurden.

Wir wollen uns nun nicht mit der Vielzahl einzelner Schilderungen über den Bulldog vom 17. bis zum 19. Jahrhundert befassen, diese könnten ein eigenes Buch füllen, – ein Beweis, wie sehr diese Hunderasse schon damals umstritten war. Aus Schilderungen ist klar zu erkennen, daß die Bulldogge in Anatomie und Charakter für einen einzigen Zweck gezüchtet wurde, das Bull-baiting, wie in KH I (S. 56 ff.) eingehend besprochen. Beim Bull-running (KH I S. 75) brauchte man noch langbeinigere, größere Hunde, beim Bull-baiting, das fast stets gegen den am Seil gefesselten Bullen ging, bestimmte die hierfür notwendige Kampftechnik die Anatomie der Hunde.

Der Bulldog mußte sich so tief wie möglich am

Boden entlang robbend an den Bullen heranarbeiten, dabei den Hörnern des Gegners möglichst wenig Angriffsfläche bieten, dann je nach Haltung des Bullen mit einem mächtigen Satz gegen das Maul des Bullen springen. Dann brauchte er mächtige Kiefer, fest wie Schraubstöcke, um sich wirklich fest zu verbeißen. »Play low, pin and hold!« Tiefgeduckt auf dem Bauch heran robben, verbeißen, gnadenlos festhalten, das waren die Aufgaben, für die unser Bulldog über viele, viele Hundegenerationen gezüchtet wurde.

HUGH DALZIEL hat in seinem Buch »British Dogs« aus dem Jahre 1889 erstaunlich gut herausgearbeitet, wie Anatomie und Charakter dieser Hunderasse eine feste Einheit bilden. Als besondere Merkmale und Deutungen des anatomischen Aufbaus hebt er hervor: »Kurze Nase, großer und massiger Kopf mit breitem Fang. Der breite Fang ist das Allerwichtigste, die Grundvoraussetzung für seine Aufgabe (sine qua non). Je größer der Kopfumfang, verursacht durch die starke Backenmuskulatur, desto mehr Muskelkraft preßt die Kiefer zusammen. Je kürzer der Fang, um so kräftiger der Griff. Je breiter und flacher der Fang vorne, desto breiter und größer die Angriffsfläche für den Biß. Der Unterkiefer greift vor den Oberkiefer, dies ermöglicht dem Hund im Angriff von vorn den Bullen an der Nase zu fassen, gibt ihm, wenn er einmal zugepackt hat, den festen Halt. Die Flügel der Nase fliehen zurück, dadurch kann die Luft frei zur Nase durchströmen, auch wenn sich der Hund fest verbissen hat. Es ist offensichtlich, daß, wenn der Unterkiefer nicht bis vor die Nase vorgeschoben wäre, Nase und Kiefer auf einer Ebene lägen, die Nase völlig flach gedrückt würde von dem Körperteil, in den sich der Hund gerade verbissen hat. Dies würde das Atmen schwer beeinträchtigen. In einem solchen Fall wäre der Hund wirklich kein echter Bulldog, der allen seinen Aufgaben gewachsen ist.

Der Körper des Bulldogs ist wie der eines richtigen Mannes, breite und tiefe Brust, gut zwischen den Schultern gelagert, in der Taille schmal. Auf Grund der Tiefe der Brust und der starken, muskelbepackten Schultern wirken die Vorderläufe kurz. Sein Rücken ist kurz und kräftig, – langrückige Hunde sind schwächlich, langsam, schwerfällig, ermüden leicht und sind in der Bewegung lose, schwankend und unkontrolliert. Die Hinterläufe sind stark und muskulös, bringen eine Fülle von nach vorne stoßender Kraft, – sie sind ähnlich lang – im Verhältnis gesehen – wie beim Greyhound. Dadurch wölbt sich die Lende bogenförmig nach oben, höher als die Schulter. Hierdurch kann der Bulldog plötzlich seinen Körper hoch in die Luft schnellen. – Der Leib muß im Verhältnis klein, unter der Lende hochgezogen sein. Er ist in den Flanken hohl, um so weit als möglich nutzloses Gewicht einzusparen.«

Abb. 20 Wasp, Child & Billy, handcolorierter Stich nach H. B. Chalon, 1809 (Sammlung: Dr. Fleig)

Ist es nicht fantastisch, welche Gedanken man sich in diesen frühen Jahren um die richtige Anatomie eines Hundes gemacht hat? DALZIEL's Erläuterung liest sich, als habe ein Ingenieur den Auftrag erhalten, eine möglichst effektive Kampfmaschine gegen den Bullen zu konstruieren! Manches, was uns heute sinnlos, ja grotesk erscheint, hatte früher für die Funktionen eines Bulldogs durchaus Sinn.

Gerne nutze ich die Gelegenheit, einige dieser alten Bulldogs vorzustellen. KH I brachte als letztes Bild TYGER, den Bulldog des Duke of Hamilton aus dem Jahre 1790 (S. 138, KH I). Beginnen wir unsere Bulldogbilder mit dem berühmten Kupferstich »Wasp, Child & Billy« aus dem Jahre 1809 (Abb. 20). Das Gemälde, nach dem dieser Stich gemacht wurde, stammt von dem berühmten Tier-

Abb. 21 Crib und Rosa, handcolorierter Stich nach A. Copper, 1817 (Sammlung: Dr. Fleig)

maler H. B. Chalon. Hoch interessant ist die Originalunterschrift dieses Stiches: »Die oben gezeigten Bull Dogs sind das Eigentum von Henry Boynton und stammen aus der Zucht des Duke of Hamilton. Sie sind die einzigen, die aus dieser Zucht übrig geblieben sind und erfreuen sich so hoher Wertschätzung, daß Mr. B. das Angebot von 120 Guineas für Billy abgelehnt hat und ebenso das Angebot von 20 Guineas für einen Welpen, der gerade von der Hündin abgesetzt war. Es wird versichert, daß dies die einzigen Bulldogs sind aus dieser Zucht und daß nach deren Tod diese Hunderasse als ausgestorben angesehen werden muß.«

Ein großartiges Bild dieser letzten Vertreter der Zucht des Duke of Hamilton. Interessant, daß auch im Jahre 1893 diese Hunde noch als Musterexemplare guter Bulldogs angesehen wurden, wobei der gestromte sitzende Rüde als der beste von den Dreien galt.

Ein Glück, daß die Rasse nicht wirklich mit dem Tode dieser drei Hunde ausstarb, so können wir als nächstes den berühmten Stich »Crib and Rosa« nach einem Gemälde von A. Cooper aus dem Jahre 1817 bringen (Abb. 21). Dieser Stich machte Bulldog-Geschichte, Rosa war der Bulldog, der den Züchtern im 19. Jahrhundert als Zuchtziel vor Augen stand, die Hündin wurde dann sogar im ersten Standard der Rasse durch den englischen Bulldog-Club im Jahre 1875 ausdrücklich als Zuchtziel herausgestellt. »Crib« war Rosa's Sohn. Achten wir auf die Eleganz von Rosa, auf ihren erstklassigen anatomischen Aufbau mit geraden, starken Läufen und vorzüglicher Winkelung. Ich könnte mir vorstellen, daß auch 1983 mancher Hundefreund gerne einen so schönen und guten Hund sein eigen nennen würde.

Einige Jahre später treffen wir auf »Lucy«, 1834 nach einem Gemälde von Smith gestochen (Abb. 22). Lucy war eine recht berühmte Bulldog-Hündin,

 Abb. 22 Lucy, handcolorierter Stich nach Smith, 1834 (Sammlung: Dr. Fleig)

auch an ihr können wir Kraft und guten anatomischen Aufbau der Rasse studieren. Einen weißen Zeitgenossen dieser Hündin malte der englische Tiermaler J. T. Tuite im Jahre 1830 (Abb. 23). Ein etwas schwerer Rüde, ziemlich lang im Rücken, aber mit recht gutem, ausgeprägtem Kopf.

Die Rasse mußte einen sehr schweren Rückschlag hinnehmen, als im Jahre 1835 alle Tierkämpfe gesetzlich verboten wurden, viele befürchteten ihr Aussterben. Aus den alten Kämpfen haftete der Rasse ein recht zweifelhafter Ruf bei allen Hundefreunden an, wir haben ja auch geschildert, in welchen Bevölkerungskreisen diese Hunde Anfang des 19. Jahrhunderts vorwiegend gehalten wurden. Für die wurde der Hund plötzlich nahezu wertlos, er brachte ja jetzt nicht mehr das große Geld. Einer der letzten aus der alten Zeit war der Londoner Hundehändler Ben White. Bei ihm gab es eine hauseigene »Pit«, seine Bulldogzucht hatte einen erstklassigen Ruf bis er 1838 starb. Wir können diesen Pionier der Rasse in einem ganz seltenen Stich vorstellen, von dem nur ganze sechs Abzüge je gemacht wurden. Nach einem Gemälde von J. C. Scanlan zeigen wir: »Ben White, running his Bulldog ›Tumbler‹ und Lady Sandwich's ›Bess‹ against Bill Gibbon's Bull.« Hätten wir nicht den klaren Hinweis, so mancher Boxer-Freund würde in diesen Hunden Boxer der dreißiger Jahre des 20. Jahrhunderts vermuten. Auch diese Hunde demonstrieren anatomische Gesundheit und Beweglichkeit des Bulldogs im 19. Jahrhundert. Die Verkleinerung von Gibbon's Bull lag im Rahmen der üblichen künstlerischen Freiheit des Malers (Abb. 24).

Es ist die übereinstimmende Meinung aller Autoren, daß in den schwierigen Jahren nach dem Verbot der Kämpfe es die untersten Klassen Englands verhindert haben, daß der britische Nationalhund ausstarb. Dadurch wurde der Anschluß an die ersten Hundeausstellungen gefunden. Besondere Pflege fand die Rasse in den Zentren London, Birmingham und Sheffield. Den ersten großen Preis für einen Bulldog erhielt im Jahre 1860 James Hinks aus Birmingham. Und dies war interessanterweise derselbe James Hinks, der etwa um dieselbe Zeit den Bull Terrier als eigene Hunderasse schuf.

Im Jahre 1865 wurde der erste Rassestandard für den Bulldog aufgestellt, sein Autor war der Bulldog-Mann Samuel Wickens. Dieser Standard ging als Philo Kuon-Standard in die Rassegeschichte ein. Bemerkenswert ist das Vorwort zu diesem Standard, die allgemeine Rassebeschreibung: »The British Bulldog (canis pugnax) ist eine sehr alte majestätische Hunderasse. Sie ist sehr selten geworden, wurde viel mißhandelt und in der Regel sehr wenig

Abb. 23 Bulldogrüde, Ölgemälde von J. T. Tuite, 1830 (Sammlung: Dr. Fleig)

Abb. 24 Bill White, Tumbler & Bess, Kupferstich ca. 1860 (Sammlung: Dr. Fleig)

verstanden. Behandelt man diesen Hund mit Freundlichkeit, schenkt ihm viel Aufmerksamkeit und lebt er zusammen mit seinem Herrn, so ist er ein ruhiger, angenehmer Hund. Wird er jedoch als Kettenhund gehalten, fehlt ihm der Umgang mit seinem Herrn, so wird auch er weniger gesellig und sanftmütig. Hetzt man ihn aber und macht ihn bösartig, so wird er zu einem der gefährlichsten Tiere. Im allgemeinen ist er ein vorzüglicher Wächter, ein außergewöhnlich guter Wasserhund und besonders wertvoll als Zuchtpartner für Terrier, Pointer, Jagdhunde, Greyhounds, etc., er bringt diesen Hunderassen Mut, Beharrlichkeit und Ausdauer.

Er ist das kühnste und willensstärkste Tier. Der Kampfhahn ist sicher ein sehr mutiger Vogel, aber er wird stets nur seinesgleichen angreifen. Es gibt aber nichts auf dieser Welt, das ein guter Bulldog nicht jederzeit attakieren würde, stets mit vollem Einsatz und mit beispielhaftem Mut. Er wird erst aufgeben, wenn er tot ist.

Dieser edle Hund degeneriert in fremden Ländern, – er ist wahrhaftig ein Tier der Nation, – völlig identisch mit Alt-England – er ist ein Hund, auf den jeder Engländer stolz sein kann.«

Interessant der Hinweis, daß der Bulldog in eine ganze Reihe anderer Hunderassen eingekreuzt wurde, hauptsächlich um das Wesen, den Mut anderer Rassen zu verbessern. So hat Lord Orford in seine Greyhound-Zucht Ende des 18. Jahrhunderts über sechs bis sieben Generationen Bulldogblut eingekreuzt und dabei festgestellt, daß der sprichwörtliche Mut des Bulldogs in seiner Zucht erhalten werden konnte. Die Kreuzung mit dem Terrier brachte den großartigen Bull Terrier und den Stafford. Daß bei diesen Kreuzungen auch sehr unerwünschte anatomische Fehler in alle diese Rassen kamen, muß klar gesehen werden.

Zu Recht wird gegen die Kritik am Wesen des Bulldogs eingewandt, daß die Mehrzahl der Kritiker selbst nie einen Bulldog besaßen, übertriebene Greuelgeschichten kritiklos übernahmen und vielfach ohne eigene Prüfung der durch die »cruel sports« ramponierte Ruf dieser Tiere weiter gegeben wurde. Auch hier ist zu betonen, daß das Wesen des Bulldogs ganz einfach aus seiner Aufgabe als Kampfhund über viele Hundegenerationen züchterisch entstand. Die Pit war ein grausamer Zuchtmeister, nur wer hier einen gnadenlosen Ausleseprozeß überlebte, physisch wie psychisch, der führte die Zucht dieser Rasse fort.

So darf ich hier nochmals HUGH DALZIEL das Wort erteilen, ganz einfach, weil ich meine, daß seinen Worten sogar eine weit über die Geschichte des Bulldogs hinausgehende Bedeutung zukommt. »In den ›guten alten Zeiten‹, als dieser Hund noch in allen Gesellschaftsschichten seine Heimat hatte, wurden seine geistigen Fähigkeiten so hoch eingeschätzt, daß man den Bulldog zum Symbol des Nationalcharakters erhob, den berühmten ›Bulldogmut‹ und seine Beharrlichkeit pries, die – auf den Menschen übertragen – England zur Weltmacht führten.« DALZIEL weist darauf hin, daß nach dem Verbot der Kämpfe der Bulldog aus den Oberschichten verstoßen wurde. In den untersten Klassen der Gesellschaft lebte er fort, fand seinen Einsatz bei illegalen Hundekämpfen. Viele Schreiber verwechselten dadurch den wahren Charakter des Hundes mit dem der Menschen, welche diesen Hund für ihre Zwecke mißbrauchten.

»›Gib einem Hund einen schlechten Ruf, und hänge ihn auf!‹, dies ist ein altes Sprichwort, das unglücklicherweise auch auf Kosten des Bulldogs unter Beweis gestellt werden kann. ›Die Tugenden dieses Hundes sind seine eigenen, – die Laster und Bösartigkeiten sind die seines Herren!‹ Der Bulldog ist in der Tat einfach ein Hund – nicht mehr und nicht weniger – er kann, wie jeder Hund, Freund und Lebensgefährte seines Herrn sein.

Wie bei Kindern, so werden auch beim Hund die geistigen Fähigkeiten durch Erziehung und Erfahrung entwickelt. Es ist wahr, wenn man sagt: ›Der Gott des Hundes ist der Mensch!‹ Wenn daher ein Hund vom Menschen behandelt wird, als wäre er der leibhaftige Teufel, wenn er mit den rohesten Methoden erzogen und für die grausamsten und gefährlichsten Aufgaben mißbraucht wird, so werden alle seine guten Eigenschaften durch seinen Herrn zerstört.

Wenn sein Herr voller Stolz auf die Wildheit seines Hundes ist, nimmt es dann Wunder, wenn diesem Tier, das alle die ihn böse machenden Quälereien überlebt, daß diesem Hund dann ein bösartiger Charakter angedichtet wird von denen, die ihn fürchten? Wenn Liebe und Zuneigung mißbräuchlich unterdrückt werden, wenn ein Tier angekettet und einsam gehalten wird, allein, um seine Veranlagung zur Wildheit zu verstärken, dann lernt dieses Tier, den Menschen als seinen Feind anzusehen. Der Hund wird bereit, die Brutalität, welche er täglich empfängt, zurückzugeben. – So wird jede Hunderasse, die so gehalten und behandelt wird, bösartig werden, vorausgesetzt, sie hat genügend Mut, alle diese Prüfungen zu überstehen.«

»Wird der Bulldog aber mit derselben Liebe und Sorgfalt gepflegt und ernährt, die man auch auf andere Hunderassen verwendet, dann gibt es auf der ganzen Welt keinen Hund, der allen Anforderungen seines Menschen sich so anpassen und ihm gleichwertig dienen kann wie diese Rasse!«

Lassen Sie mich den Worten von DALZIEL hinzusetzen, daß sicherlich alle Hunderassen, die den alten Bulldog unter ihren Vorfahren haben, an ihren Besitzer höhere Ansprüche stellen als andere Hunde. Ein Kenner dieser Probleme betonte zu Recht, diese Hunde vertrügen keinen Narren als ihren Herrn.

Dabei gibt es zweierlei Narren! Der eine – der gefährlichere – erweckt die in dieser Rasse schlummernde Wildheit, macht sie zu einer echten Gefahr für sich, seine Familie und die gesamte Umwelt. Der andere – harmlosere Narr bringt zu wenig Konsequenz und Einsicht mit, um durch richtige Erziehung dem Hund wirklich zum respektierten Meuteführer zu werden. In beiden Fällen muß man sagen, daß die Schuld für die daraus erwachsenden Komplikationen nicht beim Vierbeiner, sondern eindeutig beim Zweibeiner zu suchen ist.

Dem 1875 gegründeten Bulldog Club von England gelang es, die Rasse vor dem Aussterben zu schützen, den alten Kampfhund zum Ausstellungshund zu machen. Ob dies der Hunderasse auf die Dauer gut bekommen ist, darüber wird noch zu sprechen sein. Zunächst wurde der Philo-Kuon-Standard mit nur einigen unwesentlichen Korrekturen voll übernommen.

Es ist seltsam, aber ähnlich wie beim Mastiff, auch den Bulldoggen scheint die Zucht auf Ausstellungsgesichtspunkte nicht gedient zu haben. Der züchtende Mensch ist sehr anfällig, einzelne Zuchtziele isoliert zu sehen und dann gleich maßlos zu übertreiben.

So schreibt DRURY im Jahre 1903, der Bulldog sei um die Jahrhundertwende ein völlig anderes Tier als der Bulldog Mitte des 19. Jahrhunderts. Aus dem aktiven, langbeinigen Kampfbulldog sei ein sehr niedrig gestellter, schwerfälliger kompakter Hund geworden. Er wird als ruhiger und freundlicher Hund geschildert. Nur sehr schwer sei er in Wut zu versetzen, reagiere aber dann mit der Wut und Ausdauer seiner Vorfahren.

Ein alarmierendes Warnzeichen für die gravierende Veränderung der äußeren Gestalt dieses Hundes war die Änderung des Standards durch den Bulldogclub. Der Bulldogexperte EDGAR FARMANN schreibt hierzu in seiner Monographie über den Bulldog, daß der Bulldogclub 1894 eigentlich gar nicht anders konnte als den alten Hinweis auf »Rosa« als Bulldogideal ersatzlos zu streichen. Die Zucht habe sich zu diesem Zeitpunkt bereits so weit von diesem Ideal entfernt, daß die Behauptung, man züchte den Bulldog nach diesem Ziel, völlig unglaubwürdig geworden sei. – Also dann wohl doch kein rechtzeitiger Hinweis, vielmehr das Ende einer gesunden Zuchtrichtung, zu diesem Zeitpunkt von dem verantwortlichen Zuchtverein endgültig bestätigt!

Weiter berichtete FARMANN, daß Ende des 19. Jahrhunderts als Folge starker generell betriebener Inzucht Vitalität, Mobilität und Fruchtbarkeit des Bulldogs stark vermindert waren.

In diesem Zusammenhang muß ich eine sehr ernste Anmerkung machen. Der bekannte französische Forscher PIERRE MEGNIN weist in seinem Buch »Le Chien« bereits 1906 auf eine Erbkrankheit hin, die er als BOULEDOGUISM bezeichnet. Dies sei eine Degenerationserscheinung, die insbesondere die Kopfpartie des Hundes, aber auch Rumpf und Läufe befalle und gehäuft beim Bulldog und seinen Verwandten auftrete. MEGNIN illustriert diese Entwicklung mit einer aus England übernommenen Abbildung von dem Bulldog-Champion »Bulling Passion« aus dem Jahre 1901 (Abb. 25). Dieser Bouledoguism sei eine Form rachithischer Erkrankung.

Abb. 25 Ch. Bulling Passion – Bouledoguisme, 1901 nach R. H. Moore

Hierbei treten – meist untereinander gekoppelt – auf:

a) die züchterisch angestrebte Verkürzung des Oberkiefers, aber so verstärkt, daß der Vorbiß wesentlich intensiviert ist, was an »blitzenden« Fangzähnen leicht zu erkennen ist;

b) die auch zuweilen bei Bassets zu beobachtende extreme Schulterauswinkelung. Es fehlt jeglicher Schulterschluß, anstatt daß die Vorderläufe säulenartig den Hundekörper von unten stützen, hängt der Brustkorb lose an den Bändern der Schulterpartie;

c) die Gliedmaßen sind in der Regel deutlich verkürzt und verdickt. MEGNIN berichtet, daß durch diese Erkrankungen einzelne Exemplare der großen Rassen zu ausgesprochenen Zwergformen degenerierten. Anstatt diese gefährliche Erbkrankheit zu bekämpfen, habe man in England eigene Ausstellungsklassen für derart degenerierte Zwergformen geschaffen und diese noch zu Ausstellungssiegern gemacht. MEGNIN berichtet aus eigener Erfahrung, daß die mit dieser Erbkrankheit behafteten Hunde als Welpen weitgehend normal erschienen, erste Anzeichen der Erkrankung seien bei der Entwöhnung von der Mutter, ausgeprägtere Mißbildungen so um den Zahnwechsel festzustellen. Erst beim erwachsenen Hund zeige sich das volle Ausmaß der Schäden.

Wir haben hier einen wirklich sehr frühen Hinweis, daß im Bulldog und in den von ihm beeinflußten Hunderassen ausgeprägte Krankzuchten entstehen können. Auch die Wissenschaftler unseres Jahrhunderts beklagen massiv das Vordringen von Krankzuchten. Diese Beobachtungen sollten ernster Anlaß sein, immer wieder zu prüfen, ob angestrebte züchterische Veränderungen einer Hunderasse mit der Grundforderung der Zucht gesunder Hunde zu vereinbaren sind, nicht gleichzeitig zu gesundheitlichen Schäden der Hunde führen. Diese Forderung gilt in besonders ausgeprägtem Maße allen Zwergformen unter den Hunderassen!

Als Schlußbild dieses Teils habe ich eine Bronze »Spielende Bulldogs« des Künstlers L. Jennings aus dem Jahre 1914 ausgewählt (Abb. 26). Sie zeigt Kraft, Substanz und Anatomie des Bulldogs, ein imponierendes Kunstwerk, das als eine der besten Arbeiten über den Bulldog gilt.

Abb. 26 Spielende Bulldogs, Bronze von L. Jennings, 1914
(Sammlung: Dr. Fleig, Foto: Lazi Perenyi)

6. Bull and Terrier

Ist es nicht erstaunlich, hier wird nun eine Kreuzung zweier Hunderassen als eigene alte Kampfhunderasse separat dargestellt, obwohl bereits ihr Name besagt, daß es sich um eine Kreuzung, zunächst nicht um eine Hunderasse eigenen Standards handelt?

Der Bull und Terrier nimmt trotzdem in der Geschichte der Kampfhunderassen eine Schlüsselstellung ein, er war die Kreuzung zweier alter englischer Hunderassen, aus der die Hunde hervorgingen, welche von ihren Züchtern dazu geschaffen wurden, den abstoßenden – und dennoch viele faszinierenden – Hundekampf bis zur Perfektion auszutragen. Wir haben ausführlich dargestellt, in welchem Ausmaße der Hundekampf breiteste Bevölkerungsschichten Englands magisch anzog (KH I, S. 86 ff.), die alten Stiche und zahlreichen Berichte sind klarer Beweis, mit welchen Hunden diese Kämpfe in der »Pit« ausgerichtet wurden.

Analog zur Entstehungsgeschichte des Bulldogs, – auch der Bull und Terrier war in Anatomie und Charakter das Ergebnis züchterischer Auslese für nur einen Zweck, – den Kampf, beim Bull and Terrier den Kampf Hund gegen Hund. Der alte Bulldog hatte den Bullen zum Gegner, aus dem ursprünglich langbeinigen, beweglichen Hund wurde durch das Gesetz »Go low, pin and hold!« (An den Gegner heranrobben, an der Nase packen und bedingungslos festhalten!) ein anatomisch veränderter Hund: Niedrigere, gebogene Vorderläufe, lose Schultern, Karpfenrücken, starker Vorbiß, eisernes Festhalten, was immer er auch zwischen den Kiefern preßte.

Ein solcher Hund war für den Kampf Hund gegen Hund in der »Pit« ungeeignet. Stürzten sich die Hunde aufeinander und hatten sie sich verbissen, dann gab es für die Zuschauer nur noch wenig zu sehen, zwei ineinander verbissene Hundekörper, jeder Hund schloß seine Kiefer mehr und mehr, hielt bedingungslos fest, – aber da fehlten die schnellen Attacken, immer neue Griffe und Tricks, welche nun einmal das Schauspiel eines Hundekampfes ausmachten, an die niederen Instinkte der Zuschauer, Wettlustigen und Hundebesitzer appellierten. Der Bulldog kämpfte nach seiner Veranlagung: Pin and hold, – das schloß die Rasse weitgehend von dem großen Geschäft des Hundekampfes aus.

Was lag näher, als in den Bulldog Terrierblut einzukreuzen? Längere Läufe, mehr Temperament, Schnelligkeit, – damit attraktive Kämpfe, das war das Ziel. Die Terrierrassen waren Anfang des 19. Jahrhunderts erstklassige Arbeitshunde, schneidige Ratten- und Raubzeughunde, von Temperament sprühend, schnell beim Zupacken. STONEHENGE schreibt mit Recht, daß in jenen Jahren in keinem Land der Erde so gute Raubzeugvernichter gezüchtet wurden wie in England. Er betont in seinem 1859 veröffentlichten Buch »The Dog«, daß der Schneid der raubzeugscharfen englischen Terrierrassen meist durch einen Schuß »Bulldogblut« erzielt wurde, nur hieraus sei die weitgehende Unempfindlichkeit dieser Hunde gegen Rattenbisse zu erklären. Andere Hunderassen mieden ängstlich Ratten, während Terrier selbst dann nicht aufgaben, wenn ein halbes Dutzend Ratten mit ihren Zähnen in ihren Lefzen hingen. Hier haben wir eine weitere klare Aussage, in welcher Weise der englische Bulldog wesensmäßig Hunderassen verbessert hat, wovon die meisten Hundeliebhaber nichts ahnen.

ASH schreibt in seinem Buch über die Geschichte des Hundes: „Die Kreuzung der frühen Form des Bulldogs mit Terrierschlägen hatte zum Ergebnis, daß eine ganze Reihe von Rüden und Hündinnen entstanden, die keiner der Ursprungsrassen mehr angehörten. Sie wurden dadurch in ihrem Äußeren recht attraktiv, in ihrer Arbeit wesentlich erfolgreicher, nach und nach kam es zu einer neuen Hunderasse. Diese wurde ausschließlich gezüchtet für den Hundekampf, zum Rattenbeißen, zum Herausziehen des Dachses, ja generell, um Tiere jeglicher Größe und Art anzugreifen.« Gute Illustrationen zu dieser Aussage bieten alle die Kampfszenen, die in KH I abgebildet sind. ASH beschreibt auch den berühmten Kampf zwischen einem Löwen und Hunden in Warwick (KH I, S. 55 f.) aus dem Jahre 1825 dem Bull and Terrier zu (KH I Abbildung auf S. 53). Über diesen Kampf haben wir inzwischen eine andere Illustration gefunden, einen Stich aus dem Jahre 1825 von W. MENATH. Dieser ziert die letzten beiden Seiten dieses Buches.

Es ist geradezu auffällig, wie ähnlich die Löwenhunde von Warwick dem berühmten Hund »Trusty«

Abb. 27 TRUSTY, Bull and Terrier von Lord Camelford, Sporting Magazine 1806

sind (Abb. 27). »Trusty« war nach den Berichten im »Sporting Magazine« des Jahres 1804 durch seine großartigen Kämpfe in ganz England ebenso bekannt wie Kaiser Napoleon. Dieser Hund ging gegen hohe Kaufsummen von der Hand eines berühmten »Hundekämpfers« in die andere. Zuerst gehörte er Humphrey, dann Johnson, dann Ward, von dem er für den stolzen Preis von 20 Guineas an einen Mr. Mellish verkauft wurde. Lord Camelford war von den Kämpfen dieses Bull and Terrier-Rüden so tief beeindruckt, daß er »Trusty« Mr. Mellish abkaufte. Nach der Tradition des Landes erfolgte der Verkauf dieses Hundes »on the carcase way«, das Gewicht des Tieres wurde in Gold aufgewogen, Preis 2 Guineas je Pound Gewicht des Hundes. »Trusty« wog 42 Pounds und brachte daher 84 Guineas für seinen Besitzer. Es wäre für das edle Tier nun eine große Kränkung gewesen, wäre diese Summe in Geld bezahlt worden. So überreichte Lord Camelford sein Lieblingsgewehr im Werte von 40 Guineas und einen Satz besonders schöner Pistolen im Werte von 44 Guineas und wurde stolzer Besitzer von »Trusty«. Anschließend schenkte der Lord den Rüden an den berühmten englischen Boxchampion Jem Belcher. Der Lord betonte, nur ein unbesiegter Mann sei würdig, diesen unbesiegbaren Rüden sein eigen zu nennen. »Trusty« war zuvor in 104 Hundekämpfen unbesiegt geblieben. »Eine Abstammung von besseren Kampfhunden oder ein edleres Blut kann in unserer Zeit kein anderer Hund in ganz England nachweisen!« Dies war die Meinung aller Fans über diesen Mischling Bull and Terrier im Jahre 1804.

»Trusty « zeigte in seiner äußeren Erscheinung sehr klar seine Abstammung vom Bulldog. Der Rüde »Dustman«, dessen Abbildung wir dem »Sporting Magazine« des Jahres 1812 entnommen haben (Abb. 28), zeigt einen deutlich stärkeren Terriereinschlag, eine wesentliche Verbesserung der Anatomie. Das Magazin bezeichnet »Dustman« als hochberühmten und talentierten Kampfhund, der den angestrebten Typ optimal repräsentiere. Die Zucht dieser Hunde gewinne immer größere Bedeutung, der Bull Terrier erfreue sich höchster Wertschätzung in ganz England.

Abb. 28 DUSTMAN, Bull and Terrier, Sporting Magazine 1812

Abb. 29 RATTLE and CLINKER, the half bred Dog and Terrier Bitch, handcolorierter Stich nach S. Alken, 1822 Sammlung: Dr. Fleig

Um noch gleich eine weitere Illustration hinzuzufügen, »Rattle and Clinker the Halfbred Dog and Terrier Bitch« (Abb. 29) ist ein schöner handcolorierter Stich nach einem Gemälde von S. Alken und wurde 1822 veröffentlicht. »Rattle« ist also der je zur Hälfte aus Bulldog und Terrier gezüchtete große Rüde, man achte auf seine wirklich ansprechende Anatomie, ein Schecke mit langen Laufknochen, sehr guter Winkelung-, elegantem Kopf, der sicherlich im heutigen Staffordshire Bull Terrier wieder zu finden ist. Man kann annehmen, daß dieser Hund auch normale Gebißstellung, also keinen Vorbiß hatte. Im »Sporting Magazin« lesen wir hierzu 1822, daß die neue Hunderasse nunmehr weitgehend eine eigene, konstante Form gefunden habe.

Aus etwas späterer Zeit, etwa 1830, stammt das Ölgemälde eines unbekannten Malers, das den Bull and Terrier des Viscount Purst zeigt (Abb. 30). Dieser Hund ist besonders interessant, weil sein Schädel auch strengen Anforderungen des Stafford-Richters der Neuzeit genügeleisten müßte. Beeindruckend sind Selbstbewußtsein, Kraft und guter anatomischer Aufbau, die dieses Gemälde dokumentiert.

STONEHENGE schreibt über die neu entstandene Hunderasse: »In der Tat, für alle Aufgaben, die dem Terrier gestellt sind, ist der Halb- oder Viertelkreuzling, bekannt unter der Bezeichnung Bull-Terrier, viel mehr wert als jeder seiner reinrassigen

Abb. 30 BULL and TERRIER des Viscount Purst, Ölgemälde, ca. 1830

Vorfahren. Soll ein solcher Hund aber wirklich nützlich sein, so muß er zu mehr als der Hälfte Terrier sein, sonst ist er zu plump oder zu langsam, hat zu viel Vorbiß, um mit den Schneidezähnen gut festhalten zu könen und zeigt zu wenig Gehorsam, um den Befehlen seines Herren verläßlich zu folgen.« »So gezüchtet ist der Bull and Terrier der Kampfhund per excellence, und in der Tat gibt es kaum eine Aufgabe, die man einem Hund dieser Größe stellen könnte, die er nicht zumindest ebenso gut, meist aber weitaus besser als andere Hunde erfüllt.« »In wilder Angriffslust, vereint mit Gehorsam, Gutartigkeit, gepaart mit Intelligenz, übertrifft er jede heute existierende Hunderasse.« – Um den richtigen Typ zu züchten, empfiehlt STONEHENGE drei bis vier Kreuzungen, mit Ausgangsrassen und den ersten Kreuzungsprodukten, dann erhalte man den idealen Bull and Terrier.

Zeigen wir hier noch »Sting« aus STONEHENGE's Buch des Jahres 1859 (Abb. 31). Er stammte aus der »Nottingham-Zucht«, einer der besten Kampfhundelinien. Interessant ist, daß STONEHENGE ihn trotz seiner dunklen Farbe als Bull-Terrier bezeichnet. Er unterstreicht, daß die neue Hunderasse wesentlich kräftiger sei als die ursprünglichen Terrierrassen, sie hätten durch die Paarung mit dem Bulldog viel höheren Mut, Ausdauer und Standhaftigkeit, der Terrier habe wiederum Symetrie und harmonischen Körperbau der neuen Rasse geschenkt.

Abb. 31 STING, half-bred Terrier and FOX, Foxterrier nach STONEHENGE, 1859

PIERCE EGAN, einer der besten Darsteller des »sportlichen Geschehens« in der ersten Hälfte des 19. Jahrhunderts, zeichnet folgendes Portrait der neu gezüchteten Hunderasse: »Diese neue Rasse ist ohne Zweifel ganz besonders als Lebensgefährte und Begleiter, aktiver, unternehmenslustiger junger Männer geeignet, gleich ob sie sich auf dem Pferderücken oder zu Fuß fortbewegen . . . Er ist viel lebhafter und gefälliger als die Hunderassen, aus denen er gezüchtet wurde, unverändert tauglich – aber viel, viel aktiver – wenn es darum geht, Unheil anzurichten. . . . Ihnen gegenüber ist der alte Bulldog ein langweiliger Geselle und der alte Terrier zeichnet sich nicht gerade durch besondere Größe aus, noch ist er ebenso geschickt und kampfbereit. Der moderne gekreuzte Hund vereinigt alle diese guten Eigenschaften, ist dabei von angenehmem und temperamentvollem Wesen, ohne deshalb – wenn gefordert – die Angriffslust seiner Vorfahren verloren zu haben.«

Halten wir fest! Der Bull and Terrier war eine Kreuzung aus Bulldog und Terrier, mit überwiegendem Terriereinschlag. Er wurde gezüchtet für den schnellen Hundekampf in der »Pit«. Kämpfen aufgeteilt in mehrere Runden und oft von einer Dauer von über einer Stunde, wie wir das ausführlich in KH I geschildert haben. Seine äußere Gestalt und sein Wesen entspringen der geschickten Vereinigung der Vorzüge zweier alter englischer Hunderassen. Er wurde in England in der ersten Hälfte des 19. Jahrhunderts außerordentlich populär und geschätzt, da man zu dieser Zeit den mutigen, unerbittlich bis zum Tode kämpfenden Hund besonders bewunderte.

Natürlich wurde auch die gerade erst geschaffene Hunderasse durch das Verbot der Kämpfe 1835 schwer in ihrem Fortbestand bedroht. Es erwies sich aber, daß zwar Bear- und Bullbaiting durch öffentliche Kontrolle schnell verschwanden, Hundekämpfe jedoch mit wenig Aufwand im Verborgenen weiter blühten, ja sogar mangels der anderen Kämpfe im Untergrund noch zunahmen. Leider ist es selbst im 20. Jahrhundert nicht gelungen, die Hund und Menschen entwürdigende Barbarei völlig abzuschaffen! Diese tapferen Hunde wurden also weiter von pervertierten Menschen mißbraucht.

Der Bull and Terrier lebte also weiter. So um das Jahr 1860 spaltete sich die Rasse in zwei Zweige auf. James Hinks aus Birmingham schuf den rein weißen Bull Terrier, in dem allein der Name der Rasse erhalten blieb. Die nicht zum neuen Rassebild passenden farbigen und weißen Schläge lebten zunächst für weitere 70 Jahre in der »Dog-Pit« weiter, in einer dunklen, oder besser blutroten Illegalität, bis sie dann im Staffordshire Bull Terrier ihre Anerkennung als moderne Hunderasse fanden.

Ich schätze ganz besonders das wundervolle Gemälde von Sir Edwin Landseer »Jack in Office«, das wir in einem Stahlstich von G. Lewis hier wiedergeben (Abb. 32). »Jack« ist sicher noch ein stark vom alten Bulldog geprägter Bull and Terrier. Besonders charakteristisch ist die Souveränität die dieser Hund als »Boß der Hundemeute« ausstrahlt. Ein kleiner König thront über seinen ergebenen Untertanen, – Ausdruck der Stellung des Bull and Terrier des Jahres 1830 in der englischen Hundemeute!

Abb. 32 JACK IN OFFICE, Stahlstich nach Sir Edwin Landseer, ca. 1830

7. Die Dänische Dogge

Die Überschrift dieses Kapitels ist eine Provokation für alle national denkenden Anhänger der Deutschen Dogge. Sie ärgern sich nunmehr etwa einhundert Jahre darüber, das unsere Deutsche Dogge in England und einer Reihe anderer Länder als »Great Dane« bezeichnet wird, ähnlich übrigens wie die Schäferhundefreunde bei der Bezeichnung »Alsatian« rot sehen. Uns geht es bei diesem Buch aber nicht um Nationalstolz einerseits, Vorurteile nationalistischer Prägung andererseits, sondern um die geschichtliche Wahrheit.

Es ist historisch bewiesen, daß man in Dänemark schon sehr früh eine systematische Zucht großrahmiger Doggen betrieben hat, unter Vereinigung der großen Hatzrüden mit großen dänischen Bauernschlägen, daraus entstand die wunderschöne Dänische Dogge. Ebenso geschichtlich wahr ist aber auch, daß diese großen dänischen Doggenschläge Ende des 19. Jahrhunderts in Dänemark selbst keine züchterische Förderung mehr fanden, praktisch von der deutschen Doggenzucht absorbiert wurden. Die dänische Dogge ist damit zur Jahrhundertwende in Dänemark eigentlich ausgestorben, besser ausgedrückt, sie lebt in der Deutschen Dogge weiter.

Zurück zur Geschichte der großen Doggenschläge. Historische Dokumente von ganz besonderer Beweiskraft sind sicherlich alte Gemälde, Plastiken und Stiche. Bei unserem Kapitel über die Jagd auf wehrhaftes Wild brachten wir eine ganze Reihe künstlerischer Darstellungen, schwere, langbeinige Doggenschläge auf der mittelalterlichen Jagd von Bären und Sauen (KH I, S. 24 ff.).

Antonie Tempesta, Justus Sadler, Johann Elias Ridinger, Franz Snyders, Juriain Jacobsen, die Bilder dieser Künstler sind zeitgeschichtliche Dokumente über Existenz und Aussehen alter Doggenschläge.

Wir stellen jetzt einen sehr interessanten Stich aus Dänemark und dem Jahre 1686 vor (Abb. 33). Dieser stammt von Richard BLOME und ist seiner Hoheit George, Prince of Denmarke ergebendst gewidmet. Wir sehen großrahmige, langbeinige Doggenschläge, die in Kopf, Körperbau und Farbe schon recht vollendet erscheinen, sicherlich jeden

Abb. 33 Sauhatz in Dänemark nach Richard Blome, 1686

Doggenfreund ansprechen. Also bis in das 17. Jahrhundert reicht die Doggenzucht in Dänemark zurück.

Dem »Gentleman Farrier« des Jahres 1732 entnehmen wir interessante Hinweise auf diese Hunde. Hier ist die Rede vom »Dänischen Hund« als einer großen, kurzhaarigen Hunderasse. Besonders erwähnt wird die Nützlichkeit dieser Hunde für ihren Herrn. Sie seien besonders dafür geeignet, nachts eine Laterne auf dem Weg voran zu tragen, auch ließen sie sich leicht abrichten, einen verlorenen Gegenstand viele Meilen zurück ganz alleine wieder zu finden. Der Dänische Hund schütze Leben und Eigentum seines Herrn zuverlässig. Man könne sich in seiner Begleitung völlig ruhig auch an fremdem Ort zur Ruhe begeben, niemand werde es wagen, Herrn und Hund im Schlafe zu stören!

Abb. 34 Der Große Dänische Hund nach Buffon, 1785

Interessant – und vielfach völlig mißverstanden – ist der Bericht Buffon's (1707–1788) in seiner »Naturgeschichte der vierfüßigen Tiere« über den »Großen Dänischen Hund«. Wir entnehmen der deutschen Originalausgabe seines Werkes aus dem Jahre 1785 folgende Beschreibung: »Der große dänische Hund (Er wird auch, weil er gern hinter die Wagen herläuft, von einigen der dänische Kutscherhund genennet – Le grand Danois ou Danois de Carosse – Canis Daniae major). – Die Hunde von dieser Art sind an allen Theilen ihres Körpers merklich stärker, als die Bauernhunde. Ihr ganzer Unterschied besteht auch allem Anschein nach blos in der mehrern Größe. Ihr kurzes Haar ist in Ansehung der Farbe nicht bei allen überein. Die meisten sind fahl, andere grau, noch andere schwarz, einige auch wohl mit weißgrauen, schwarzen, fahlen und andern Flecken bezeichnet. Gut abgerichtete werden von Jägern mit Nutzen gebraucht, und man pflegt in Dänemark selbst, nach Herrn Pontoppidans Bericht, viel von ihnen zu halten . . .«

Betrachten wir nun die Originalillustration Buffon's »der große Dänische Hund« (Abb. 34). Es ist sicherlich nicht zu bestreiten, daß dieser vor höfischer Kulisse aufgebaute Rüde ein guter Repräsentant der alten Hatzrüdenschläge ist. Starker, breiter Schädel mit ausgeprägter Fangtiefe, kräftiger, dabei aber kurzrückiger und eleganter Körperaufbau mit langen Läufen knüpfen eine recht logische Verbindung zu den Hatzrüden auf den Stichen von J. E. Ridinger.

Gerne komme ich nochmals auf unseren Bericht über die Hatzrüden des Mittelalters zurück. Wir haben bereits nachgewiesen, daß sich diese Jagdhundeschläge entsprechend ihren Aufgaben in zwei Formen aufspalteten: a) großrahmige Hatzrüden zur Jagd auf Bär und Sauen. b) Kleinere, kurzbeinigere und schwerere Bullenbeißer. In dem »Großen Dänischen Hund« haben wir einen vorzüglichen Repräsentanten der schnellen Hatzrüden. Buffon's Illustration zeigt deutlich einen Hund, der nach seiner Anatomie sicherlich nicht nur neben dem Kutschwagen trabte, sondern auch bei der Jagd auf wehrhaftes Wild seine Aufgaben zu erfüllen wußte.

EDWARD beschreibt im Jahre 1800 in seiner »Cynographica Britannica« den »Dänischen Hund« als eine Hunderasse, die etwa zwischen dem Greyhound und dem Mastiff zu sehen sei. Die Schulterhöhe dieser Hunde liege zwischen 28 und 31 inches (71–78 cm). Der Kopf werde aufrecht getragen, weise einen recht ausgeprägten Fang auf, das Ohr werde kupiert. Er spricht von tiefer Brust bei schmalem Leib, langen, geraden und kräftigen Läufen und dünner Rute. In der Farbe sei der Dänische Hund meist sandrot oder fahlgelb und habe meist eine weiße Blesse. Eine besonders schöne Farbvarietät bewundert EDWARD in dem »Harlekin-Dane«, einem Hund mit großen und kleinen Flecken auf weißem Untergrund. Er berichtete weiter, daß der Dänische Hund meist als Wagenhund neben der Kutsche laufe, dabei begeisterten sein kräftiges Muskelspiel, sein flüssiger Trab und seine kräftigen Galoppsprünge. Sein Erscheinungsbild trage wesentlich zum Pomp der Edlen und Wohlhabenden bei. Als Wunschbild des Adels bezeichnet EDWARD die Equipage, begleitet von einem Paar edler Harlekin-Doggen. – So früh wird die Dogge also bereits als Renommierhund angesehen! – Kein Wunder, wenn wir uns die vorzügliche Illustration in EDWARD's Buch ansehen, schnelle, edle Hunde,

Abb. 35 The Danish Dog, Syd Edwardes, 1800

Abb. 36 Great Dane nach Stonehenge, Stahlstich von L. Wells, 1859

die sicherlich für jeden Tierfreund einen recht ästhetischen Anblick boten (Abb. 35). Welch ein Unterschied zur früheren Auffassung über mollosoide Hunde, die einen möglichst häßlichen, furchterwekkenden Anblick bieten sollten! Zwischen diesen edlen Dänischen Doggen und den alten groben Hatzrüden und Bullenbeißern liegen Welten!

Colonel SMITH unterscheidet in seinem Bericht aus dem Jahre 1845 klar zwischen den in ganz Deutschland weit verbreiteten alten Saupackern und der Dänischen Dogge. Der Saupacker sei bei weitem nicht so groß wie die Dänische Dogge und komme besonders häufig in Süd- und Ostdeutschland vor.

RICHARDSON beschreibt in seinem Hundebuch die Dänische Dogge 1845 als die größte auf der ganzen Welt existierende Hunderasse, diese Hunde seien die »nützlichsten Zerstörer von Wölfen und Sauen«. In der Regel hätten diese Hunde eine Schulterhöhe von über 30 inches (76 cm). Der Schädel sei über den Augen breit, die seitlichen Schädelknochen seien breit und wiesen damit diese Hunderasse als echten Mastiff aus. Der Hauptunterschied zum Mastiff bestehe in dem stark verlängerten Fang,

Specht

auch hingen die Lefzen nicht so lose und tief herab. Reinrassige Dänische Doggen seien kurzhaarig, ihre Rute dünn und tief getragen, Hals lang geschwungen, die Ohren klein und von Natur hängend. Die Ohren würden jedoch stets diesen Hunden bereits im Welpenalter gestutzt.

STONEHENGE, dem wir die Beschreibung von RICHARDSON verdanken, ergänzt noch, daß die »Great Dane« in Dänemark und Norwegen zur Elchjagd eingesetzt wurde. Er illustrierte die Rassebeschreibung durch einen Stahlstich von L. Wells aus dem Jahre 1859 (Abb. 36).

Wir können aus zahlreichen Dokumenten nachweisen, daß Mitte des 19. Jahrhunderts auch in vielen deutschen Ländern große Doggenschläge entstanden. Die alten Hatzrüden waren ein tragfähiges Fundament für eine erfolgreiche Doggenzucht. In Württemberg entstand eine breite Zuchtbasis, diese Hunde machten sich bald als »Ulmer Doggen« einen guten Namen. Auch die Räume Hamburg, Schleswig Holstein und Berlin wurden zu frühen Pflegestätten eigener Doggenzuchten. Man sollte sich daran erinnern, daß Deutschland als eigene Nation eigentlich erst nach 1870 entstand, daß erst danach eine gewisse Zusammenarbeit über die alten Landesgrenzen hinaus beginnen konnte, daß eigentlich jetzt erst die Rede sein konnte von »deutschen Doggen«. Kein Zweifel besteht, daß die norddeutsche Doggenzucht außerordentlich stark von den aus Dänemark stammenden Zuchttieren beeinflußt wurde.

STREBEL sieht den Ursprung der »Deutschen Dogge« in einem großen Züchtertreffen im Jahre 1878. Der »Deutsche Doggen Club e. V.« wurde jedoch erst zehn Jahre später, nämlich am 12. 1. 1888 in Berlin gegründet und war damit der erste deutsche Rassezuchtverein. Von diesem Club wird seither die Zucht der »Deutschen Dogge« planmäßig gesteuert und aufgebaut.

Nehmen wir jetzt Abschied von der Dänischen Dogge. Sie hatte ein ähnliches Schicksal wie der Bull and Terrier, ihre eigentliche Blütezeit begann erst in der Zucht der Deutschen Doggen, wie der Bull and Terrier seine Vollendung erst im Bull Terrier fand. Wie nahe die deutschen Doggenschläge der Dänischen Dogge standen, sehen wir aus einer Originalzeichnung von Friedrich Specht, 1874 veröffentlicht in »DIANA – Blätter für Jagd- und Hundefreunde« (Abb. 37). Hier begegnen wir nochmals dieser wunderschönen Hunderasse in dem ihr angemessenen höfischen Rahmen. Die Illustration in DIANA wird als absolut naturgetreues Abbild der Dänischen Dogge hervorgehoben. FITZINGER betont in der begleitenden Rassebeschreibung, daß der Dänischen Dogge unter allen großen und starken Hunderassen im Hinblick auf Schönheit unstreitig der erste Rang zustehe. »Und wie man den Löwen mit dem Namen eines Königs unter den Tieren zu bezeichnen pflegt, so könnte auch die Dänische Dogge unter den Hunden Anspruch auf einen solchen Beinamen erheben.«

Abb. 37 Dänische Dogge, Zeichnung Friedrich Specht, 1874

8. Die Chincha Bulldogge

Es mag für meine Leser zunächst befremdlich sein, hier mit einer alten Hunderasse konfrontiert zu werden, von der die überwiegende Mehrzahl aller Hundefreunde nie etwas gehört hat, mit deren Namen auch Hundekenner sehr oft nichts anzufangen wissen. Ja, von dieser Hunderasse ist überhaupt nichts anderes mehr nachzuweisen als eine Reihe von Funden, – Hundemumien, alte Skelette und Tonfiguren. Und was soll das in einem Buch über Kampfhunderassen?

Es ist wissenschaftlich untermauert, daß diese alten Skelette und die Tonfiguren eine längst ausgestorbene Hunderasse aus dem alten Peru nachweisen, aus einer Zeit lange vor der Ankunft der Europäer in diesem Land, also weit vor der Zerstörung der alten Inka-Kultur durch Pizarro (1533).

Ich gebe gerne zu, daß ich die Chincha-Bulldogge deshalb in meinem Buch vorstelle, weil es mir um

Abb. 38 Kopf der Chincha-Bulldogge, Chimu-Plastik, ca. 1200 n. Chr.

den eindeutigen Nachweis geht, daß – wie schon an anderer Stelle behauptet – in sehr vielen Ländern der Erde völlig unabhängig voneinander Hunderassen entstanden sind, rein aus ihrer Zweckbestimmung heraus. Und trotzdem ähneln sich diese Hunderassen so sehr, daß man zunächst einfach davon ausgeht, daß sie untereinander verwandt sein müßten. Peru wurde im 16. Jahrhundert erst von den Europäern entdeckt, und dennoch gibt es in diesem Lande lange vor der Entdeckung einen Hundeschlag, der alle Anzeichen einer Verwandschaft zu der englischen Bulldogge trägt. – Ich finde es phantastisch, daß wissenschaftliche Untersuchungen dieser mumifizierten Hunde und der ausgegrabenen Skelette durch die Professoren MAX HILZHEIMER und RICHARD N. WEGNER im Jahre 1937 die Erkenntnis brachten, daß der Schädel der Chincha-Bulldogge eine Fülle von Gleichartigkeiten aufweist zum Schädel der französischen Bulldogge des 20. Jahrhunderts, und nicht nur der Schädel, sondern auch die gesamte Anatomie.

Ich möchte zunächst die Chincha-Bulldogge vorstellen mit einem Kopfportrait einer Chimu-Plastik (Abb. 38). Dies ist ein Sammelstück der Frankfurter Bolivien-Expedition der Jahre 1927–29. Es stammt aus einer Trümmerstätte in Nordperu, Fundort ist Trujillo.

Die indianischen Ureinwohner dieses Landes haben eine Fülle von Tier- und Menschenplastiken in Keramik hinterlassen, an deren naturgetreuen Genauigkeit wenig wissenschaftliche Zweifel bestehen. Eine sitzende Darstellung dieser Hunderasse (Abb. 39) verdanken wir derselben Expedition, sie stammt von dem Fundort Pacasmayo in Nordperu. Beide Statuen sind aus sogenannter ›schwarzer Chimu-Ware‹.

Das Frappierende ist nun, daß bei den Grabungen auf den Totenfeldern von Ancon in Mittelperu mumifizierte Hundekörper, insbesondere aber auch Schädel und Skelette gefunden wurden. Diese sind geradezu vorzüglich erhalten und bestätigen eindeutig, daß bulldogartige Hunde in dem Zeitraum so etwa zwischen 1100 und 1470 n. Chr. in Peru lebten, die wiederum mit unseren Tonabbildungen völlig identifiziert werden können.

In der »Zeitschrift für Hundeforschung«, Bd. VI

Abb. 39 Sitzende Chincha-Bulldogge, schwarze Chimu Ware, ca. 1200 n. Chr.

aus dem Jahre 1937 wird von HILZHEIMER und WEGNER durch Vergleiche der Schädelfunde in Peru mit dem Schädel einer französischen Bulldogge unserer Zeit eine geradezu erstaunliche Ähnlichkeit nachgewiesen. Dies sind wohlgemerkt exakte wissenschaftliche Vergleiche echter Hundeschädel, Vergleiche der einzelnen Schädelknochen, der Zahnstellung, der Hohlräume und so fort.

Die Wissenschaftler beschreiben nach den Funden in Keramik, nach den erstklassig erhaltenen Hundemumien und nach den Skelettfunden den Chincha-Bulldog als einen kleinen, langgestreckten, tiefgestellten Hund mit breiter Brust, leicht gekrümmten Vorderläufen, mittellangem Schwanz. Er hatte einen großen Kopf mit birnenförmig aufgewölbtem Hirnschädel, stark abgesetztem, sehr kurzen Gesichtsschädel. Nase normal – oder auch Doppelnase –, hervortretende Augen, große, seitlich angesetzte Ohren – sogenannte Fledermausohren. Unterkiefer vorbeißend mit starker Aufrichtung des vorderen Teils des Unterkiefers.

Hier eine notwendige Klarstellung. Die vorliegenden Tonmodelle erlauben hinsichtlich der exakten Gebißstellung der Chincha-Bulldogge keine eindeutige Aussage, bestätigen weder den Vorbiß, noch daß sie ihn widerlegen. Dies wird von den Professoren HILZHEIMER und WEGNER damit erklärt, daß die indianischen Künstler sicherlich keine Zoologen waren und sicherlich auch keine kynologischen Lehrstücke schaffen wollten. Der klare Nachweis des Vorbisses bei dieser peruanischen Hunderasse ergibt sich aber eindeutig aus den Schädelfunden, wobei bis 1936 10 verschiedene Funde ausgewertet werden konnten.

Dieser Indianerhund im alten Peru ähnelt nach allen Darstellungen und Skelettfunden in auffälligem Maße der französischen Bulldogge. Sicherlich ist es aber wichtig, eine entscheidende Abweichung herauszustellen, welche sich aus den vergleichenden Schädeluntersuchungen ergab. Der Schädel der französischen Bulldogge ist im Gesichtsteil nahezu identisch mit dem der Chincha-Bulldogge. Die Gehirnschädel weisen jedoch eine ganz klare Differenzierung auf. Der Gehirnschädel der Chincha-Bulldogge ist birnenförmig, bei unserem Franzosen jedoch kugelförmig. Hieraus läßt sich ableiten, daß die Chincha-Bulldogge nicht die verzwergte Form eines ursprünglich größeren Hundes war, bekanntlich liegen Zwergform und Apfelköpfigkeit bei Hunden dicht beieinander. Es läßt sich weiter schließen, daß somit die Chincha-Bulldogge schon von Ursprung an eine kleinere Hunderasse war.

Leider ist diese Indianer-Bulldogge ausgestorben. Bisher gibt es auch keine klaren künstlerischen oder schriftlichen Hinweise über die Aufgaben dieses Hundes im alten Peru. Wir wissen allerdings aus anderen Funden, daß in Peru zur selben Zeit ein mittelgroßer Hund lebte, der jagdlich geführt wurde. So bleiben uns nur Vermutungen. War die Chincha-Bulldogge der Haushund der Ureinwohner Perus, so wie etwa der französische Bulldog bei uns heute? Aber wozu brauchte dann dieser Haushund den Vorbiß? Doch ein Kampfhund? Für den Augenblick müssen wir die Frage unbeantwortet offen lassen. Vielleicht hilft uns die Wissenschaft doch noch weiter, beantwortet diese interessante Frage.

II. Moderne Kampfhunderassen

Die Abgrenzung, welche heute existierenden Hunderassen zu der Gruppierung »Kampfhunderassen« gehören ist sicherlich nicht einfach. Mancher Leser wird mit Erstaunen unter dieser Rassengruppe Hunde wie den Mops oder den Boston-Terrier finden, – die er vielleicht aus seiner Warte eher dem Kreise der Schoßhunde/Damenhunde zugeordnet hätte. Andere werden fragen, warum denn die verschiedenen Gebrauchshunderassen hier fehlen, sie »kämpfen« doch heute in so manchem sportlichen Wettbewerb. Dann erwarte ich die Frage, warum wir den Bernhardiner – Alpine Mastiff – oder den Neufundländer hier nicht aufführen! Die Gruppierung »Kampfhunderassen: wird als eine Elite unter den Hunderassen angesehen, – jeder will natürlich an dem Nimbus der Tapferkeit teilhaben!

Es muß unterschieden werden, wofür eine Rasse einmal geschaffen wurde, es muß nach den Vorfahren der Hunde, nach den Ausgangsrassen gruppiert werden. So habe ich mich weitgehend leiten lassen von dem Einfluß der in Teil I im einzelnen beschriebenen »alten Kampfhunderassen« auf die heutige Hundezucht. Die großen Hüte- und Treibhunderassen gehören sicherlich in erster Linie zu der Gruppe der Schäferhunde, den Bernhardiner sehe ich in seiner systematischen Zucht als Lebensretter als beeinflußt durch den Mastiff, aber dadurch wurde er noch nicht zur Kampfhunderasse. Die Größe ist kein eigenes Merkmal für die Zugehörigkeit oder den Ausschluß aus dem Kreise der Kampfhunde, sahen wir doch im ersten Buch, wie häufig auch kleinste Hunde als Kampfhund mißbraucht wurden.

Ja, ich will dies nochmals hervorheben. Kämpfe gegen andere Tiere oder Hundekämpfe untereinander sind ein barbarischer Mißbrauch des Lebensgefährten Hund. Wenn man dies im Mittelalter noch aus Kriegen, Jagd und sozialen Erschütterungen heraus erklären kann, in heutiger Zeit bestehen in den meisten zivilisierten Ländern klare Gesetze, die den Mißbrauch des Hundes durch seelisch gestörte Menschen unter Strafe stellen.

Dennoch ist das Wissen um die gemeinsame Vergangenheit der in diesem Buch zusammengefaßten Hunderassen für den Hundefreund von großem Wert. Wir haben im einzelnen bereits nachgewiesen, in welcher Intensität Anatomie des Hundes und Charakter durch den Aufgabenkreis beeinflußt sind, für den diese Hunderassen gezüchtet wurden. Hieraus läßt sich das Wesen unseres Hundes verstehen. Wir finden auch eine Erklärung für manche Körperform, die uns zunächst schlichtweg häßlich, abstoßend, unzweckmäßig, krank erscheint.

Viele Hundefreunde schätzen den einmaligen Charakter des alten Kampfhundes. Er ist ein selbstbewußter, eigenwilliger Hund, völlig ungeeignet für jene Hundefreunde, die von ihrem Zweibeiner eine Art von Kadavergehorsam verlangen. Nur in sich selbst gefestigte Menschen werden mit einem Hund glücklich, der neben dem Menschen gerne sein eigenes Leben führt. Hier bedarf es des menschlichen Respektes, man muß der Persönlichkeit seines Hundes Toleranz und Verständnis entgegenbringen.

Ich bitte darum, die Einreihung einer Anzahl von modernen Hunderassen unter »moderne Kampfhunderassen« keinesfalls so mißzuverstehen, als sollte damit zum Ausdruck gebracht werden, diese Hunde dürften, sollten im 20. Jahrhundert die alten Kämpfe wieder aufleben lassen. Lassen Sie sich auch nicht von jenen falschen Propheten verführen, die solche Kämpfe fordern, um das einmalige Wesen dieser Hunde dadurch angeblich zu prüfen und zu erhalten. Es gibt im 20. Jahrhundert Erkenntnisse der Verhaltensforschung, die dem Züchter ausreichend Hinweise geben, mit welchen Tieren zu züchten ist, um wirklich in unsere Zeit passende, gute Hunde zu haben.

Nun zu den einzelnen Rassen.

1. Tibet Mastiff

Wenn wir einen Blick auf das Foto werfen, das den Tibet Mastiff neuester Zeit darstellt (Abb. 40), so können wir sicherlich sagen, daß dieser Hund dem alten Tibet Mastiff, den wir im historischen Teil des Buches kennengelernt haben, fast vollendet gleichkommt. Ein imposanter Rüde, starkknochig, substanzvoll – ohne im geringsten überladen zu sein –, mit geradezu idealem Kopf, reichem Haarkleid, eine wunderschöne Hunderasse. Ich glaube, so mancher Freund großer Hunde wird sich für den echten Tibetmastiff begeistern können. Deshalb habe ich auch ergänzend die 1981 in Deutschland gezüchteten Kinder dieses Rüden im Alter von drei Wochen in die Illustrationen des Buches mit aufgenommen (Abb. 41).

Wo viel Licht ist, da fällt auch viel Schatten! Die Zucht im Ursprungsland der Rasse, im Hochland

Abb. 40 Tibet Mastiff Rüde »Tü-Bo«, Originalimport aus Tibet Ende der 70er Jahre

Tibet, war und ist über nahezu das ganze 20. Jahrhundert durch eine Fülle politischer Wirren, durch eine soziale Umschichtung der Bevölkerung außerordentlich erschwert worden. Der Dalai Lhama mußte seinen mittelalterlichen Kirchenstaat verlassen, mit ihm zog ein Teil seiner Untertanen. Heute lebt der Kirchenfürst in Indien im Exil, viele Tibetaner wanderten mit ihm aus, wurden aus tierzüchtenden Nomaden zu seßhaften Handwerkern. Kaum ein Tibet-Mastiff überlebte den Auszug aus seiner Heimat.

Schon 1903 forderte DRURY in »British Dogs«, man möge dieser großartigen Hunderasse in England eine neue Heimat geben. Er erwartete, daß »die berühmte englische Kunst des Hundezüchtens« den Tibet-Mastiff kultivieren werde. Erstaunlicherweise wurden die Importtiere, hatten sie erst die monatelange und außerordentlich beschwerliche Reise nach England überstanden, überwiegend in zoologischen Gärten gehalten. Nicht nur Umstellungsprobleme gesundheitlicher Art machten Hunden und Züchtern schwer zu schaffen, offensichtlich erwies sich auch die Eingewöhnung in die englische Umwelt als extrem schwierig. Es liegen viele Berichte vor, wonach diese Tibetaner mit zunehmendem Alter für ihre zivilisierte Umgebung zu einer solchen Gefahr wurden, daß sie nur zu gerne den Zoos als großzügiges Geschenk präsentiert wurden. Hinter eisernen Gitterstäben wurden sie ebenso bestaunt und angegafft wie exotische Raubtiere.

Zuchtversuche scheiterten, weil sich entweder die Hunde gar nicht paarten oder ihre Welpen unter verschiedenartigsten Krankheitssymptomen verstarben. Diesen Hochgebirgsbewohnern ist die Umstellung aus Höhenlagen um 4000 Metern über dem Meer nach England – oder auch nach anderen europäischen Ländern oder nach den USA – gesundheitlich und seelisch nicht bekommen.

Frau Dr. Mary TÄUBER schreibt 1979 hierzu in »Unser Rassehund«: »Direkt-Importe aus Tibet bleiben meist nicht lange gesund, sind meist fortpflanzungsunfähig. Tiefere Lagen rufen Kreislaufstörungen hervor, belasten das Herz. Selbst Sikkim und Nepal werden von manchen nicht vertragen. Die Hunde werden träge und phlegmatisch. Die Unterwolle ist stark hygroskopisch, so daß sie sich bei feuchtem Wetter geradezu auswringen läßt. Die

Abb. 41 Tibet Mastiff Welpen, drei Wochen alt, Jahrgang 1981, Züchter Böse, Remscheid

Folge sind rheumatische Erkrankungen, Nierenschäden, bösartige Ekzeme. Es ist bisher noch nicht gelungen, Nachzucht von direkt aus Tibet importierten Hunden auf die Dauer zu erhalten, wohl aber von Hunden, die sich seit ein paar Generationen einem Übergangsklima wie Sikkim oder Nepal angepaßt haben.« – Keine besonders ermutigenden Aussichten für passionierte Züchter!

Interessant und beeindruckend finde ich ein Foto aus den dreißiger Jahren, Kopfstudie des nach England direkt vom Tibet importierten Rüden »Tomtru«. Ein guter Beweis für die Eigenständigkeit und für den unverwechselbaren Typ dieser Rasse (Abb. 42)! Wir erfahren allerdings aus England, daß auch in diesem Lande eine ganze Reihe von Zuchtversuchen mit den Tibetanern fehlgeschlagen sind, trotz »der berühmten englischen Kunst des Hundezüchtens«!

So gibt es heute nur sehr wenige echte, unvermischte Vertreter dieser alten Hunderasse, ja man kann sagen, daß sie vom Aussterben bedroht ist. Schon immer wird darüber geklagt, daß die ins indische Vorgebirge herunter gekommenen Mastiffs recht schnell an Typ und Gesundheit verlieren. Um so interessanter ist ein Bericht von Frau HEDY NOUČ aus dem Jahre 1980, veröffentlicht in »Unser Rassehund«, über eine Expedition zu den Tibet Mastiffs in das Himalaya-Gebirge (nicht identisch mit dem echten tibetanischen Hochland!). Mit Un-

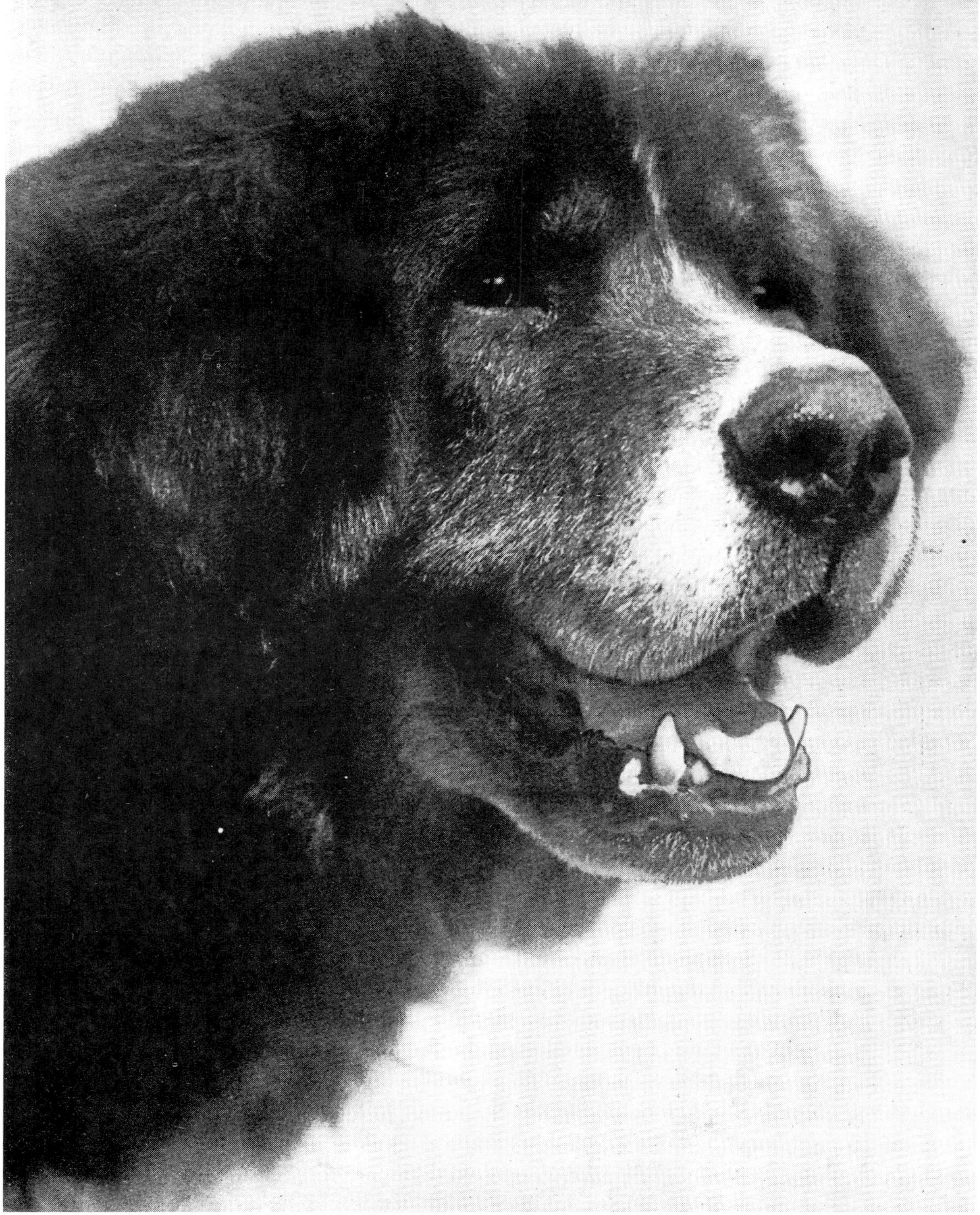

Abb. 42 Kopfstudie Tibet Mastiff »Tomtru«, ca. 1930, Originalimport nach England

terstützung der indischen Behörden war es gelungen, in der Nähe der kleinen Häusergruppe namens Palamper in 3000 Meter Höhe über dem Meeresspiegel 42 Tibet-Mastiffs und die ihnen anvertrauten großen Schafs- und Ziegenherden zusammenzurufen. Eine einmalige Gelegenheit, um einen wirklichkeitsgetreuen Überblick über den Zustand der Reste dieser alten Hunderasse zu gewinnen.

Die großen Herden wurden jeweils von 1 bis 3 Mastiffs begleitet. Ihre Aufgabe bestand sicherlich weniger im Trieb von Ziegen und Schafen, sondern im Schutz der Herde vor Raubtieren. Bären und Leoparden bedrohen im Himalaya-Gebirge die Herden. Bei der Ankunft in Palamper lag hinter den Europäern eine tagelange Anreise in geländegängigen Jeeps, zuletzt ein siebenstündiger Fußmarsch, wobei ein Höhenunterschied von 1200 Metern überwunden werden mußte. Extreme Temperaturen wurden im Mai gemessen, tagsüber etwa 30°C, während der Nacht etwa 0°C.

Hedy NOUČ sieht in der Bezeichnung Tibet-Mastiff nur einen Sammelbegriff. Die Hirten unterschieden in schwarze Hunde des Bara-Benghali-Typs, in black and tan-farbene Bharmouri Hunde (schwarz mit lohfarbenen Abzeichen). Hinzu kamen noch goldfarbene Mastiffs des Lahauli-Typs. Beeindruckend die Begegnung mit diesen Hütern der Herden. »Und dann kamen die ersten Herden und es quoll nur so aus allen Ecken. Diesen Anblick werde ich nie vergessen können. Schafsherden, gemischt mit indischen und vor allem tibetanischen Ziegen. Die Hirten mit ihrer malerischen Kopfbedeckung und bei jeder Herde eins bis drei Mastiffs« (Abb. 43).

Frau NOUČ beschreibt diese Hirtenhunde als große, kräftige Tiere mit festem, geraden Rücken und federnden Gängen. »In diesen Regionen wäre jeder Hund, der mit Beeinträchtigungen an der Wirbelsäule, in der Hüfte oder in der Hinterhand behaftet wäre, ein Todeskandidat. Die Hirten mit ihren Herden und den begleitenden Hunden müssen sich hier bewegen können wie bei uns die Tänzer auf dem Drahtseil.«

Ganz besonders hervorgehoben wird die Verträglichkeit der Hunde, wenig Agressionen gegen ihre Artgenossen, dem Menschen gegenüber nur Abwehr bei Annäherung an die dem Hund anvertraute Herde. Fütterung der Hunde mit einer Art von Pfannkuchenbrot, Beimengungen von Maismehl, Ziegen- oder Schafsmilch. Keines der Tiere machte dabei einen schwächlichen Eindruck, starke Gebisse, meist Schere, einige Zangen, nicht ein Vorbiß. Bei allen 42 Hunden keinerlei Anzeichen von Hautproblemen.

Abb. 43 Tibet Mastiffs im Himalaya, 1979, Expedition Nouč

Die große Überraschung für den passionierten Züchter: Von den dreizehn besten Rüden dieses Treffens waren zehn (!) kastriert! Allgemeine Größe der Hunde, etwa 66 cm Schulterhöhe, aber die Kastraten waren eindeutig größer und mächtiger. Mit Recht erhebt Frau NOUČ die Frage, ob die häufige Kastration der Rüden die Erklärung bringt für den immer wieder geschilderten »Riesenwuchs des Tibetaners«. Wissenschaftler bezeichnen so etwas als »eunuchoiden Hochwuchs«, die Kastration vor der Geschlechtsreife verlängere insbesondere das Wachstum der Röhrenknochen der Extremitäten. – Nach Aussage der Hirten ist die ziemlich regelmäßige Kastration der an den Herden gehenden Rüden dadurch bedingt, daß die Rüden nur so zuverlässig bei der Herde bleiben, die anderen früher oder später »auf Freiersfüßen« in die Wildnis verschwinden.

So ergab es sich, daß auf diesem Tibetanertreffen mit gleichzeitiger Hundeprämierung der als erster Preis ausgesetzte prächtige Merino-Zucht-Widder dem Besitzer eines recht mittelmäßigen Rüden zufiel. Der schönste Rüde war auf Grund der Kastration außer Konkurrenz. Danach soll es auf dieser Hundeausstellung fast europäisch zugegangen sein, der Eigentümer des schönsten – kastrierten – Rüden ertränkte seinen Kummer im Alkohol!

Der Standard des Tibet-Mastiffs verlangt eine Schulterhöhe von etwa 65 cm, ein Gewicht von ungefähr 50 kg. Sicherlich ist der Hinweis angebracht, daß der Tibet-Mastiff eigentlich ein recht atypischer »Kampfhund« ist, seine Aufgabe ist ausschließlich der Schutz der Herde vor Raubtieren. Wir wissen, daß diese uralte Rasse eine der Wurzeln aller Kampfhunderassen sein könnte, in der Vergangenheit sicherlich auch häufig Einsatz als Kriegshund fand. Der Tibet-Mastiff ist sicherlich ein erstklassiger Wächter für Herde, Haus und Familie. Die großen Yak-Herden des Tibets sind im Himalaya heute durch Ziegen und Schafe ersetzt, die friedlicheren Schützlinge haben gleichfalls die Aufgaben dieser Hirtenhunde verändert.

Meine erste Begegnung mit »Tü-Bo« (Abb. 40) war auf einer großen Hundeausstellung in Belgien. Hier bot sich mir Gelegenheit, mir den Rüden in der Wartezeit vor dem Richten sehr gründlich anzusehen. Offen gesagt, ich fühlte mich etwas angeschlagen von der krassen Vielfalt schwerwiegender anatomischer Mängel anderer mollosoider Hunde. Um so beeindruckender die Begegnung mit »Tü-Bo«. Als ich mir mit Augen und tastenden Händen die Anatomie des kompakten, großrahmigen, starken Hundes vertraut machte, drängte sich mir der Gedanke auf, warum es nicht doch möglich sein sollte, diese urgesunde Hunderasse zu erhalten. Endlich ein großrahmiger mollosoider Hund, der in seinem Körpergewicht trocken und nicht überladen war! Der Hund ist anatomisch trotz seiner Kraft urgesund, dabei übersehe ich sehr gerne und großzügig, daß sicherlich die Winkelung seiner Hinterhand perfekter, seine Bewegung von hinten gesehen kraftvoller sein könnte. Und dennoch kann sich eben diese Hunderasse frei bewegen, man traut ihr ohne weiteres den Dienst an der Herde zu, der Hund ist anatomisch fest gefügt, und zeigt darüber hinaus auch noch das typisch selbstbewußte Wesen der alten Kampfhunde.

Ich weiß, es gibt ganz wenig reines Zuchtmaterial außerhalb seiner Heimat. Zu recht sind Importe aus den USA hinsichtlich Anatomie und Wesen umstritten. Dennoch meine ich, daß es hohe Zeit ist, etwas zur Rettung dieser großartigen alten Hunderasse zu tun.

Es gibt sicherlich nur einen einzigen erfolgversprechenden Weg, nämlich hinauf in das alte Ursprungsland der Rasse, sorgfältiges Sichten der noch vorhandenen letzten Vertreter dieser Tibetaner und dann zielbewußten Neuaufbau der Hunderasse in ihr angemessener Umgebung in einem friedvollen Land.

Lassen Sie mich noch etwas phantasieren. Warum könnte die Rasse nicht in den europäischen Alpen eine neue Heimat, züchterische Erneuerung finden, etwa so, wie etwa auf dem St. Bernhard im Hospitz einmal die großartigen Bernhardiner züchterisch erschaffen wurden? Die Reisewege sind heute zeitlich sehr kurz geworden, die Veterinärmediziner sollten mit dazu beitragen, daß ein solcher Transport für die Hunde ziemlich gefahrlos wird. Auch sollte die Technik der künstlichen Besamung für Pflege und Verbesserung der Rasse mehr als nützlich sein. Das rauhe Gebirgsklima Mitteleuropas dürfte von dem gewohnten Klima nicht so fern sein, daß hier unüberwindliche Schwierigkeiten zu erwarten wären. Und dann könnten diese Hunde mit den Jahren langsam den Abstieg ins Vorgebirge und später in die Täler schaffen, ohne Gefahr für ihre Gesundheit! Wir Menschen des 20. Jahrhunderts sind aufgerufen, unseren Nachkommen die durch die Zivilisation bedrohte Tierwelt zu erhalten. Wir tun dies mit gefährdeten Wildtieren und Pflanzen, warum tun wir es eigentlich nicht für den Tibet-Mastiff, eine der ältesten Hunderassen der Welt? Und diese Rasse wäre es sicherlich wert, weiter zu leben, neu zu erblühen in ihrer alten imposanten Gestalt!

Kann so etwas nur der Staat, Behörden, nicht auch züchterische Leidenschaft und Verantwortung für unsere Hunde? Wir sollten uns sehr bald etwas einfallen lassen, um diese herrliche Hunderasse vor dem Aussterben zu retten!

2. Mastiff

Im ersten Teil dieses Buches haben wir den Mastiff um die Jahrhundertwende verlassen. SYDNEY TURNER, der große alte Mastiff-Mann, Gründungsmitglied des jetzt 1983 einhundert Jahre alt werdenden »Old English Mastiff-Clubs«, hatte dringend davor gewarnt, nur noch Mastiff-Köpfe zu züchten, anstatt sorgfältig und gewissenhaft die Gesamtanatomie des Hundes zu beachten. Aus seiner Encyclopaedie bringen wir eine Kopfstudie des berühmten »Ch. Crown Prince«, geboren 1880 (Abb. 44). Dies war das Ideal, aus dem die Übergewichtung des Kopftyps in der englischen Zucht erwuchs. »Crown Prince« wurde – insbesondere über seine Töchter – zur ändernden Kraft, alles, was diesem Idealbild eines Mastiffkopfes nicht entsprach, wurde von Preisrichtern und Züchtern als zweitklassig angesehen, ganz gleich, wie gut die Gesamtanatomie des Hundes war. Das neue Idol hatte ⅓ Fang, ⅔ Oberkopf mit deutlich ausgeprägtem Stop. Die alten Linien, selbst die berühmte Lyme-Hall-Zucht mit längerem Fang waren nicht mehr gefragt. Die Warnungen verantwortungsbewußter Kynologen wurden in den Wind geschlagen.

Abb. 44
Kopfstudie Mastiff »Ch. Crown Prince«, Jahrgang 1880

Wie sich die Bilder gleichen, – wir werden bei einer ganzen Reihe von Hunderassen einen völlig gleichartigen Kopffetischismus feststellen. So richtig es aber ist, daß in nahezu allen Hunderassen der Welt der Hundekopf für den Rassetyp wirklich wichtig ist, so richtig ist auch, was mir der berühmte TOM HORNER einmal ganz lapidar zu dieser Frage antwortete: »Der Hund läuft doch nicht auf dem Kopf!« – Wenn sich dies doch einmal alle Hundezüchter klar machen würden! Der perfekte Kopf, – dies ist sicherlich das berühmte Tüpfelchen auf dem i, von Siegerhunden sollte man ihn wirklich fordern. Aber keinesfalls ersetzt der perfekte Hundekopf die richtige Grundanatomie eines Hundes! Das i-Tüpfelchen kann sicherlich auch nicht ohne den unerläßlichen Buchstabenkörper existieren! Zum Vergleich eine wunderschöne Kopfstudie aus dem Jahre 1980 (Abb. 45). Viel Adel!

Schon 1889 kommt HUGH DALZIEL zu der Feststellung, daß der Bewegungsablauf beim Mastiff häufig völlig ungenügend sei. Dies komme insbesondere aus Schwächen in der Hinterhand, die sich oft auch bereits im Stand durch kuhhessige Stellung zeige. Er beklagt schwache Bemuskelung der Hinterhand, steile Winkelung und zu lange weiche Rükken. Er prangert an, daß gerade in jüngerer Zeit recht fleischige Hunde gezüchtet würden, anstatt auf echte Substanz zu arbeiten. So verliere die Rasse Symetrie und Beweglichkeit. Man ahne beim Betrachten dieser Mastiffs nicht mehr, daß sie einmal als echte Kriegshunde gezüchtet wurden. Sie seien heute sicherlich nur noch für die Garnison nach einem verlorenen Kriege tauglich.

WILLIAM WADE bemängelt 1891, daß von etwa einhundert Vorschriften im Standard des Mastiffs sich etwa vierzig auf irgendwelche Details am Kopf des Tieres bezögen. Eine Folge der durch Club und Richter geschaffenen Mißverständnisse sei eine Zucht nur noch auf schöne Köpfe. Am Ende dieser Zucht ständen »watschelnde, häßliche Scheusale mit einem Traumkopf!« 1889 beklagt RANDON LEE die zunehmende Dekadenz der Rasse in ihrem eigenen Ursprungsland, DRURY betont 1903: »Ein

Abb. 45 Moderne Mastiff-Kopfstudie, England 1982 »Bellabees Blunder of Bredmardine«

Abb. 46 Mastiff-Rüde »Ch. Ajax of Hellingly«, 1931

Züchter des Mastiffs kann es sich keinesfalls leisten, in der Zucht auch nur das kleinste Detail zu vernachlässigen.« Ob dies je von den Züchtern verstanden wird?

In der Zeitschrift »Country Life« saß ein Mr. SMITH, ein besonderer Verehrer dieser alten Hunderasse. Er berichtete mehrfach über den Mastiff zwischen den Jahren 1914 und 1928. 1914 interviewt er Colonel Walker, einen Pionier der Rasse seit 1875. Dieser beklagt ab der Jahrhundertwende einen deutlichen Qualitätsverlust der Rasse, verursacht durch törichte Modezüchtungen. Heute, im Jahre 1914 gäbe es kaum noch einen guten Mastiff im ganzen Lande.

Ist es nicht merkwürdig, das Ereignis, dem wir die großartigen alten Kampfhunderassen verdanken, der Krieg, der einmal dringendst Kriegshunde brauchte, – dem Krieg sind die großen Kampfhunderassen nahezu alle zum Opfer gefallen! Die beiden Weltkriege des 20. Jahrhunderts, sie brauchten keine Kriegshunde im früheren Sinne, ihnen genügten Sanitäts- und Meldehunde. Diese Kriege hatten eine völlig neue Tötungsmaschinerie zur Verfügung, gegen diese Waffen konnte auch der tapferste Kriegshund alter Prägung seine Menschen nicht mehr schützen.

Der Mastiff, einst »der Kriegshunde par excellence«, er war während der fürchterlichen Kriege des 20. Jahrhunderts nur noch – ein unnützer Fresser, der mit den weltweit hungernden Menschen um die kärgliche Nahrung konkurrierte. Es ist eine schlimme Tatsache, daß der alte Mastiff durch diese zwei großen Kriege nahezu ausgerottet wurde. Die großen, schweren Hunderassen, sie hatten es wohl am schwersten, diese bitteren Hungerzeiten zu überleben. Für den Krieg waren sie überflüssig geworden, ersetzt von Granaten, Giftgas, Bomben, Panzern, Flugzeugen, . . .

Während des 1. Weltkrieges war die Zucht des Mastiffs in England fast zum Erliegen gekommen. Am 11. 6. 1921 berichtet unser Mr. Smith in »Country Life«, daß auf den nun wieder veranstalteten größeren Hundeausstellungen kaum noch ein Mastiff zu sehen sei. Die Rasse habe nur noch sehr wenige Liebhaber. Dazu komme noch, daß zumindest die Hälfte der übrig gebliebenen Tiere in ihrem Charakter miserabel sei, für die Rasse sicherlich keine Werbung darstellte. Die wenigen guten Mastiffs in ganz England könne man sicherlich an den Fingern einer Hand abzählen.

So etwa ab 1925 setzt eine deutliche Erholung der Rasse ein, sie zog doch wohl immer wieder Liebhaber an, die sich es zur Lebensaufgabe machten, gute Mastiffs zu züchten. C. R. Oliver (Zwinger ›Menai‹), Mr. & Mrs. L. Scheerboom (Zwinger ›Havengore‹), Mr. & Mrs. Oliver (›Hellingly‹), Norman Haigh (›Ashenhurst‹), um nur einige dieser Züchterpersönlichkeiten hervorzuheben. Der größte Mastiff-Zwinger in diesen Jahren war ›Hellingly‹. Wir illustrieren den wieder erarbeiteten hohen Standard der Rasse im Jahre 1931 mit dem berühmten »Ch. Ajax of Hellingly«, dieser gilt als ein Rüde, der die Mastiff-Geschichte sehr positiv beeinflußt hat. Wir zeigen den Rüden einmal in Seitenansicht in seiner ganzen imposanten Gestalt (Abb. 46), zum anderen eine Kopfstudie des Rüden (Abb. 47). Ajax soll etwa 90 kg auf die Waage gebracht haben.

Leider wurde die Zucht schöner Mastiffs 1939 mit Kriegsausbruch jäh abgebrochen.

Wie hart gerade die Mastiff-Zucht in England durch diesen Krieg getroffen wurde, beleuchtet eine Zeitungsnotiz aus den USA. Das »Atlanta Journal Magazine« berichtete am 11. 8. 1940, – der Krieg in Europa war noch nicht ganz ein Jahr alt – Atlanta werde immer mehr zum Zufluchtsort in Not geratener edler englischer Rassehunde. Gerade seien zwei wunderschöne Mastiffs eingetroffen. Mrs. King habe bei den fünf führenden englischen Mastiffzuchten angefragt, ob sie Hunde nach den USA abgeben würden. Vier von fünf Zwingern hätten bereits ihren gesamten Hundebestand aufgegeben, da die Futtergrundlage für eine verantwortliche Mastiffzucht weggefallen war. Mrs. Bowles hatte im Raume London noch zwei Mastiffs durchgeschleppt. Remus und Prunella. Ehe diese Tiere nach Atlanta kamen, mußten sie monatelang von Toastbrot und Gemüse leben. Sie hatten bei ihrer Ankunft in den USA mehr als fünfzig Pfund ihres Normalgewichtes verloren.

Die Nachkriegssituation der Mastiffzucht in England läßt sich an Hand der Protokolle des ›Old English Mastiff-Clubs‹ nachzeichnen. Am 20. 10. 1946 fand die erste Versammlung seit 1939 statt. Während des 2. Weltkrieges waren Ausstellungen und Clubleben aller Hunderassen in England praktisch erloschen. Zu diesem Treffen im Jahre 1946 kamen 15 Mitglieder, deren Hauptanliegen die Rettung des Mastiffs war. Eine erste Bestandsaufnahme in ganz England brachte den Nachweis über noch 20 lebende Tiere, fast alle viel zu alt, um noch für die Zucht in Frage zu kommen. Eine schwere Staupeepidemie verursachte weitere Verluste. Ende 1947 wurden noch ganze 7 Mastiffs in England gezählt. Das Ende der alten Rasse stand bevor!

Da gab es einen Rüden »Taurus«, dessen Besitzer bei einem Bombenangriff umgekommen, dessen genaue Abstammung den Mastiffzüchtern nicht bekannt war. Drei renommierte Spezialrichter des Kennelclubs befanden ihn als reinrassigen Mastiff, so daß er vom Kennel Club im Zuchtbuch registriert wurde, natürlich mit: Vater und Mutter unbekannt. Später stellte sich heraus, daß »Taurus« aus einer Kreuzung zwischen Mastiff und Bullmastiff stammte. Dieser »Taurus« war wohl der einzige noch in England überlebende zeugungsfähige Zuchtrüde, ihm wurde die Hündin »Sally of Coldblow« zugeführt, die in ihrer Blutführung stark auf die alte

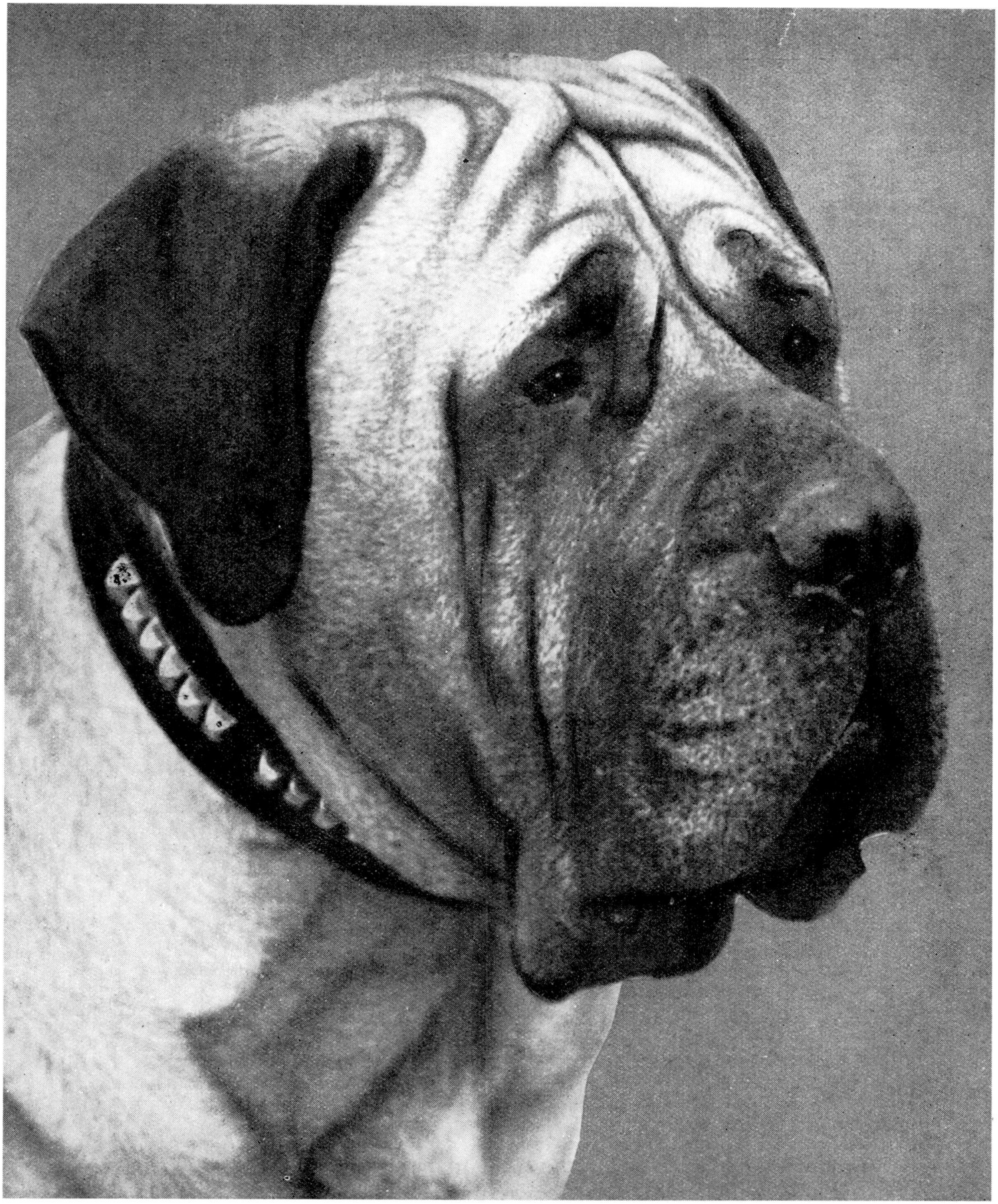

Abb. 47 Kopfstudie »Ch. Ajax of Hellingly«, 1931

›Havengore-Linie‹ zurückging. Aus der Paarung entstand »Nydia of Frithend«. Diese Hündin wurde zum neuen Meilenstein bei der Wiedererweckung der Mastiffzucht in England nach dem zweiten Weltkrieg.

Mrs. Dickin, die Sekretärin des »Old English Mastiff-Clubs« flog 1947 in die USA, fand aber trotz vieler früherer Exporte guter Mastiffs in dieses Land auch hier eine völlig am Boden liegende Mastiffzucht. Ihre Hoffnung, durch Reimport guter Hunde die Rasse in England neu zu fundieren, war vergeblich, sie kam ohne Hunde aus den USA zurück.

Lassen Sie mich an dieser Stelle Marie Antoinette MOORE aus ihrem 1978 in den USA erschienenen Mastiff-Buch zitieren. Ich weiß, daß ihre nüchternen Feststellungen den passionierten Mastiff-Anhänger treffen, sie entsprechen aber den Tatsachen. »In der Tat hat die alte Geschichte über die Mastiffzucht für den Mastiff von heute eine völlig untergeordnete Bedeutung. Die alte Rasse Mastiff war Ende des zweiten Weltkrieges nahezu ausgestorben.«

Es ist sicherlich eine bittere Wahrheit, dieser Abschied von einer solch ruhmreichen Vergangenheit. Die wenigsten Mastiffzüchter sind innerlich bereit, klar zuzugeben, daß eben 1947 bei dieser Hunderasse nur noch Trümmer übrig geblieben waren, auf denen allein diese Hunderasse nicht wieder aufgebaut werden konnte. Der Neuaufbau erwies sich als möglich, mußte aber mit vielen Kompromissen bezahlt werden. – So ganz endgültig erscheint mir der Abschied von der ruhmreichen Vergangenheit auch wieder nicht. Gerade mit diesem Buch über alle Kampfhunderassen führen wir den Nachweis, wie sehr ein innerer Zusammenhang der Rassen untereinander besteht, daß auch die Geschichte dieser Hunderassen wieder untereinander verbunden ist.

War so der erste Eckstein für den Neuaufbau nach dem Kriege »Taurus«, der Mischling aus Mastiff und Bullmastiff, so wird von nahezu allen Autoren verschämt zwischen den Zeilen zugegeben, daß in diesen ersten Nachkriegsjahren nur dadurch die Wiederbelebung der Mastiffrasse möglich war, daß ihr Bluttransfussionen über andere großrahmige Hunderassen zukamen. Deutsche Doggen, Bullmastiffs, Bernhardiner und Neufundländer saßen sicherlich nicht nur neben der Wiege, als der Mastiff in dieser Zeit wiedergeboren wurde. Man könnte etwas sarkastisch philosophieren, daß jetzt diese Rassen dem Mastiff das zurück gaben, was sie früher in ihrer eigenen Zucht von ihm empfangen hatten. Es zeigt sich der innere Zusammenhang der großen alten Kampfhundefamilie!

Klare Indizien für die aktiven Einkreuzungen geben uns die Mastiffwelpen noch in jüngster Zeit in ihrem äußeren Erscheinungsbild. So wird immer wieder festgestellt, daß in den reinrassigen Würfen Welpen mit längerem, ja sogar mit langem Haar liegen. Man spricht von einem rezessiven Gen, man wisse wirklich nicht, wie dies in die Rasse hereingekommen sei. Eine echte Mutation? – Nun, Bernhardiner und Neufundländer sollen solche Gene recht reichlich haben. DOUGLAS B. OLIFF schreibt im ›Molosser-Magazin‹ 1982, er habe selbst aus einer völlig reinrassigen Paarung einen Welpen mit klarer Bernhardiner-Scheckung gesehen, wobei allerdings sich die Farbvariationen in deutlichen Schattierungen innerhalb des Bereiches verschiedener Brauntöne bewegten. Er beobachtete auch Mastiff-Welpen mit eindeutigem Neufundländerhaar. Ich selbst saß 1982 auf CRUFTS-Hundeausstellung und beobachtete einen sehr schönen großrahmigen Mastiff, der aber in Kopf, Ausdruck und Haar recht eindeutig an einen Leonberger erinnerte. – Es dürften kaum begründete Zweifel bestehen, daß eben nur durch heimliche Anleihen bei anderen doggenartigen Rassen der Mastiff nach dem zweiten Weltkrieg neu erstand. Übrigens, dies ist durchaus nicht die einzige Hunderasse, in deren Adern fremdes Blut pulst. Darüber wird noch an anderer Stelle zu sprechen sein.

1948 kamen zwei Mastiff-Welpen aus British Columbia, 1949 erhielt der »Old English Mastiff Club« aus Kanada als Geschenk zwei Welpen, beide aufgebaut auf alten ›Havengore‹ = und ›Hellingly‹-Linien. Diese erwiesen sich für den Wiederaufbau der Zucht als ganz besonders wertvoll, paßten sie doch wieder zu den Nachkommen von »Nydia«. Ende 1949 zählte man erst 15 Mastiffs in England, 1950 waren es 50 Hunde, die Zucht hatte wieder einen Boden gewonnen.

Natürlich mußten nun die Züchter mit zwei Problemen fertig werden. Auf der einen Seite standen die alten reinen Mastifflinien, aber mit einem sehr hohen Inzuchtkoeffizienten belastet und mit entsprechend eindeutigen Degenerationserscheinungen. Ernsthafte Wesensfehler wie insbesondere Scheu und hochgradige Nervosität werden hierauf zurückgeführt, sind auch heute noch in der Rasse viel zu oft anzutreffen. Auf der anderen Seite kamen aus den Einkreuzungen laufend Rückschläge, die den angestrebten Rassetyp verdarben. Dabei war in diesen 50er Jahren die Nachfrage nach Mastiffs so stark, daß auch – gelinde gesagt – mit weniger guten Hunden gezüchtet wurde. Die dringend notwendige Auslese unterblieb, die Fehler wurden in der Zucht noch gefestigt.

Obwohl sicherlich die USA nach dem Kriege die besseren Karten in Händen hatten, so verlagerte sich doch nach und nach die Spitzen-Mastiff-Zucht wieder zurück ins Mutterland. Eine Reihe von Züchterpersönlichkeiten sind besonders herauszustellen; Mrs. Scheerboom setzte ihre Zucht fort (»Havengore«), Mrs. Dickin, seit 1922 Clubmitglied, seit 1933 Sekretärin, 1966 und 1967 Präsidentin des Clubs, sie nutzte ihre langjährigen Erfahrungen in ihrem Zwinger »Goring«. Miss Bell, seit 1923 in der Zucht, sie führte die »Withybush Mastiffs« nach dem Kriege von Erfolg zu Erfolg. Unglücklicherweise verfügte sie in ihrem Testament, daß alle ihre Mastiffs – älter als zwei Jahre – nach ihrem Tode 1960 getötet werden mußten. Sie meinte, damit ihren Hunden den Kummer eines Umwechselns ersparen zu sollen, – und schädigte die langsam

Abb. 48 Mastiff »Ch. Forefoot Prince Igor of Bredmardine«. In England »Mastiff des Jahres« 1979 & 1980

wieder genesende Hunderasse auf schwerste! Der »Copenore-Zwinger« von Mrs. Lindley züchtete über 200 Welpen, klare Linienzucht brachte immerhin 15 selbstgezüchtete Champions. –

Insgesamt hat die englische Zucht wieder an Stärke gewonnen. Zu Recht betont DOUGLAS B. OLIFF, daß es einem Wunder gleicht, daß der Mastiff überhaupt wieder existiert, daß allen den Züchtern, die in nahezu aussichtsloser Lage zur Rettung dieser Rasse beigetragen haben, Dank gebührt. Den heutigen Mastiff von gewünschtem Typ zeigen wir in unseren Abbildungen Nr. 48 und Nr. 49.

Noch einige wichtige Anmerkungen zum Standard des Mastiffs. Übereinstimmend wird von allen Autoren immer wieder betont, daß es bei diesem großen Hund sicherlich darum geht, die gewünschte Größe der Hunde zu erreichen. Dies dürfe aber keinesfalls über längere Laufknochen geschehen, sondern ausschließlich durch eine maßstabgerechte Vergrößerung der Gesamtanatomie des Hundes. Mehr Schulterhöhe auf Kosten von Substanz und richtigen Proportionen wird einmütig abgelehnt. Angestrebt wird demnach der großrahmige substanzvolle Mastiff.

Ebenso stelle ich völlige Übereinstimmung unter den Experten fest, daß übertriebene Zucht auf einzelne anatomische Punkte stets zu gravierenden Fehlentwicklungen führen und strikte abzulehnen sind. Immer wieder wird hervorgehoben, daß dieser große Hund trotz seiner eindrucksvollen Substanz in Bändern und Muskeln fest gefügt und beweglich sein muß. Steile Winkelung, Schwäche in der Front oder im Rückenbereich werden abgelehnt.

Ein Blick in den Ausstellungsring der 80er Jahre dokumentiert, daß es sicherlich sehr schwierig ist, alle diese Ziele zu erreichen. Ich mußte leider immer wieder feststellen, daß die Hunde am imposantesten und schönsten wirken, wenn sie – liegen (Abb. 50). Im Stand zeigen sich bereits eine Reihe von Schäden, eine ganz beträchtliche Anzahl der Tiere ist überbaut, Front und Rücken zeigen deutliche Bänderschwächen, auch die Winkelung ist vielfach weit entfernt vom alten Ideal, was sich natürlich dann alles erst voll im Bewegungsablauf auswirkt.

Der Engländer hat eine Grundforderung an eine Hunderasse, die Hunde sollen »sound« sein. Dies

Abb. 49 Kopfstudie Mastiff »Bredmardine Beelzebub«, 21 Monate alt

mit »gesund« zu übersetzen, trifft nicht den wahren Sinn, richtiger wird es interpretiert als Forderung nach einem »anatomisch richtigen Körperbau«, der Körper soll funktionsgerecht aufgebaut sein. Daß dies gerade bei unseren großen und substanzvollen Hunderassen ganz besonders schwer zu erreichen ist, liegt auf der Hand. Alle unsere Hunde stammen vom »Laufraubtier Wolf« ab. Sicherlich darf man aber der Anatomie eines solchen »Laufraubtieres« nicht ungestraft überschwere Knochen, Übergröße und eine Fülle an Substanz aufbürden, sonst werden ganz einfach Muskel- und Bänderapparat überfordert. Dies sind einfache physikalische Gesetze, die sich auch durch Augenwischen der Hundezüchter nicht verändern lassen. Bei einem Autor fand ich die Warnung vor dem »Elefantismus« bei der Zucht der großen Rassen. Dieser muß ich mich voll anschließen! Der englische Standard des Mastiffs kennt keine Mindestschulterhöhe, die USA verlangen beim Rüden zumindest 30 inch. (76 cm) und bei der Hündin zumindest 27,5 inch. (70 cm). Ein Rüde dieser Größe bringt etwa 80 kg, eine Hündin etwa 64 kg auf die Waage. Wohlgemerkt, es geht nicht um längere Beine, deshalb ist wohl der Verzicht Englands auf cm-Vorschriften die bessere Lösung.

Es ist erstaunlich, auf dem Kontinent – vielleicht mit Ausnahme von Holland – hatte es der Mastiff eigentlich immer schwer, Freunde zu gewinnen. Dies gilt insbesondere für Deutschland. Ob dies an den besonders guten und schönen kontinentalen Doggenschlägen liegt?

STREBEL unterstreicht, daß der Mastiff in Deutschland kaum Anhänger gefunden hat und bedauert dies sehr. Nur der bekannte Kynologe Max Hartenstein aus Plauen importierte um die Jahrhundertwende zwei Mastiffs direkt aus England. Er bezahlte für diese Tiere den imposanten Preis von immerhin 4200 Goldmark. Es gibt keinerlei Unterlagen, daß hieraus eine eigene Zucht in unserem Lande entstanden wäre.

In »Die Kennzeichen unserer Rassehunde« von F. BAZILLE aus dem Jahre 1926 wird der Mastiff beschrieben unter der Rubrik: ›Ausländische Züchtungsrassen, die auf unseren Ausstellungen seit Jahren nur vereinzelt in wilder Zucht vorkamen.‹ Aufgeführt werden die Rassekennzeichen, keine Züchteradressen, kein die Rasse betreuender Club.

Abb. 50 Im Liegen imposante Hunde, Mastiffs in Deutschland 1981. Hier zeigt sich die gelassene Majestät dieser Rasse

Die Mastiffs fanden in Deutschland erst 1968 unter den Fittichen des heutigen »Club für Molosser« eine gezielte Förderung. Hier wird seit Jahren kontinuierlich darauf hingearbeitet, den deutschen Züchtern Anschluß zu verschaffen an die Zuchtentwicklung anderer Länder. International gesehen ist hier noch ein langer Weg zu gehen.

Um etwas über die Popularität des Mastiffs und die Aktivitäten der ihn betreuenden Spezialclubs zu sagen, nachstehend die nationalen Meldezahlen in einigen Ländern bei den Clubschauen im Jahre 1982.

USA 140 Mastiffs, England 101 Mastiffs, Holland 42 Mastiffs, Deutschland 27 Mastiffs.

Auch der wieder neu erstandene Mastiff ist eine Hunderasse, die sicherlich viele Hundefreunde anspricht. Ein gut gebauter Mastiff ist ein imposanter Hund, ein guter Wachhund, ein Hund mit gutem Wesen. Natürlich stellt ein solcher Hund an Fütterung, Pflege und den ihm zustehenden reichlichen Auslauf besondere Ansprüche. Optimal für ihn die Haltung auf einem großen Grundstück, das er zuverlässig schützen wird.

3. Englischer Bulldog

»Es ist bekannt, daß die Zeit grimmige Scherze mit historischen Denkmälern betreibt. Wahrscheinlich gab es aber nie ein gröberes Possenspiel als das über unser Nationalsymbol, den englischen Bulldog!«

Diese kritischen Worte stammen aus der Feder des Hundekenners RAWDON B. LEE und sind in seinem Buch »Modern Dogs« aus dem Jahre 1894 nachzulesen. LEE fährt fort, daß Forscher eine Fülle geschichtlichen Materials über die Entstehung dieser alten Hunderasse gesammelt hätten, – »aber es gibt kaum irgendwelche überzeugende Hinweise, daß jene Hunde, über die sie berichten, mehr als nur eine völlig verblaßte Ähnlichkeit haben mit dem Typ des Bulldogs, der im Jahre 1893 anerkannt wird.« Dieser Autor kommt durch eingehende Vergleiche alter Gemälde und Stiche mit dem Bulldog des Jahres 1893 zu dem zwingenden Schluß, der moderne Bulldog sei nur »ein phantomähnlicher Schatten« des von den Historikern überlieferten alten Bulldogs.

LEE schreibt, etwa bis zum Jahre 1882 habe es noch gute Bulldogs gegeben, ausgerichtet auf das alte Leitbild »Rosa«. »Die Verrücktheit, auf extreme Übertreibungen zu züchten, – auf riesige Oberköpfe und gewaltige Schädel, auf völlig übertrieben niedrig gestellte Vorderläufe, – auf Schultern, die etwa im rechten Winkel nach außen gestellt wurden, auf Bulldogs, die in ihrer Front weiter auseinander stehen als der gegnerische Bulle selbst, – dies alles war früher nicht der Fall und kam erst in den letzten Jahren in Mode.«

B. MARLEY ergänzt diese Anklage in Sydney Turner's »Kennel Encyclopaedia« 1907: »Es gibt eine Art von Raserei bei der Zucht auf einen möglichst breiten Brustkorb. So wurde es Mode, einen Hund zu züchten, dessen Ellenbogen völlig auswärts gedreht sind, so daß der Brustkorb breiter erscheint, als er in Wirklichkeit ist. Dies mehr als irgend etwas anderes führt dazu, die Beweglichkeit des Bulldogs zu zerstören.«

Aus der jeweiligen zeitgenössischen Literatur kann und werde ich noch eine Fülle von Klagen zitieren, wie durch züchterische Unvernunft, fehlendes Wissen um anatomische Zusammenhänge der Bulldog immer wieder neuen Fehlentwicklungen ausgesetzt wurde. Wahrlich »ein grobes Possenspiel« mit dieser schönen alten Hunderasse!

Was einmal in den alten Zeiten des »bull-baiting« an anatomischen Verkümmerungen des Hundeskeletts gefordert wurde, das wurde nach der Abschaffung dieser Grausamkeiten zum züchterischen Ideal erhoben. Man übersah völlig, daß dieser Hund jetzt nicht mehr flach über den Boden auf den Bullen zurobben sollte, daß gerade dies über den Boden Kriechen eine völlig unnatürliche Fortbewegung ist. Es gab auch über dem Rücken des Bulldogs kein todbringendes Horn des Bullen, trotzdem wurde der radförmig aufgewölbte Rücken des Bulldogs zwingend weiter gefordert. Keine Bulldognase war mehr zu packen, um so wichtiger war für die Züchter, daß der extrem nach oben gerichtete Unterkiefer weiter vervollkommnet wurde, obwohl er für ein normales Hundeleben völlig zwecklos war. Die zurückliegende Nasenpartie brachte einst dem in den Bullen verbissenen Hund mehr frische Luft, nun wurde auch dies weiter züchterisch veredelt und so weit vollendet, daß der arme Kerl auf Grund extremer Kurznasigkeit bereits im Alltag kaum noch genügend Atem bekam, in der Erregung oder bei hohen Temperaturen ernsthaft gefährdet war.

Der Mensch, anstatt diesen Hund nach seiner Befreiung von dem alten blutigen Handwerk wieder auf eine gesunde anatomische Grundlage zurück zu züchten, nein, er »vollendete« jetzt den völlig überflüssigen »perfekten Bullenbeißer«, der Hund mußte mit einer für das tägliche Leben völlig unbrauchbaren, verschandelten Anatomie leben, durch die züchterischen Übertreibungen wurde er zu einer Karikatur eines Kampfhundes.

Man brauchte ja jetzt auch die Richtigkeit der züchterisch angestrebten Ziele nicht mehr in der Praxis des bull-baiting unter Beweis zu stellen, in Wirklichkeit waren diese anatomischen Krüppel auch überhaupt nicht mehr für den Bullenkampf geeignet. Um so mehr war Raum für alle Modeexzesse, für »züchterische Freiheit«! So stürzten sich nun die Züchter auf die »Vervollkommnung des Bulldogkopfes«, beim Lesen des Standards gewinnt man den Eindruck, daß die gewünschten Falten und Runzeln von weit größerer Bedeutung sind als der korrekte Bau der Hinterhand!

Das alte Nationalheiligtum, der Ausdruck des britischen Nationalcharakters, der gute alte Bulldog, seine Zucht wurde zur Spielwiese züchterischer Eitelkeiten, wobei natürlich jeder in Worten dokumentierte, daß gerade seine Zuchtprodukte nun das Idealbild eines tauglichen Bullenbeißers verwirklichten. Und diese »Vollendung« des Bulldogs war für seine Züchter auch von nicht zu unterschätzender wirtschaftlicher Bedeutung.

Die höchsten Preise für englische Rassehunde vor dem ersten Weltkrieg wurden für Bulldoggen bezahlt. Bereits im Jahre 1901 wurde Ch. Rodney Stone (Abb. 51) zum sensationellen Preis von 1000 £ Sterling nach New York verkauft, in jener Zeit unglaublich viel Geld! Unser Bild zeigt einen stattlichen Zuchtrüden, den führenden Deckrüden aus dieser Zeit, der in England erstklassige Nachzuchten hinterließ, in jenen Jahren ein Meilenstein der englischen Zucht war. Ihm folgten bis 1909 noch zwei weitere Bulldogrüden, jeweils zum selben hohen Preis, der von keiner anderen englischen Hunderasse erzielt wurde.

Durch die Fülle detaillierter Einzelvorschriften des Standards, durch die groteske Vielzahl anatomisch geforderter Annomalien, sowie durch extreme Probleme in Fortpflanzung, Geburt und Aufzucht der Hunde erwies sich die standardgerechte Zucht dieser Rasse als außerordentlich schwierig. Aber – wie in alter Zeit – es steckte sehr viel Geld darin, immer neue Züchter kamen hinzu. Dabei ist festzustellen, daß durchaus nicht immer die großen Zwinger die Champions heraus brachten. Auch der kleine Mann hatte echte Chancen, hielt er doch zumeist seine einzelne Zuchthündin als Familienmitglied, was zumindest Geburt und Aufzucht erleichterte gegenüber den in Großzwingern gehaltenen Hündinnen. Schon damals waren Bulldogmütter miserable Mütter und zwangen zu ständiger Überwachung von Mutter und Kindern, oft auch zur künstlichen Aufzucht, was sich als extrem schwierig erwies. Züchter, denen es gelang, die Hälfte der Welpen groß zu bringen, galten als ausdrücklich vom Glück begünstigt. Unglücklicherweise hat der Bulldog diese schlechten Muttereigenschaften an viele Rassen weitergegeben, an denen er züchterisch beteiligt ist.

Über die Jahre gab es für die Züchter immer wieder neue Trends, regelmäßig begründet mit dem

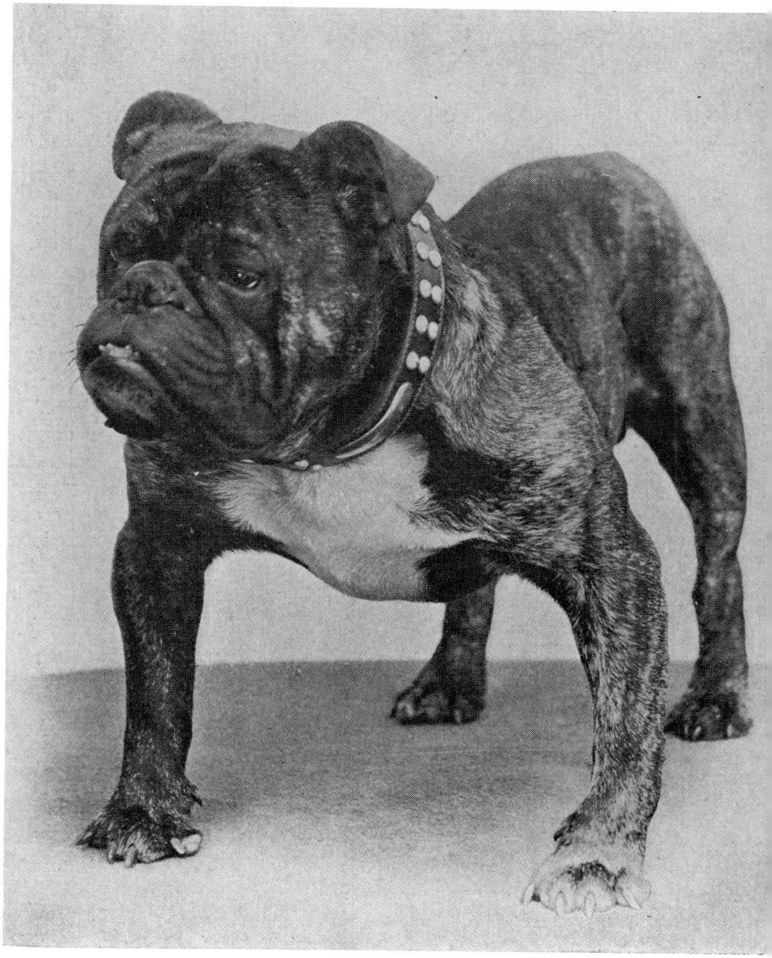

Abb. 51 Ch. Rodney Stone, der erste 1000 £-Bulldog der Welt, 1901

angeblichen Streben nach dem perfekten Bulldog, ausgerichtet auf die längst nur noch in der Phantasie vorhandenen Aufgabe des Bullenkampfs. Aus Fairneß der Rasse und ihren Liebhabern gegenüber verzichte ich gerne auf eine Dokumentation der geschichtlich wahren Entwicklung des Bulldogs. Man könnte mit einer Fülle von Fotos beweisen, durch welche Irrgärten diese Zucht nunmehr fast einhundert Jahre gestolpert ist. Ein wahres Gruselkabinett kranker, mißgebildeter Tiere!

Ich weiß, daß vielen Freunden des Bulldogs es ein

Abb. 52 CRUFT-Sieger 1934 »Ch. Jasperdin of Din«, Kopfstudie

ganz wichtiges Anliegen ist, diese alte Rasse aus diesen Irrgärten herauszuführen. Sie brauchen und verdienen alle Unterstützung. Man vergeht sich nicht ungestraft an einem »Nationalheiligtum«! Hier möchte ich zunächst einmal einige wirklich schöne Bilder aus der Rassegeschichte vorstellen, Hunde, die durchaus in ihrer Eigenheit auch als schön, zumindest als sehr interessant und imponierend angesehen werden können.

Die mir vorliegenden Berichte stimmen darin überein, daß der Bulldog in England seine höchste Popularität in den 20er Jahren dieses Jahrhunderts erreichte, einzelne CC-Schauen in England erreichten nicht selten Meldezahlen von über 200 Bulldoggen. Anfang der 30er Jahre sind Fotos überliefert, die es sicherlich wert sind, länger betrachtet zu werden. So bringe ich zunächst eine Kopfstudie des CRUFT-Gewinners 1934 »Ch. Jasperdin of Din«, der den idealen Kopftyp dieser Rasse wohl hier zu Recht repräsentiert (Abb. 52). Die geballte, imposante Kraft eines Bulldogrüden dieser Zeit symbolisiert das Foto von »Sirloin of Pugilist« (Abb. 53). Der Vater dieses Rüden »Ch. Pugilist« errang insgesamt 30 CC's in seiner Ausstellungskarriere und war der führende Zuchtrüde so etwa um 1930. Sein Sohn »Sirloin« brachte seiner Züchterin Mrs. B. J. Walz durch seinen Export nach den USA reichen Lohn.

Abb. 53 Imposante Kraft des Bulldogs »Sirloin of Pugilist«, 1934

Dieser Rüde zeichnet sich durch erstklassigen Kopf, hervorragenden Stand, Substanz, starke Knochen und standardgerechten Rücken besonders aus.

Um zu verstehen, was immer wieder Menschen zu dieser Rasse zieht, darf man nicht vor dem äußeren Bild stehen bleiben, obwohl dies sicherlich oft sehr beeindruckend ist. Für den Bulldogfan ist es aber sicherlich in erster Linie der besonders liebenswerte Charakter des Bulldogs, der ihn anzieht.

Die Umwandlung eines Hundes voller Wildheit und ungezügelter Angriffslust zum angenehmen Hausgenossen durch Aufbau einer möglichst hohen Reizschwelle, dies ist die eigentliche züchterische Leistung der Bulldogzüchter, die volle Anerkennung verdient. Ein selbstbewußter, recht eigenwilliger Hund, frei von jeder Unterwürfigkeit, liebeschenkender und Streicheleinheiten fordernder Haushund, ideales Kindermädchen, kein Kläffer, kein übertriebener Bewegungsdrang, dies sind die wahren »Sterling-Qualitäten«, die dieser Hund dem Menschen zu bieten hat. Ich meine, das Wesen des Bulldogs qualifiziert die Rasse auch und gerade im 20. Jahrhundert als Haus- und Familienhund!

Nicht nur in den angelsächsischen Ländern hat der Bulldog zahlreiche Anhänger errungen, auch in Europa fand er sehr früh Interesse und Förderung. Schon 1897 berichtet GRAF BYLANDT – selbst übrigens großer Bulldogfreund – in »Races de Chiens« von zwei Bulldogclubs in Deutschland, einem in Stuttgart, dem anderen in Berlin. 1901 kam Köln dazu, 1902 Düsseldorf. Weitere Förderclubs entstanden in anderen Städten und Ländern. Eigenwillig wie ihre Vierbeiner waren auch die deutschen Bulldogfreunde, so daß es viele Jahre dauerte, bis sich 1912 alle Clubs im »Kontinentalen Bulldog-Klub« vereinigten.

Daß im Hinblick auf zwei mörderische Weltkriege dieser englische Nationalhund es gerade in Deutschland oft schwer hatte, ist sicherlich menschlich verständlich. Glücklicherweise sind in einem heute vereinten Europa solche nationalen Vorurteile zum Aussterben verurteilt.

Dennoch ist es nicht uninteressant, heute einmal die Rassebesprechung von Prof. Dr. OTTO FEHRINGER aus seinem 1940 erschienenen Buch »Unser Hund« zu lesen. Wenn dabei sicherlich auch unterschwellig nationalistische Betrachtungen mitschwingen, so muß man doch zugeben, daß die Zuchtziele des Bulldogs es seinen Kritikern leicht machten, begründete Kritik zu üben.

FEHRINGER schreibt: »Er ist tatsächlich vor Häßlichkeit schön und darf alle möglichen schlechten Eigenschaften haben, die man bei jedem anderen Hund ablehnen würde, gleichsam eine wandelnde Musterkarte von sämtlichen nur möglichen Mängeln des Hundekörpers; der massige, viel zu wuchtige Kopf ist quadratisch, die Haut hängt in Falten darum, der Unterkiefer ragt weit über den Oberkiefer vor und ist nach oben gebogen, oft so stark, als ob dieser ganze Schnauzenteil durch einen kräftigen Fußtritt zusammengetrieben worden sei; dabei werden oft die unteren Vorderzähne unschön entblößt; glotzende Triefaugen und Hängelefzen runden diesen ›schönen‹ Hundekopf ab. Der plumpe Körper läuft merkwürdig spitz hinten zu; so daß er birnenförmig wirkt. Die klobigen Hinterbeine stehen höher als die weitausgewinkelten Vorderbeine, so daß die Rückenlinie nicht gerade sein kann, was als ›Karpfenrücken‹ bezeichnet wird. Durch diesen merkwürdigen Bau entsteht sein eigenartig rollender Gang. Der Schwanz setzt ziemlich dick an und läuft sehr bald spitz aus.

Dieses knapp mittelgroße gedrungen gebaute Tier ist wirklich eine Karikatur auf alles was Hund heißt! Nur blind, taub und einohrig soll er möglichst nicht sein, wenn er noch einen Ausstellungspreis bekommen will; sonst ist fast alles erlaubt.«

Ich habe Prof. FEHRINGER absichtlich länger zu Wort kommen lassen, weil hierdurch gezeigt wird, wie der Bulldog auf einen außen stehenden Betrachter zunächst wirkt, der sich über die Geschichte der Rasse keine Gedanken macht, den auch überhaupt nicht interessiert, welche Erwägungen zu diesen Standardmerkmalen geführt haben. Er mißt mit der Elle des Anatoms und – der Körperbau des Bulldogs findet eben keinerlei Anklang.

Lassen wir jetzt aber den deutschen Professor nicht allein im Regen stehen, ausgesetzt der schweigenden Verachtung aller Bulldogfans. In der von den führenden kynologischen Verbänden der ganzen Welt unterstützten »The Encyclopedia of Dogs«

aus dem Jahre 1970 finden wir als Beschreibung des Bulldogs: »Er ist das Ergebnis eines langen Auswahlprozesses, an dessen Ende eine Rasse steht, deren Hauptmerkmale aus ausgeprägten Anomalien bestehen!« – Auch keine Schmeichelei!

Jetzt aber eine Ehrenrettung für den Bulldog! Er kann wirklich nichts dafür, daß die Opponenten gegen die Rassehundezucht in der Regel gerade den Bulldog als Beispiel zitieren, wie der Mensch durch unsinnige Übertreibungen gesunde, lebenstüchtige Tiere zu Karikaturen und kranken Geschöpfen gemacht hat. Er ist das Opfer und es ist mehr als erstaunlich, daß in dieser ästethisch wenig ansprechenden Schale ein so wunderbarer Kern verborgen steckt, – der einmalige Charakter dieser Tiere. Halten wir uns nochmals den Stich von »Rosa« vor Augen, die Bilder der Kampfbulldoggen des Duke of Hamilton, – dann sollte doch wirklich das Denken einsetzen, die Frage, ob der Mensch das Recht hat auf »unbegrenzte züchterische Freiheit«!

Ich meine, die FCI (Féderation Cynologique Internationale) als Spitzenorganisation des europäischen Hundewesens tut gut, daß sie ihre wissenschaftliche Kommission beauftragt hat, alle Rassehundestandards darauf zu überprüfen, welche Standardvorschriften zu Krankzuchten führen. Dies muß dann zu Konsequenzen führen, denn wir Züchter züchten für den Hundefreund lebenstüchtige Rassehunde und nicht für den Tierarzt Dauerpatienten!

Eigentlich ist es aber ein Armutszeugnis für die Zuchtclubs, daß ihnen solche Überlegungen von außen aufgezwungen werden müssen. Warum eigentlich bleibt man stur dabei, Phantomen nachzujagen, Hirngespinste zu pflegen, als solle man 1983 einen für das bull-baiting geeigneten Hund züchten? Der Bulldog wurde um der Groteske willen verzüchtet, nicht um zu einem optimalen Gegner des Bullen zu werden. Und warum gibt man diesem Hund keine den heutigen Anforderungen angemessene Gestalt? Nur weil dieser Hund aus England kommt, England die Standardhoheit hat, – und weil es eben über die letzten 100 Jahre immer so weiter ging. – Und deshalb soll Nachdenken verboten sein?

Aus den USA erhielt ich Unterlagen über einen Versuch, »The Original English Bulldogge« wieder zurück zu züchten. Mr. DAVID LEAVITT hat ein eigenes Zuchtprogramm erarbeitet, über dessen Sinn man sicherlich ein eigenes Kapitel schreiben könnte. Er nimmt eine Mischung von ½ Bulldog, ⅙ American Pit Bullterrier, ⅙ American Pit Bulldog und ⅙ Bullmastiff, – hieraus soll die alte englische Bulldogge zu Beginn des 19. Jahrhunderts wieder auferstehen. Unsere Abbildungen Nr. 54 und Nr. 55

Abb. 54 Rückkreuzung USA David LEAVITT, 1982

Abb. 55 Kopfstudie aus Zucht David LEAVITT, 1982

Abb. 56 Pickwick Nicco, Zucht I. Angehrn, Schweiz 1982

zeigen die ersten Zuchtergebnisse in Kopfstudie und Frontansicht. Diese Hunde sollen nach den Vorstellungen von Mr. LEAVITT um einiges großrahmiger und schwerer sein als der heutige Bulldog. Es dürfte Jahre dauern, bis ein korrektes Urteil über dieses Experiment – über eine neue Hunderasse (?) – möglich ist. Ich meine eigentlich, daß die Einkreuzung solcher zweifelhafter »Rassen« wie Pit-Bullterrier und Pit-Bulldog nur noch zusätzliche, außerordentlich gewichtige Probleme schaffen werden.

Darf ich nun einmal die bekannte Schweizer Bulldogzüchterin IMELDA ANGEHRN zitieren, die mir 1982 schrieb: »Ich bin erstaunt, wie oft Sie mir direkt aus der Seele sprechen, denn so vieles gilt auch für unsere Rasse. Ich bemühe mich schon seit vielen Jahren, ›Soundness‹ im Bulldog zu festigen. Wenn man den Standard genau studiert, so dürfen nämlich viele Dinge, die immer toleriert, ja aus Unkenntnis heraus gar gewünscht werden, gar nicht sein. Ich denke an lose Schultern, zu kurzen Hals, zu viel Vorbiß, große patschige Pfoten, steile Hinterhand, Korkenzieherruten . . . usw. Auch zu viele und zu dicke Runzeln sind ein großer Fehler. Wenn wir also diese Übertreibungen weglassen, so sind wir gar nicht so weit weg von »Ihrem Bullterrier« mit

Ausnahme des Kopfes und des Temperamentes natürlich . . . Es ist ein grundlegender Irrtum, wenn man meint, ein Bulldog sollte oder muß sich nicht bewegen können . . .«

Welch schöne Bulldoggen Frau Angehrn gezüchtet hat, zeigen uns »Pickwick Nicco« (Abb. 56) und »Pickwick Unique« (Abb. 57).

Noch einige Anmerkungen dieser engagierten Züchterin, zitiert aus »Schweizer Hundesport« vom 16. 7. 82: »Der Standard schreibt feine dünne Falten vor. Solche Bulldogs haben auch kaum Probleme damit. Aber leider stehen an Ausstellungen oft Hunde vorne mit zu ausgeprägten Faltenköpfen und wulstigen, dicken Runzeln, die sich dann eben leicht entzünden und zu Entropium der Augenlider führen

Abb. 57 Pickwick Unique, Schweizer Bulldoghündin 1982

können. Dem Publikum gefallen natürlich diese total »Zerknautschten« am besten. Sehr vieles, was zum Wohle der Rassen wäre, liegt in den Händen unserer Richter . . . Sie sollten eben auch den Mut haben, einen Bulldog, der unter normalen Klimabedingungen schon keuchend, fast erstickend im Ring steht, auf einen hinteren Platz zu verweisen . . . Ein gesunder, guter Bulldog muß sich auch leicht und behende fortbewegen können. Es ist schade, wenn es Richter gibt, die unsere Hunde bei der Beurteilung kaum laufen lassen.

Ich bin überzeugt davon, daß viele Punkte verbessert werden könnten, ohne dem Bulldog ein wesentlich anderes Ansehen zu geben. Front und Kopf müßten wieder etwas weniger massig und breit werden. Wenn schön breite, gut gepolsterte Kiefer vorhanden sind, könnte man sich auch an etwas mehr

Abb. 58 Aldridge Adele, Bulldog deutscher Zucht, 1982

Nase wieder gewöhnen, sofern dies die Atmung wirklich erleichtert. Für gute Beweglichkeit und leichtere Geburten sollte die Rückenlinie eine Spur länger geduldet werden, wie auch eine breitere Hüft-Becken-Partie.

Bei vielen Rassen fehlt es weniger am Standard an sich, als an der Art und Weise, wie er gehandhabt, beziehungsweise ausgelegt wird. Viele Übertreibungen werden einfach hingenommen, obwohl sie gar nicht sein müßten und nirgends geschrieben stehen.«

Frau IMELDA ANGEHRN ist mit den Problemen des Bulldogs viel vertrauter als ich, hat sie doch selbst immerhin über 90 Würfe englische Bulldoggen gezüchtet. Deshalb habe ich sie auch ausführlich zu Worte kommen lassen. Ich glaube, daß ihr Weg der Vernunft, übertriebenen Standardinterpretationen entgegen zu treten, sinnvoll und überall in der Welt dringendst angezeigt ist.

Gerne stelle ich noch meinen Lesern Aldridge Adele, eine sehr typische Hündin aus deutscher Bulldogzucht vor (Abb. 58).

Wer einmal den Bulldog mit seinem liebenswerten grimmen und zärtlichen Charakter kennen und lieben gelernt hat, diese Hunderasse als unschuldiges Opfer menschlicher Züchtertorheiten über Jahrhunderte sieht, dem drängt sich der Wunsch auf, daß diese Rasse möglichst bald anatomisch gesunden möge. Es ist hohe Zeit für eine offene Diskussion, wie man dem Bulldog eine funktionsgerechte Anatomie wieder gibt. Sicherlich war es richtig, daß über das 19. Jahrhundert die Bulldoghündin »ROSA« züchterisches Ziel war. Aber welcher Weg führt zurück zu »Rosa«?

Frau ANGEHRN schrieb mir über meine Bull Terrier Bücher: »Wenn ich mir so Ihre vielen, wunderschönen Fotos in den Büchern ansehe, so könnte ich vor Neid erblassen: Was würde doch das für Prachtskerle von Bulldogs ergeben, vielleicht eine Spur weniger hart in den Linien, ein bißchen tiefer und breiter gestellt, – und mit »meinen« Köpfen drauf. Es wäre die Verwirklichung eines großen Traumes, wenn ich je in diese Nähe käme!«

Der Bull Terrier als Retter des alten englischen Bulldogs? Er könnte dieser Rasse von seiner in den letzten dreißig Jahren geschaffenen anatomischen Harmonie sicher etwas geben! Und es wäre Gegenleistung für alle die guten Gaben, die der Bulldog 1860 einmal dem Bull Terrier mitgegeben hat! Ein abenteuerlicher Gedanke, Hirngespinste, – die allen modernen Regeln der Rassehundezucht ins Gesicht schlagen!

Mr. LEAVITT hat auch nachgedacht, und dann gehandelt. Ob er Erfolg haben wird? Frau ANGEHRN hat nachgedacht. Eigentlich finde ich ihre Vision viel wirklichkeitsnäher. –

4. Bullmastiff

Schon BUFFON beschreibt 1791, daß Kreuzungen von Mastiff mit Bulldoggen sehr interessante und brauchbare Mischlinge brächten. Dies war um die Wende zum 20. Jahrhundert den englischen Wildhütern schwerlich bekannt, als sie diese zwei alten Rassen kreuzten, um den idealen Hund für ihren Beruf zu züchten. Auf den großen Landsitzen Englands waren um diese Zeit die Wilddiebereien immer bedrohlicher geworden. Bei den harten Strafen, die ertappte Wilderer erwarteten, erschossen sie lieber die Wildhüter als sich zu ergeben.

Gesucht wurde der große schnelle Hund von gedeckter Farbe. Er sollte fähig sein, den Wilderer in der Nacht mit mächtigem Satz lautlos umzuwerfen, ihn festzuhalten, bis der Wildhüter ihn entwaffnen und festnehmen konnte. Es wurden zahlreiche Zuchtversuche unternommen, eindeutig die besten Hunde brachten Kreuzungen von Mastiff und Bulldog. Gegen den direkten Einsatz dieser Rassen zum Schutz des Wildhüters sprach, daß der Bulldog um die Jahrhundertwende bereits zu klein war, zu wenig Gehorsam hatte und nach dem Angriff sich stur verbiß. Der Mastiff wieder war zu groß, nicht schnell genug, es fehlte ihm auch der Willen zum Angriff ohne vorherige Warnung.

Mit der Kreuzung beider Schläge entstand ein großrahmiger, lautlos kämpfender, furchtloser und temperamentvoller Hund. Er griff den Wilderer aus

Abb. 59 »Chien de Nuit« (Keeper's Night Dog), Frankreich 1890

der schützenden Dunkelheit ohne Vorwarnung lautlos an, warf ihn durch die Wucht des Ansprungs zu Boden und hielt ihn zuverlässig fest, aber ohne sich dabei in seinen Gegner zu verbeißen. Ein wirklich imponierender Schutz für den bedrohten Wildhüter!

Ganz interessant ist es, daß in einer ganzen Reihe europäischer Länder zu gleicher Zeit und aus ähnlichen Gründen solche großen Schutzhunde für die Wildhüter gezüchtet wurden. Diese Hunde trugen sogar in den einzelnen Ländern sinngemäß übereinstimmende Namen.

Der englische Hund wurde zunächst bekannt unter »Gamekeeper's Night Dog«, unter diesem Namen ist der Hund ab 1867 in englischen Büchern und Zeitschriften erwähnt. In Frankreich treffen wir auf den »Chien de Nuit«, auf den Nachthund und wir illustrieren dieses Kapitel bewußt mit einer Abbildung dieses frühen französischen Schlages, entnommen aus »Les Chiens D'Arrét« von Caillard 1890 (Abb. 59). Das stachelbewehrte Halsband schützte den Hund, am eigenen Halsband festgehalten zu werden.

Zurück nach England, zum »Gamekeeper's Night Dog«. Eine Lanze für die Anerkennung des Bullmastiffs als eigene Hunderasse brach der bekannte COUNT VIVIAN HOLLENDER im März 1911 in der Monatsschrift »The Kennel«. Zwei großartige neue Hunderassen habe der alte englische Bulldog England geschenkt, den weißen Bull Terrier, dem Count Hollender sein Leben lang eng verbunden blieb, und neuerdings den Bullmastiff, um dessen Anerkennung Count Hollender warb. In den letzten 30 Jahren habe der Bullmastiff nicht nur als Begleithund des Wildhüters seine großartige Leistungsfähigkeit unter Beweis gestellt, immer mehr interessierten sich jetzt auch Polizeidienststellen für diesen zuverlässigen Schutzhund. Im Gegensatz zum bei der Polizei viel eingesetzten Airedale-Terrier sei der Bullmastiff groß und stark genug, um auch bewaffnete Kriminelle blitzschnell zu überwältigen. Hervorgehoben wird die besondere Gelehrigkeit dieses Hundes bei der Ausbildung zum Polizeihund.

COUNT HOLLENDER illustriert sein Plädoyer für den Bullmastiff mit einem frühen Foto des berühmten »Thorneywood Terror« (Abb. 60). Unsere Wiedergabe dieser Abbildung leidet unter der schwachen Qualität des Originalfotos, ist aber das früheste Bilddokument der Rassegeschichte des Bullmastiffs. »Terror« und sein Züchter Mr. W. Burton waren die erfolgreichen Pioniere für die Anerkennung der Kreuzung als eigenständige Hunderasse.

Zwar ist nachzuweisen, daß bereits auf der Ausstellung vom 2. bis 5. 9. 1871 im Chrystal-Palace London sechs »Yard- or Keeper's Night Dogs« sehr unterschiedlicher äußerer Gestalt vorgestellt wurden. Echtes Aufsehen erregte aber erst Mr. Burton's »Thorneywood Terror« bei seinen Auftritten auf mehreren Hundeausstellungen in den Jahren 1900 und 1901. Die Zeitschrift »The Field« berichtete, Mr. Burton habe auf einer solchen Hundeausstellung eine Wette gegen Jedermann um ein Pfund Sterling ausgelobt, der sich dem mit beißfestem Maulkorb ausgestatteten »Terror« stelle. Ein hundeerfahrener und kräftig gebauter Zuschauer habe die Wette angenommen, vor einer großen Menschenmenge wurde dann die Wette ausgetragen.

Man räumte dem Menschen zur Flucht einen größeren Vorsprung ein, dann wurde »Terror« abgeleint. Mit dem ersten gewaltigen Ansprung habe der Rüde den Menschen niedergeworfen. Wieder und wieder habe der Mann versucht, auf seine Beine zu kommen, vergeblich. Schließlich wurde er von 41 kg Gewicht und drohenden neuen Attacken des Hundes am Boden festgehalten, bis ihn Mr. Burton aus seiner Lage befreite. Dreimal hintereinander wurde dieser Zweikampf wiederholt, jedes Mal blieb der durch den Beißkorb gehandicapte Bullmastiff Sieger.

Dieser Rüde galt um die Jahrhundertwende als einer der intelligentesten und best ausgebildeten Hunde im ganzen Lande. Der Hund war so berühmt, daß für den Repräsentanten des Kriegsministeriums eine eigene Demonstration veranstaltet wurde.

Ein zweiter Pionier und erfahrener Züchter dieser neuen Rasse war Mr. Biggs mit seinen »Ostmaston«-Bullmastiffs. Aus dem Bericht von COUNT HOLLENDER bringe ich eine Abbildung des Rüden »Ostmaston Turk« (Abb. 61). Zur Bildqualität gilt das bereits früher Gesagte. Dieser 54 kg wiegende Rüde stammt aus einer Mutterhündin, die Produkt

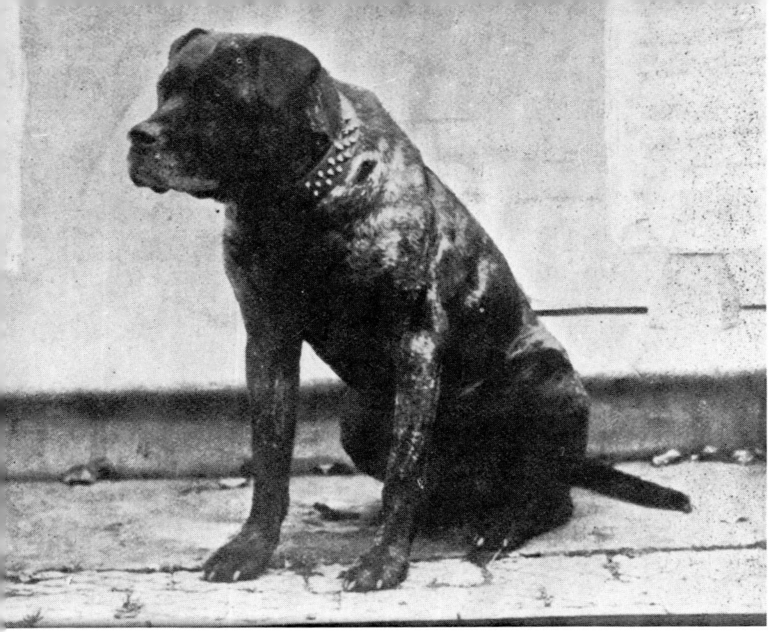

Abb. 60 »Thorneywood Terror«, Bullmastiff 1900

einer Kreuzung von Mastiff und Bloodhound war. In diesen Jahren wurden mit Sicherheit auch noch andere Hunderassen eingekreuzt, unter anderem die Deutsche Dogge. Erstaunlich, wie »Turk« bereits die neue Rasse in Körperbau und Kopftyp repräsentiert!

Abb. 61 »Ostmaston Turk«, Bullmastiff 1910

Interessanterweise hatte diese Hunderasse weit weniger unter den Folgen des ersten Weltkrieges zu leiden als der große Ahne Mastiff. Fast kometenhaft entstand direkt nach dem Krieg der Zwinger »Farcroft« des Herrn S. E. Moseley. Dieser Züchter wurde zur führenden Persönlichkeit, zum Vater des Bullmastiffs, vergleichbar einem James Hinks, dem Schöpfer des weißen Bull Terrier oder einem Rittmeister von Stephanitz, der den Deutschen Schäferhund maßgeblich als moderne Hunderasse schuf. S. E. Moseley aus Burslem verdanken wir die Zucht des Bullmastiffs.

»Farcraft Fidelity« (Abb. 62), geboren am 4. 9. 1921, aus der Zucht von S. E. Moseley, wurde zum

Abb. 62 »Farcraft Fidelity«, der Schlüsselrüde der Bullmastiff-Zucht, 1923

Eckpfeiler für die Zucht des Bullmastiffs. 1926, also im Alter von 5 Jahren war er auf CRUFTs bester Bullmastiffrüde, dies war das große Debut der neuen Hunderasse nach der Anerkennung durch den englischen Kennel Club. Es ist weitgehend diesem Rüden zu verdanken, daß der Zwinger »Farcraft« von 1925 bis 1927 etwa 80% aller Preise auf den Ausstellungen nach Burslem holte. »Fidelity« selbst blieb über seine eigene Ausstellungskarriere von allen Rivalen, darunter natürlich auch seinen eigenen Nachkommen, ungeschlagen.

Mr. Moseley begründete den großen Erfolg seiner Zucht auf direkten Kreuzungen von Mastiff und Bulldog. Diese Kreuzungen waren abgestimmt, um ein Verhältnis von 60:40 – Mastiff zu Bulldog – zu erreichen. Mit diesen Hunden wurde dann eine planvolle Linienzucht fortgesetzt. Sein Hauptziel war neben dem guten Wesen seiner Hunde der absolut korrekte anatomische Aufbau. Er bevorzugte grundsätzlich einen etwas kleineren Hund von etwa einer Schulterhöhe von 66 cm gegenüber größeren Schlägen mit Schulterhöhen bis zu 76 cm. Diese hatten ihre Schulterhöhe in der Regel Einkreuzungen deutscher Doggen zu verdanken. Moseley verlangte kompromißlos den aktiven, substanzvollen und beweglichen Hund, besonders die oft auftretende Kuhhessigkeit und Spreizpfoten lehnte er ab. Sein Zuchtziel lautete: »Groß genug, um viel Kraft zu haben, aber nicht zu groß, um an Beweglichkeit und Aktivität zu verlieren! Treu und furchtlos, aber keinesfalls bösartig!«

Bei einer Schulterhöhe von 71 cm wog übrigens »Farcraft Fidelity« 53 kg. Im Jahre 1925 standen im Zwinger »Farcraft« 16 Stammhündinnen und 5 Zuchtrüden, jährlich wurden etwa einhundert Welpen geboren. Mr. Moseley galt als vorzüglicher Geschäftsmann, der es schnell schaffte, seine Hunde auch bei prominenten Engländern zu plazieren. Auch der Export von Bullmastiffs wurde schon in diesen Jahren planmäßig aufgebaut. »Farcraft-Bullmastiffs« gingen in alle Welt, u. a. nach den USA, Afrika, Kanada, Frankreich, Holland, Belgien, Deutschland und Italien, um nur einige der Länder aufzuführen.

Als eine Art von Weihnachtsgeschenk eröffnete der Kennel Club Weihnachten 1924 der neuen Rasse eigene Ausstellungsklassen auf anerkannten Hundeschauen. Bei der Veröffentlichung wurde diese Zulassung klar begrenzt auf Bullmastiffs, die zumindest bereits über drei Generationen ohne Einkreuzungen der Originalrassen als Bullmastiffs rein gezüchtet waren. Im Oktober 1927 erfolgte dann die endgültige Anerkennung der neuen Rasse durch Eintragung in das Rassenverzeichnis des Kennel Clubs als neue englische Hunderasse. Diese schnellen Fortschritte waren auf die Aktivitäten des 1925 gegründeten »The National Bull-mastiff Police-Dog Club« zurückzuführen, dessen erster Präsident Mr. S. E. Moseley war. Interessant und für England sehr außergewöhnlich, – die Koppelung des Rassezuchtclubnamens mit der Aufgabenstellung der neuen Hunderasse, – dem Dienst als Polizeihund. Auch dies war sicherlich Teil der erfolgreichen Werbekampagne von Mr. Moseley für den Bullmastiff.

Die Rasse entwickelte sich in den 30er Jahren recht günstig. Über 700 Welpen wurden 1938 im Zuchtbuch eingetragen, vor 1930 lag die jährliche Welpenzahl unter 200. Natürlich bedeutete auch für diese großrahmige Hunderasse mit entsprechendem Futterbedarf der zweite Weltkrieg eine ernsthafte Gefährdung. 1941 sank die Eintragung auf 80 Welpen. Um so erstaunlicher, die Züchter meisterten auch diese Probleme, hielten wohl ihr bestes Zuchtmaterial wohlweislich im Lande. Auf den ersten Nachkriegsausstellungen Ende 1945 und im Mai 1946 traten die Bullmastiffs mit einem sehr ausgeglichenen Zuchtmaterial wieder in die Öffentlichkeit. Es erregte größtes Aufsehen, daß der Bullmastiff auf der ersten Nachkriegs-CRUFTs im Oktober 1948 von immerhin 64 Tieren repräsentiert wurde, und diese von ausgezeichneter Qualität. Dank der Opferbereitschaft ihrer Züchter und Freunde war die Rasse Bullmastiff sehr gut über diese Katastrophenzeit gekommen. – Welch ein Kontrast zu dem traurigen Bild, das wir über die Nachkriegssorgen der englischen Mastiffzüchter aufzeigen mußten!

Einige Anmerkungen zum Standard der Rasse. Wichtig ist dabei besonders die allgemeine Rassebeschreibung. Danach ist der Bullmastiff ein sehr kräftig aufgebauter, symetrischer Hund. Er zeigt große Kraft, ohne dabei schwerfällig zu wirken. Sein Wesen vereinigt hohe Intelligenz, Verläßlichkeit und Aktivität, gepaart mit Ausdauer und Wachsamkeit. Bei Rüden erwartet man eine Schulterhöhe von etwa 63,5 bis 68,5 cm, gepaart mit einem Gewicht zwischen 45 und 59 kg, Hündinnen sollten 61 bis 66 cm messen bei einem Gewicht von etwa 41 bis 50 kg. Klar hierzu die Forderung, daß Größe und Gewicht immer zueinander in angemessenem Verhältnis stehen müssen, anatomisch gesunder Aufbau und Beweglichkeit sind Grundmerkmale eines guten Bullmastiff.

Nach den Berichten über eine Fülle züchterischer

Abb. 63 Moderner Bull Mastiff (Foto: Anne Sally Thompson)

Übertreibungen bei den Rassen Mastiff und Bulldog ist es geradezu ein Vergnügen, die positive Entwicklung der Bullmastiffzucht in England zu schildern. Für mich ist der Bullmastiff der gesündeste Vertreter der großrahmigen Kampfhunderassen. Hier wurde über Jahrzehnte die Funktion des Hundes richtig gesehen, der Standard zielt nicht auf Visionen alter Kampfspiele, sondern auf einen gebrauchstüchtigen Hund. Auch wurde eben bereits von Mr. Moseley erkannt, daß groß und schwer für einen Hund eher hinderlich als vorteilhaft sein können. Die Schönheit des Bullmastiffs zeigen wir in unserer Abbildung Nr. 63, die einen sehr typischen Hund darstellt. Dieses Foto ist nicht nur Beweis für die gute Anatomie der Rasse, sondern verrät auch etwas über das Wesen des Hundes.

Jammerschade, daß diese schöne und gute englische Hunderasse in Deutschland bisher so wenige Anhänger gefunden hat, obwohl wir doch bereits von ganz frühen Importen aus dem Zwinger »Farcraft« berichten konnten. Vom Molosserclub wird die Rasse seit 1969 betreut, 1982 fielen in Deutschland ganze drei Würfe mit insgesamt nur 13 Welpen. Auf wichtigen Ausstellungen finden wir – wenn es optimal zugeht, etwa 5 Tiere im Ring. Als Repräsentanten des Bullmastiffs in unserem Land zeigen wir »Lasso vom Antoniushof« (Abb. 64).

Erfreulicherweise können wir von einer hohen Popularität des Bullmastiffs in den skandinavischen Ländern berichten, in Schweden, Norwegen und Finnland. In Finnland lebten 1982 immerhin 280 Bullmastiffs und es gibt in diesem Lande eine beachtliche eigene Zucht. Es wäre dem Bullmastiff – und den Freunden schöner und guter großer Hunde – zu wünschen, daß er in unserem Lande bald viele neue Freunde gewinnt, er hätte es sicherlich verdient.

Abb. 64 »Lasso vom Antoniushof« (Foto: Seewald/ Molosser-Edition)

Abb. 65 Bordeauxdogge »Sultane« nach einem Stich aus ›Journal Chasse et Pêche«, 1892

5. Bordeauxdogge

Schon GASTON PHOEBUS beschrieb großrahmige molossoide Hunde im Frankreich des 14. Jahrhunderts. So kann man zu Recht annehmen, daß dies die Vorfahren der großrahmigen Kampfhunde waren, die im ganzen Mittelmeerraum entlang den Küsten Spaniens, Frankreichs und Italiens gehalten wurden. Wir haben im 19. Jahrhundert in diesen Ländern ähnliche soziale Verhältnisse wie im »Black Country« von England. Tierkämpfe waren die großen Attraktionen für das unterdrückte Volk. Die Schaukämpfe von Bären, Wölfen, Leoparden oder wilden Eseln gegen große Kampfhunde waren ein Ventil, die Menschen reagierten hierbei ihre verständlichen Aggressionen ab. Auch der Kampf Hund gegen Hund war weit verbreitet.

In Südfrankreich finden wir das Zentrum dieser Kämpfe in dem Gebiet um Bordeaux, diese Stadt schenkte ihren Namen den in diesem Küstengebiet gezüchteten großen Kampfhunden, so entstand die Bordeauxdogge.

GRAF BYLANDT bringt in der französischen Ausgabe seines Buches 1897 das Portrait der Hündin »Sultane«. Der Stich vermittelt einen guten Eindruck von der urwüchsigen Kraft und Stärke dieser frühen Bordeauxdoggen (Abb. 65). BYLANDT sieht in der Rasse eine glückliche Vereinigung der hohen Qualitäten von Mastiff und Bulldog. Diese Deutung darf jedoch nicht mißverstanden werden. Wir stehen nicht etwa an der Wiege des Bruders des englischen Bullmastiffs in Bordeaux. Bei der Entstehung der Bordeauxdogge sind sicherlich die an der ganzen Küste anzutreffenden einheimischen großen Hunde das Gros des Zuchtmaterials. Daß bei diesen allein für den Tierkampf gezüchteten Hunden dann auch noch der großrahmige spanische Bulldog und Mastiffs eingekreuzt wurden, um die bodenständige Rasse zu verbessern, daran besteht kein Zweifel.

Von einem einheitlichen Rassetyp der Bordeauxdogge kann wohl kaum vor etwa 1920 gesprochen werden. Interessant ist ein Vergleich der von BYLANDT 1897 gewählten Abbildungen. Wenn die Hunde nicht alle unter der Überschrift »Dogue de Bordeaux« aufgeführt wären, man hätte sie kaum der selben Rasse zugeordnet. Überliefert ist ein Ausspruch von Prof. J. KUNSTLER aus Bordeaux, der 1914 äußerte: »je ne connais pas deux chiens en Bordeaux, qui se resemblent.« (Ich kenne in Bordeaux nicht zwei Hunde, die untereinander ähnlich wären). Und Prof. KUNSTLER galt zu jener Zeit als der führende Kenner der Bordeauxdoggenzucht.

ROBERT LEIGHTON berichtete in seinem »Book of the Dog« 1907, daß die Bordeauxdogge zunächst bei einigen englischen Bulldogzüchtern großes Interesse fand, nach 1880 wurden gute Hunde aus Frankreich importiert. Die englischen Anhänger der Rasse waren von der Zucht in Frankreich beeindruckt. Man achte in allererster Linie auf die alten Kampfqualitäten der Hunde. Dieser französische Hund sei ebenso wild wie stark und mächtig von Gestalt. Sie würden systematisch bösartig gemacht, man gebe ihnen warmes Blut zu trinken, um sie noch angriffslustiger zu machen. Die Franzosen legten großen Wert darauf, die alten Zuchten unvermischt zu wahren. Schwarze Gesichtsmasken würden als Zeichen der Einkreuzung von Mastiffs angesehen. Als wichtiges Zeichen der Rasseeinheit achte man auf lederfarbene Nase, helle Augen und rote Gesichtsmaske.

Die nach England herüber geholten Bordeauxdoggen waren in Frankreich hoch prämiert. Besonders stolz waren die Käufer aber offensichtlich auf die narbenbedeckten Hundekörper. Sie stammten eindeutig von Verletzungen bei dog-fight oder bearbaiting. – So ganz hatten die Briten offensichtlich zu dieser Zeit ihre Vergangenheit der »bloody sports« nicht bewältigt. Nach Auffassung von LEIGHTON ruinierte das Kupierverbot den sich abzeichnenden Siegeszug der Bordeauxdogge in England.

In der Rassebeschreibung BYLANDTs 1897 wird ein Hund vorgestellt von mächtigem, etwas niedrig gestelltem Körperbau, ein massiger, muskelbepackter schwerer Hund mit besonders riesigem Kopf. Als Fehler wird alles angesehen, was an Einkreuzungen des Mastiffs erinnert. Auf Kampf geschult sei die Bordeauxdogge ein äußerst gefährlicher Gegner, in der Familie von sanftem Charakter.

Im Jahre 1911 veröffentlichte Prof. J. KUNSTLER einen selbst erarbeiteten Rassestandard, der sich weitgehend durchsetzte. Er warnte eindringlich vor immer wieder auftauchenden Verfälschungen des Typs durch gewissenlose Züchter und Händler.

Abb. 66 Bordeaux dogge etwa 1930

In seinem Standard wird die bereits von Bylandt bekannte Forderung nach Substanz und großer Kraft erhoben, die Bordeauxdogge müsse gebaut sein wie ein »Cob«, das ist ein kräftiges, untersetztes Kutschpferd. KUNSTLER sieht die Idealschulterhöhe bei etwa 65 cm, das richtige Gewicht bei etwa 45 bis 55 kg. Bei BYLANDT fanden wir 1897 noch Gewichtsvorstellungen von 65 bis 85 kg!

Beängstigend ist die von KUNSTLER eingeführte Standardvorschrift, wonach der Umfang des Schädels der Bordeauxdogge ihrer Schulterhöhe entsprechen muß. Er geht von der Vorstellung aus, keine Hunderasse der Welt dürfe einen mächtigeren Schädel haben! Damit wird – wie schon bei anderen Rassen nachgewiesen – in völliger Unkenntnis anatomischer und physikalischer Gesetze im Standard der Rasse die Grundlage für zwangsläufig sich daraus entwickelnde schwere anatomische Mängel gelegt. Dieser »mächtigste Hundeschädel« mußte den Bewegungsablauf des Hundes schwer schädigen. Auch im Standard dieser Rasse finden wir wiederum eine Fülle von extremen Detailforderungen über den Kopf des Hundes.

Hoch interessant ist die eindeutige Bejahung der Schwarzmaske durch KUNSTLER. »Die Rotmaske, die zu wenig Pigment hat, wurde einmal als spezifisches Merkmal betrachtet, aber ganz zu Unrecht. Sie ist ein Zeichen des Verfalls, der besonders auf zu intensivem Gebrauch gleichartigen Blutes beruht.« Mit anderen Worten, die immer wieder hochstilisierte Rotmaske ist klares Anzeichen für Inzuchtdegeneration.

Mir liegt ein besonders interessantes Foto aus den dreißiger Jahren vor, das nach der Bildunterschrift einen bekannten französischen Ausstellungssieger aus dieser Zeit portraitiert (Abb. 66). Dieses Tier brachte immerhin 63 kg auf die Waage und hat für mich außerdem eine verblüffende Ähnlichkeit mit der alten »Sultane« (Abb. 65). Das Foto erscheint mir aber auch deshalb besonders wichtig, weil es für den Kenner eine interessante Brücke schlägt zu der Rückzüchtung des Mastino Napoletano. Ist es nicht auch ein Beweisstück für die gemeinsame Wurzel dieser großen im Mittelmeerbereich entstandenen Hunderassen? Ferner dokumentiert das Foto, daß zu dieser Zeit die Bordeauxdogge noch oft kupiert wurde, was übrigens der Standard durchaus erlaubte.

Als einzige der großen ausländischen molossoiden Rassen ist die Bordeauxdogge nach dem ersten Weltkrieg in Deutschland bekannt geworden. 1924 wurde ein eigener Club gegründet, der direkte Vorgänger des heutigen Molosserclubs. 1926 hatte der Deutsche Bordeaux-Doggenclub immerhin schon 65 Mitglieder. Als Hauptzuchtgebiet sind Thüringen und Sachsen hervorzuheben.

Die Standardbeschreibung von F. BAZILLE 1926 der Bordeauxdogge: »Im Aussehen wie ein furchtbarer, stämmiger, kraftvoller, achtungsgebietender Athlet.« Beliebteste Größe: 63 bis 66 cm, Gewicht 45 bis 55 kg.

Im Deutschen Bordeaux-Doggenclub gab es lange Auseinandersetzungen über Rotmasken und Schwarzmasken, – als habe die Rasse keinerlei andere Probleme! – Zu Recht wurden die Rotmasken als durch langjährige Inzucht entstandene Farbverblassungen kritisiert, als Gradmesser der Inzuchtdegeneration angesehen. Die Anhänger der Rotmasken wiederum sahen in diesen Tieren die einzigen von Mastiff-Verseuchung rein gebliebenen alten französischen Blutlinien. Dabei wurde sicherlich völlig verkannt, daß ganz andere körperliche Merkmale als diese Farbverblassungen als Beurteilungsmaßstab über mehr oder weniger Mastiffeinfluß zur Verfügung standen.

Obwohl die Bordeauxdoggen im »Deutschen Kartell für Hundewesen (DKH)« als einzige ausländische Molosserrasse vertreten waren, darf die Bedeutung der Rasse in dieser Zeit nicht überschätzt werden. Auf den Ausstellungen in den 30er Jahren wurden jährlich etwa 10 bis 20 Bordeauxdoggen gezeigt, 5 bis 8 Würfe jährlich eingetragen, die Rasse hatte also einen recht kleinen Anhängerkreis gefunden.

Man darf Probleme nicht totschweigen. Von Kennern wird die recht niedrige Lebenserwartung der Bordeauxdogge zu Recht beklagt. Besonders die bei

Abb. 67 »Chanelle v. Storchennest« aus deutscher Zucht (Foto: Seewald/Molosser-Edition)

Mahret

großen Hunderassen zuweilen auftretende Magendrehung hat diese Rasse heimgesucht. Ein Pionier für die Rasse in unserem Lande WERNER PREUGSCHAT schreibt: »Eine große Anzahl unserer Bordeauxdoggen sind schon im besten Alter von drei bis sechs Jahren an dieser Krankheit eingegangen.« Aber nicht nur die Anfälligkeit gegen diese Erkrankung bringt Werner Preugschat zu der Feststellung, einzig und allein das gute Wesen der Rasse halte ihn noch, er habe aber allerschwerste Bedenken gegen die Disproportionalität der Zucht auf extreme Köpfe zur Fürsorge für die Gesundheit der Rasse, zur Zucht auf natürlichen Bewegungsablauf. »Was soll ich mit einem Hund, der einen Monsterschädel hat, diesen aber höchstens von der Futterschüssel bis zu seiner Lagerstelle zu tragen in der Lage ist?« – Harte Worte, aber er hat Recht, wenn er beanstandet, daß Kopffetischismus und fehlendes Wissen um anatomische Zusammenhänge eine Rasse ruinieren können. Leider mußte ich hierzu in diesem Buche auch schon weitere Beispiele anführen. Der Hund ist ein Laufraubtier, kein Brocken Stein, an dem der Mensch nach Lust und Laune bildhauern kann! Leider ein roter Faden, der sich durch dieses ganze Buch ziehen wird!

Für das Fortbestehen der Bordeauxdogge erscheint die Situation nach dem zweiten Weltkrieg nicht gerade optimal. Die deutsche Zuchtleiterin der Rasse, selbst aktive Bordeauxdoggen-Züchterin, MARIA PUFAHL beklagt eine bedrohlich geschrumpfte Zuchtbasis, die immer wieder zur weiteren Inzucht zwinge. In den Jahren 1970 bis 1980 wurden jährlich weniger als 20 Welpen in Deutschland gezüchtet. Dabei gilt Deutschland als eines der wenigen Länder, in dem die Rasse neben dem Mutterland Frankreich eine echte Heimat gefunden hat.

USA und England, das große Reservoir der englischen Kampfhunderassen, fallen völlig aus. Weder Kennel Club England, noch der American Kennel Club erkennen diese Hunderasse an. Dann finden wir noch einige Liebhaber in Holland, Schweiz und Italien.

Es bedarf baldiger neuer Initiativen, wenn die Bordeauxdoggen-Zucht in unserem Lande wieder aufblühen soll. Einige Importe aus Frankreich werden gemeldet. Als in Deutschland gezüchtet stellen wir in unserer Abbildung Nr. 67 die Hündin »Chanelle vom Storchennest« vor.

Aus Frankreich erreicht uns der Ausspruch des Präsidenten des französischen Bordeauxdoggen-Clubs: »Die Bordeauxdogge lebt!« – Nun, wenn man dies so betont, dann muß es zuvor sicherlich ernsthafte Zweifel gegeben haben. Der Optimismus beruht auf guten Ausstellungszahlen 1982 in Frankreich. So werden von der Ausstellung in Paris 25, von der Ausstellung in Bordeaux am 4. 7. 82 sogar 68 Bordeaux-Doggen gemeldet. Bis auf den Bewegungsablauf soll die Qualität der Hunde recht ansprechend gewesen sein.

Es ist zu wünschen, daß die sicherlich nicht mehr reichen Überreste dieser interessanten alten Rasse für ihre Gesundung ausreichen. Zum Abschluß eine sehr schöne Kopfstudie des in Frankreich gezüchteten »Ch. Orgo de l'Étang des Aieux«. Das Foto zeigt besonders gut den Kopftyp der Rasse (Abb. 68).

Abb. 68 Kopfstudie »Ch. Orgo de l'Étang des Aieux« (Foto: P. Mahret)

6. Französische Bulldogge

Für die große Bulldogfreundin BERTA BURKERT aus München ist die Französische Bulldogge: »Ein ›Wunderhund‹, der Traurige aufheitert, Verträumte in die Gegenwart zurückbringt und mit Bequemen viel Rücksicht übt. Kurz – ein Haushund par excellence!«

Wir haben den Bulldog als englisches Nationalsymbol kennen und schätzen gelernt, – wie in aller Welt ist es möglich, daß sich Frankreich auch einen völlig eigenen Bulldog geschaffen hat, der heute weltweit erfolgreich mit dem Englischen Bulldog um Anhänger konkurriert?

Wir wissen von einer ernsthaften Wirtschaftskrise im alten England um die Jahre 1848 bis 1860, die besonders schwerwiegende Auswirkungen auf dem Sektor Textil und Bekleidung hatte. Die hoffnungslose Lage war Ursache für die Emigration englischer Spitzenklöppler in die Normandie von Frankreich und Belgien. Hier wurden die Fachkräfte mit offenen Armen aufgenommen, wurden zum Grundstock eigener Textilfabrikation. Insbesondere im Raum von Calais siedelten sich viele der Emigranten an.

Die neue Heimat bot in der Regel nur kleine Wohnungen oder sehr kleine Häuser, so brauchten ihre Einwohner kleine Hunde, die sich diesen beengten Wohnverhältnissen optimal anpassen konnten. Gerade in Nottingham, dem Auswanderungsgebiet blühte Mitte des 19. Jahrhunderts die Zucht kleiner Bulldoggen, was lag näher, als die Kleinsten der Bulldoggen mit auf die Reise zu nehmen, konnte man doch von ihnen eine optimale Anpassung an die neuen Gegebenheiten erwarten, – und repräsentierten sie doch einen wesentlichen Teil der alten Heimat!

Die Zucht kleiner Bulldoggen war um diese Zeit noch in ganz England verbreitet, noch bei den ersten Hundesausstellungen in den 60er Jahren gab es oft mehr Bulldoggen in den Klassen für kleine Bulldoggen als große, meist so unter 10 kg. Deren Beliebtheit sank dann aber ab und es wird berichtet, daß geschäftstüchtige Händler aus London und Birmingham (James Hinks!) die Gelegenheit nutzten, um die in England jetzt weniger gefragten Kleinen für gute Preise den Aussiedlern nachzusenden.

In Frankreich erwiesen sich die kleinen Bulldoggen als recht brauchbar und anpassungsfähig, bald kamen sie auch über die Normandie in die französischen Großstädte, insbesondere nach Paris mit seinen vielen Vorstädten. Der kleine Bulldog wurde zum Hund des kleinen Mannes. Sicherlich wurde er viel mit den Hunden des Landes gepaart, galt doch der Bulldog als Garant für unerschrockenes Wesen. »Terrier-boule« wurden diese Mischlinge genannt, sie sind die Übergangsform zur Französischen Bulldogge.

So um das Jahr 1880 entstand ein loser Verein Gleichgesinnter, alle stolze Besitzer ihres »Terrier-boule«. Die Autoren A. & E. GAY der 1971 erschienenen Rassemonographie bezeichnen die Vereinsmitglieder als eine »Ansammlung von Metzgern, Lumpensammlern, Polizisten, Kaffeehausbesitzern, Weißwäschern, Marmorschneidern, Prostituierten, Kutschern und Lastenträgern der Pariser Markthallen«. Und sie alle liebten ihre Hunde! Mit 47 Mitgliedern begann es. Ab 1885 traf man sich wöchentlich auf dem Hundemarkt, ab 1886 auf dem Vogelmarkt. Man züchtete seine kleinen »Terrier-boules«, lebte unter Seinesgleichen, es gab kleine Geschäfte untereinander, keine Reichen, die an diesen Hunden sich interessiert zeigten.

Der Club hieß »Club Amical«, 1888 wurde von ihm eine eigene Satzung und ein erster Rassestandard aufgestellt. Das Zuchtziel lautete: »Der Hund sieht wie ein kleiner Herkules aus und sollte gleich hoch wie lang sein.« Maximalgewicht Rüden 15 kg, Hündinnen 12½ kg. 1896 wurde dieser Standard ergänzt durch die unabdingbare Forderung nach dem »Fledermausohr«, dem »Markenzeichen der neuen Rasse«.

Daß das Zuchtziel eines quadratischen Hundes noch nicht erreicht war, zeigt eine frühe Abbildung der Hündin »PIERCE« im Besitze von M. J. Cotelle aus Paris. Diesen Stich verdanken wir Graf BYLANDT (Abb. 69). Er schreibt 1897, daß seit einigen Jahren in Frankreich eine neue Bulldogge gezüchtet werde, die sich von den englischen Bulldoggen durch das aufrecht getragene Ohr unterscheide; Größe maximal 30 cm, Gewicht unter 10 kg.

Als 1893 die französischen Bulldoggen durch Importe wieder nach England zurück kamen, gab es

Abb. 69 Französische Bulldoghündin »Pierce«, ca. 1895

massive Proteste und nationale Emotionen. LADY KATHLEEN PILKINTON schrieb: »Das ist nichts anderes als die Wiedergeburt einer Rasse. Die Spitzenklöppler von Nottingham kannten ja den Toy-Bulldog bereits um 1840. Aber er kam aus der Mode und verschwand bei uns fast vollkommen. Man kann nicht sagen, er hätte sich während seines Aufenthaltes in Frankreich zum besseren entwickelt. – Um 1893 kehrte er mit perfekt französischem Akzent zurück, mit ausgezeichneten Manieren, aber mit abscheulichen Fledermausohren und einem unangenehm vorstehenden Kiefer.« – Kein besonders warmherziger Empfang für den »verlorenen Sohn«!

Hat sich über die Mischform des »Terrier-boule« tatsächlich nichts anderes verändert? – Auffällig zunächst der Hinweis auf die »ausgezeichneten Manieren«. So wurde doch wohl die extreme Streitlust der englischen Vorfahren in Frankreich herausgezüchtet, was bei dem engen räumlichen Zusammenwohnen sicherlich eine absolute Notwendigkeit war.

Zufällig befinden sich in meiner Sammlung zwei wertvolle Bulldog-Bronzen, eine aus England – der Toy-Bulldog (Abb. 70), eine Wiener Bronze – den gerade in dieser Stadt so populären Französischen Bulldog zeigend (Abb. 71). Beide Bronzen entstanden Ende des 19. Jahrhunderts, an solchen naturgetreuen Modellen kann man Unterschiede prächtig erläutern.

Zunächst ist festzuhalten, daß auch in der englischen Bulldog-Zucht beim »Toy-Bulldog« Stehohren auftraten und erst ab 1907 im Standard untersagt wurden. Daher finden wir beim englischen wie französischen Modell jeweils Stehohren. Wichtig aber der Unterschied in der Ohrenhaltung, beim Engländer seitlich nach außen, beim Franzosen gerade nach vorn gestellt. Der Stopp, beim Engländer Stirnabsatz wenig ausgeprägt, beim Franzosen deutlich akzentuiert; Stirnfurche, beim Engländer auch noch den Oberkopf deutlich teilend, beim Franzosen aufgewölbter Oberkopf, Stirnfurche völlig verschwunden. Pfoten, beim Engländer breit mit weichem Vordermittelfuß, beim Franzosen aufgeknöchelt mit strafferer Fessel. Ich meine gerade der Vergleich dieser Bronzen zeigt die Unterschiede der zwei Rassen um die Jahrhundertwende recht deutlich.

Abb. 71 Wiener Bronze, Französischer Bulldog, ca. 1890 (Sammlung: Dr. Fleig)

Abb. 70 Bulldog-Bronze England, »Toy Bulldog«, ca. 1890 (Sammlung: Dr. Fleig)

1898 wird die Französische Bulldogge durch die französische Spitzenorganisation des Hundewesens »Société Canine« als neue französische Rasse anerkannt. Das charakteristische Fledermausohr (bat ears) wird zum Unterscheidungsmerkmal vom englischen »Toy Bulldog«, von dem Rosenohren (rose ears) gefordert werden. Der »Toy Bulldog« erlebte durch die aktive Konkurrenz aus Frankreich nochmals eine Renaissance, die aber mit dem 1. Weltkrieg ausläuft. Durch eine Reihe von internationalen Vereinbarungen wird der französische Standard weltweit anerkannt, wobei klar hervorgehoben werden muß, daß der Unterschied der Französischen Bulldogge zur englischen viel, viel weiter geht als nur die unterschiedlichen Ohrenformen. Ein Blick auf die Abbildungen in diesem Buch dokumentiert, daß der Französische Bulldog zwar mit dem englischen Bulldog verwandt ist, aber in keiner Weise – wie der Toy Bulldog – eine maßstabgerechte Verkleinerung des Englischen Bulldogs ist. Der Siegeszug des neuen Hundes aus Paris geht als eine Art »Pariser Mode« durch die Hundewelt. Gerade in Großstädten wie Berlin, Wien, London, Brüssel,

Abb. 72 Importe aus Frankreich nach Strebel, ca. 1900

New York findet die Rasse zahlreiche begeisterte Anhänger. Der durch die Fledermausohren völlig neue Hundekopf fasziniert insbesondere die Damen, er wird zum Begleithund der Dame von Welt.

Zu Recht kann man Deutschland unter die führenden Zuchtnationen einreihen, die diese aparte Hunderasse nachhaltig gefördert haben. Max Hartenstein gehörte im Jahre 1870 zu den deutschen Belagerern der Stadt Paris. Hier lernte er den »Terrier-boule« kennen und schätzen und holte dann zehn Jahre später die Französische Bulldogge nach Berlin. STREBEL schreibt, daß Hartenstein tatsächlich das Allerbeste aus Paris mitgebracht habe, zu Summen, die für gute Exemplare in die Tausende gingen. Diese hohen Preise seien aber dadurch gerechtfertigt, weil durch die geringe Welpenzahl, Geburtsschwierigkeiten und Anfälligkeit der Welpen die Zucht extrem schwierig sei. Wir stellen diese frühen Importe Hartensteins »Loubet« und »Myrot« in einer Zeichnung Strebels vor (Abb. 72), die den hohen Standard dieser Importe – etwa im Vergleich zur alten »Pierce« (Abb. 69) – unter Beweis stellt.

Sicherlich verdient es noch der Erwähnung, daß im Jahre 1913 die Hündin »Patrice Plavia« aus der Berliner Zucht von Hartenstein in Paris unter 120 Konkurrenten »Schönste Französische Bulldogge auf dem Kontinent« wurde.

Der deutsche Zuchtverein für Französische Bulldoggen wurde 1909 gegründet mit Sitz München, dem zweiten Zentrum deutscher Zucht. Bis 1926 wies das deutsche Zuchtbuch 5500 Eintragungen bei 60 Zwingernamen und 500 Mitgliedern aus. Bis zum Jahre 1939 stieg die Popularität der Rasse weiter.

Nach dem zweiten Weltkrieg erfolgte ein gezielter Neuaufbau der deutschen Zucht über erste Importe aus Holland, Schweiz, England und Frankreich. Ein Zwinger insbesondere knüpfte an die großen Erfolge von Max Hartenstein an, S. D. Prinz Alexander von Ratibor und Corvey auf Schloß Unterriexingen. Seine Französischen Bulldoggen erfreuen sich international höchsten Ansehens (Abb. 73 und Abb. 74).

Es würde den Rahmen dieses Buches sprengen,

Abb. 73 Typischer Rüde deutscher Zucht (v. Ratibor und Corvey), 1980

alle die Erfolge der Französischen Bulldogge in Frankreich, England, USA, Holland, Österreich und Schweiz einzeln zu schildern. Wußten Sie, daß Frau Sacher im Hotel Sacher zu Wien in ihrer Empfangsloge stets von ihrer Französischen Bulldogge begleitet war? Oder wieviele Künstler, Schauspieler, Sängerinnen diesen kleinen Hund zum Lebensgefährten wählten?

Eine etwas kritische Anmerkung. Auch der kleine Franzose ist eine Bulldogge geblieben, konnte aber nach seinem Wechselbad in Frankreich die extremen Übertreibungen in der Zucht seiner englischen Verwandten vermeiden. Die Schwierigkeiten in seiner Zucht haben wir schon erwähnt, an sein Schnarchen kann man sich sicher gewöhnen. Daß die Standardforderung eines äußerst kurzen Nasenrückens diesem Hund nicht gerade das Atmen und damit die schnelle Bewegung erleichtert, liegt auf der Hand. Der kleine Muskelprotz trägt im Verhältnis zu seiner Körpergröße eine Menge Gewicht mit sich und der angestrebte Karpfenrücken ist sicherlich wieder nicht seinem Bewegungsablauf förderlich. Insgesamt

Abb. 74 Französische Bulldoggen auf Schloß Unterriexingen, 1980

Abb. 75 Der Weg nach oben! Grimmelsburg-Bulldog

Abb. 76 Baumaffe oder Französischer Bulldog?

gesehen kann man aber dieser Rasse im Vergleich zu anderen bestätigen, daß sie sich weitgehend von züchterischen Übertreibungen freihalten konnte.

Dies demonstriere ich besonders gerne durch zwei sehr reizvolle »Kletter-Bulldogs von der Grimmelsburg« (Abb. 75 und Abb. 76), die Fotos verdanke ich ihren Züchtern der Familie Dr. Grimm in Bad Reichenhall.

Lassen Sich mich noch abschließend etwas zu dieser Hunderasse sagen. Ich kenne keinen idealeren Hund für die Haltung in der Großstadtwohnung, keinen besseren Spielgefährten für die Kinder. Meine Frau schätzt, daß in unserem Alter einmal eine solche Französische Bulldogge unser Familienmitglied sein wird.

Der Hund ist ein liebeheischendes und liebegebendes kleines dickköpfiges Ungeheuer, – man kann sich in diesen Bulldog verlieben!

7. Bull Terrier

Der Bull and Terrier wandelte sich unter den geschickten Händen vom JAMES HINKS in Birmingham in den 60er Jahren des vorigen Jahrhunderts zum neuen Rassehund, zum schneeweißen Bull Terrier. Sein Sohn JAMES HINKS II schildert diese Umwandlung: »Die Kreuzung war ideal, denn sie vereinte die Kraft des Bulldogs mit der Schnelligkeit und Intelligenz des Terriers. Etwa gegen Ende der 50er Jahre kam die große Veränderung. Mein Vater besaß Hunde aus den tapfersten der alten Schläge und hatte damit züchterisch experimentiert, insbesondere den weißen englischen Terrier und auch den Dalmatiner eingekreuzt. Dabei kam er zu einem rein weißen Hund, den er Bull Terrier nannte. Diese Hunde waren äußerlich sehr verbessert, das Bulldog-Aussehen war weitgehendst herausgezüchtet, die Hunde wurden länger und gestreckter im Kopf, stärker im Fang, frei von Lefzen und loser Kehlhaut. Die Hälse wurden geschwungener, im Wesen waren die Tiere auch intelligenter und lebhafter.

Nach kurzer Zeit waren sie die Verkörperung des alten Kampfhundes, aber zivilisiert, alle groben Kanten waren abgeschliffen, ohne daß die Hunde dabei zu sanft wurden. – Schnell, aktiv, mutig, muskulös, – und dabei ein wirklicher Gentleman. Natürlich, diese Veränderung brachte dem Bull Terrier viele Bewunderer, der milch-weiße Hund wurde überall gesucht.«

Wir hatten schon bei den englischen und französischen Bulldoggen Bekanntschaft mit James Hinks sen. gemacht, einem ungemein cleveren Geschäftsmann. Sicherlich war er eine der bedeutendsten Züchterpersönlichkeiten im alten England. Er setzte in wenigen Jahren seinen rein weißen Hund auf Ausstellungen in ganz England durch, die neue Farbe und die elegante Form machten den Bull Terrier gesellschaftsfähig. Dem alten Bull and Terrier hing noch immer das blutige Geschäft der alten Kämpfe an, er war abgestempelt als der Begleiter zwielichtiger Gestalten. Er blieb weiterhin in den unteren Klassen der Bevölkerung, seinem weißen Bruder aber stand nun die weite Welt einer blühenden Rassehundezucht offen.

James Hinks belehrte auch jene eines besseren, die dem Bull Terrier Eleganz und erstklassige Anatomie öffentlich bestätigten, aber ebenso seine Leistungsfähigkeit bezweifelten. In einem der verbotenen Hundekämpfe bewies Hink's weiße Hündin »Puß«, daß sich diese weißen Hunde unverfälschte Kampfhundequalitäten erhalten hatten, der viel größere und schwerere Gegner des alten Schlages wurde mit Leichtigkeit besiegt.

Die Rasse erlebte in den Jahren 1868 bis 1895 ihre erste große Blütezeit, es war »in«, einen solchen eleganten, tapferen weißen Hund zu haben. Insbesondere bei der Jugend fand der Hund viel Anklang. 1887 wurde »The Bull Terrier Club« gegründet, einer der am besten geführten Hundezuchtclubs der Welt. Der noch im gleichen Jahr aufgestellte Standard der Rasse verankerte die Forderung nach erstklassigem anatomischem Körperbau – ohne Übertreibungen – gepaart mit der Erhaltung des typischen Wesens und der rein weißen Farbe. Dieser Rassestandard fand weltweit Zustimmung, wenn auch in den Folgejahren in den verschiedensten Ländern man hier und da versuchte, eigene Vorstellungen durch gewisse Variationen zu verwirklichen. Dennoch erwies sich über die Jahre das Mutterland der Rasse als absolut autonom und souverän in der Bestimmung des Standards und der Zuchtziele.

Einen ganz schweren Rückschlag erlitt die Rasse durch das 1895 vom Kennel Club erlassene Kupierverbot, das alle kupierte Hunde ausnahmslos von den englischen Hundeausstellungen verbannte. Schwere Hängeohren, aber auch flatternde Kippohren verunzierten den streng gemeißelten Schädel des Bull Terriers sehr, die Rasse verlor viele ihrer Anhänger und Züchter.

Beispiel für den hohen Stand der Zucht ist der großrahmige »Bloomsburry King«, geworfen am 10. 7. 1898 (Abb. 77). Dieser Hund war von allen Ausstellungen verbannt, weil sein Züchter H. E. Monk ihn nach einem Unfall mit Ohrverletzungen in alter Form kupieren ließ. Dennoch wurde der Rüde als überragend anerkannt und intensiv für die Zucht genutzt. Seine erstklassigen Nachzuchten bestätigten seinen Wert. »King« ist sicherlich auch nach heutigen Maßstäben in seinem gesunden anatomischen Aufbau ein bildschöner Hund.

Mit noch einem zweiten Bild möchte ich die Qua-

Abb. 77 »Bloomsburry King«, einer der besten Zuchtrüden seiner Zeit, Stich R. H. Moore, 1898

lität dieser kraftstrotzenden Bull Terrier um die Jahrhundertwende demonstrieren. Es zeigt einen Bull Terrier auf der Rattenjagd. Die bekannte Malerin MAUD EARL hat diese Szene in ihrem Aquarell »A Morning Nip« festgehalten (Abb. 78).

Innerhalb von etwa zwanzig Jahren gelang es den englischen Züchtern, das früher stets kupierte Hängeohr in ein festes Stehohr umzuzüchten, das wieder zu der Kopfform paßte. Bull Terrier mit Hängeohren durch die Welt laufen zu lassen, erschien ihnen eine Unmöglichkeit. Damit haben diese Züchter den Beweis erbracht, daß man nicht nur mit dem Kupiermesser, sondern auch durch gezielte Zucht Hänge-

Abb. 78 »A Morning Nip«, Aquarell Maud Earl, ca. 1910 (Sammlung: Dr. Fleig)

ohren in Stehohren umwandeln kann, wenn dies nun einmal die Kopfform einer Hunderasse erforderlich macht. Ob das Beispiel nicht auch einmal von anderen Rassen mit heute ähnlichen Problemen aufgegriffen wird?

Nach dem Tiefpunkt Anfang des Jahrhunderts lagen die jährlichen Eintragungszahlen des Bull Terriers beim Kennel Club bis zum zweiten Weltkrieg so etwa bei 300 Hunden, fielen 1918 bis auf 61, – also ein tiefer Einschnitt in das Zuchtgeschehen. Die Rasse erholte sich aber schnell wieder und erreichte Mitte der 20er Jahre jährliche Zuchtzahlen von etwa 1000 Welpen.

Die bereits von Hinks aufgestellte Grundforderung der Bullterrierzucht, den Bull Terrier in seinem besonders guten Charakter – voll Feuer, aber von freundlichem Wesen und bereit zur Unterordnung, – unbedingt zu erhalten, zieht sich durch die Zucht bis zum heutigen Tage. Man kann wohl ohne Überheblichkeit sagen, daß dieses Ziel weitgehend verwirklicht wurde. Das ist sicherlich auch die Erklärung für die noch immer wachsende Beliebtheit des Bull Terriers.

Natürlich gab es auch bei diesen Hunden züchterische Übertreibungen. Die weiße Farbe wurde zu einer Art Glaubensbekenntnis ihrer Anhänger. Züchter und Richter, die so etwa ab 1920 versuchten, auch farbige Bull Terrier zu züchten und auf Ausstellungen zu plazieren, hatten einen sehr schweren Stand und kämpften nahezu gegen Windmühlenflügel. Miss Montague Johnstone mit ihrem Romany-Zwinger gelang nach jahrzehntelanger planmäßiger Zucht farbiger Bull Terrier der große Durchbruch, ihr ist die völlige Gleichberechtigung farbiger und weißer Bull Terrier zu verdanken.

Als weiße Bull Terrier aus farbigen Vorfahren in die seit Hinks bewahrten rein weißen Linien eingekreuzt werden sollten, führte das um Haaresbreite an einer Spaltung des ehrwürdigen The Bull Terrier Club vorbei. Abkömmlinge farbiger Vorfahren gepaart mit den edlen weißen Linien, das war so etwas wie Rassenschande. – Und dennoch retteten gerade diese Farbigen die Rasse vor einer großen Gefahr, – der Taubheit als Folge von Farbverblassungen und Inzuchtdegeneration. Erst durch die völlige Gleichberechtigung von Weiß- und Farbzuchten, durch den freien Austausch der Linien wurde die Rasse viel gesünder, – auch ein Beispiel, das in so mancher anderen Rasse Nachdenken auslösen könnte.

Viel zu lange und viel zu intensiv wurde der Farbe des Hundes eine entscheidende Bedeutung zugemessen, erstklassiges Zuchtmaterial wegen geringfügiger Farbfehler vergeudet. Ein ähnliches Lied ließe sich über die Bestrafung von fehlenden Zähnen anstimmen. Der Züchter, der diesen Namen verdient, muß erkennen, daß die Prioritäten der Hundezucht eindeutig im funktionsgerechten anatomischen Aufbau und in der Zucht auf das angestrebte Wesen liegen müssen. Fehlfarben und komplettes Gebiß wurden speziell in Deutschland seit Beginn der Hundezucht überbewertet, anatomische Fehler dagegen zu leicht hingenommen.

Es ist Raymond Oppenheimer (Ormandy-Zwinger) zu verdanken, daß in den zahlreichen, hart ausgetragenen Meinungsverschiedenheiten unter den Bull Terrier-Züchtern letzten Endes doch Vernunft und Toleranz siegten. Er ist sicherlich der englische Kynologe, der mit seinem fundierten Wissen und auch mit vollem Einsatz seiner wirtschaftlichen Möglichkeiten der Rasse Bull Terrier über mehr als vierzig Jahre die entscheidenden Impulse gab. Es ist keine Übertreibung, wenn wir feststellen, daß der Bull Terrier des 20. Jahrhunderts ganz entscheidend von den Vorstellungen dieser Züchterpersönlichkeit geprägt wurde. Der Bull Terrier – und nicht nur diese Hunderasse – verdankt Raymond Oppenheimer sehr viel!

Auch Kopffetischismus gab es beim Bull Terrier, erbitterte Kämpfe um den richtigen Kopftyp und um die Wertigkeit des perfekten Kopfes. In den 50er Jahren hatten wir Bull Terrier mit Traumköpfen, deren übrige Anatomie beklagenswert schlecht war. Auch hier setzte sich die Vernunft durch, die Rasse hat sich in den letzten zwanzig Jahren in ihrer Anatomie enorm verbessert. Dies wurde 1972 unter Beweis gestellt, als es Ch. Abraxas Audacity als erstem Bull Terrier gelang, die berühmte Ausstellung CRUFTs als schönster Hund aller Rassen zu gewinnen. Ein Kompliment der übrigen Hundewelt an den Bull Terrier für seine erstklassige Anatomie, ein stolzer Erfolg für Miss Drummond-Dick, die Züchterin der Abraxas Bull Terrier! Und parallel zu dieser nachhaltigen anatomischen Verbesserung war

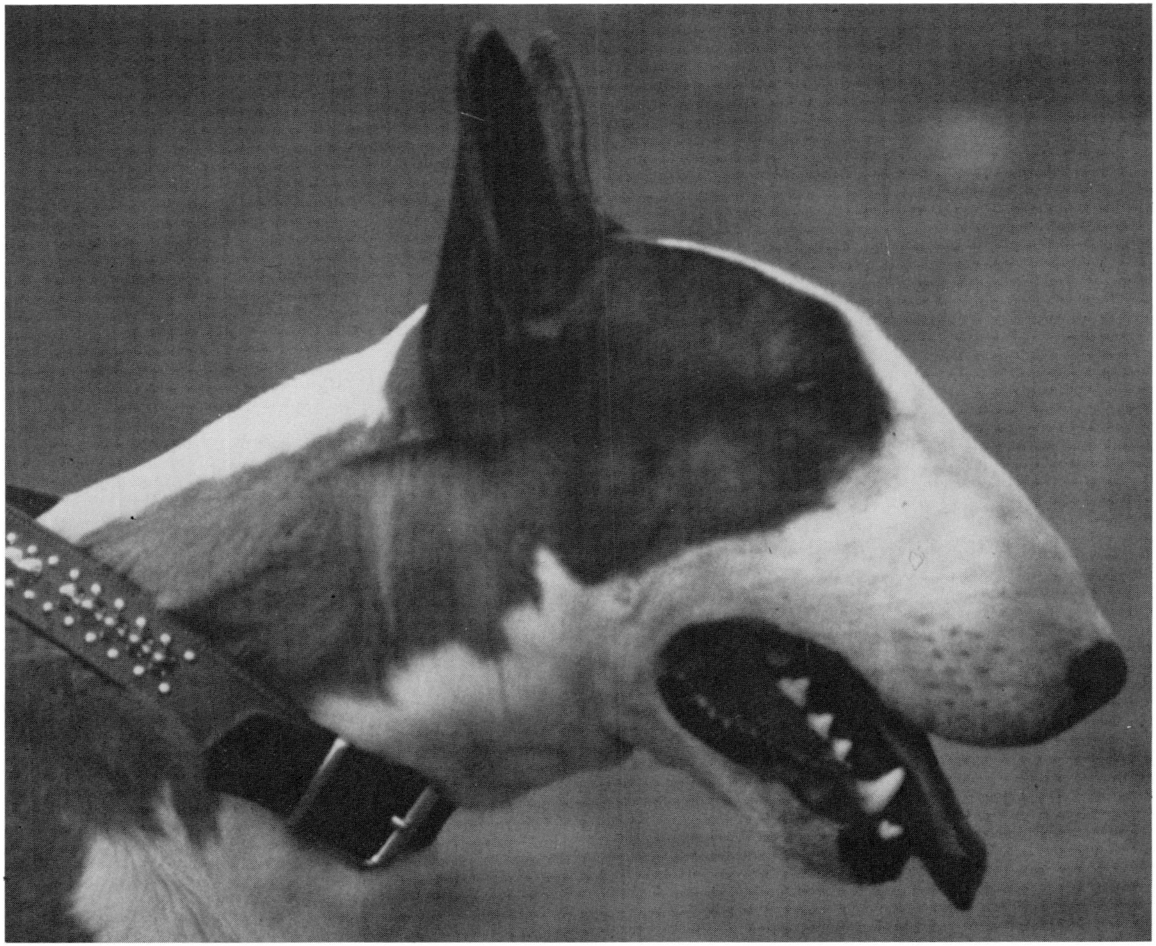

Abb. 79 Kopfstudie »Yogi Alemannentrutz«, 1982

es möglich, auch die angestrebten Traumköpfe zu verwirklichen (Abb. 79).

Der Erfolg des Bull Terriers beschränkte sich bei weitem nicht auf das Mutterland England, nein, diese Rasse hat in nahezu allen Ländern der Erde Bewunderer gefunden.

Im Ausstellungskatalog der Hundeausstellung Stuttgart aus dem Jahre 1887 – dem Gründungsjahr von The Bull Terrier Club in England – fand ich eine Meldezahl von zwanzig Bull Terriern, großenteils Importe, aber auch schon in Deutschland gezüchtete Bull Terrier! Eine eigene Zucht bestand bereits um diese Zeit im Raume Braunschweig mit den Herren Dr. Wolf, L. Esche und W. Drewes. 1897 gab es zwei die Rasse fördernde Zuchtclubs, einen mit Sitz Braunschweig, den anderen mit Sitz Berlin.

Die führende Persönlichkeit in der Bull Terrier Zucht im deutschsprachigen Raum war sicherlich der österreichische Kynologe Dr. Emil Hauck. Die Zusammenarbeit, welche schon vor der Jahrhundertwende zwischen Deutschland und Österreich begann, wurde von ihm erfolgreich fortgeführt und hat sich nunmehr über nahezu einhundert Jahre bewährt.

Bundesrepublik Deutschland, Österreich, Schweiz, Niederlande und Belgien, nicht zu vergessen die DDR, sind die europäischen Länder, in denen der Bull Terrier über viele Jahre zielstrebig gefördert wurde, während er in den romanischen Ländern bisher weniger Interesse fand.

Großartig sind die Erfolge des Bull Terriers in den USA, Kanada, Australien und in allen afrikanischen Ländern. Südafrika rühmt sich eines Bestandes von etwa 40 000 Bull Terriern, hier wird er auch noch in größerem Umfang jagdlich geführt. Jährlich kommen etwa 3300 Welpen hinzu. Dies ist sicherlich das Land mit der intensivsten Bull Terrier Zucht.

Ehe man sich für diese hochinteressante Rasse entscheidet, bedarf es der sorgfältigen Prüfung, ob man sich zutraut, den temperamentvollen und recht eigenwilligen Hund richtig zu erziehen. Er vereinigt den Übermut eines ausgelassenen Fohlens mit der Sturheit eines Maulesels, erzieht man ihn ab frühester Jugend und kann man ihm verständlich machen, daß das, was man von ihm will, ihm selbst auch die allergrößte Freude macht, dann ist er der beste und freudigste Schüler, bringt Höchstleistungen bis zur schwierigsten Schutzhundeprüfung, auf der Fährte, als Suchhund im Katastrophenfall.

An seiner Eigenwilligkeit scheiden sich die Geister. Für den ehrgeizigen Gebrauchshundemann, der Prüfungen gewinnen möchte, ist er sicherlich ungeeignet, es fehlt ihm die Bereitschaft zur bedin-

Abb. 80 »Ch. Polytelis Silver Convention«, 1982

gungslosen Unterordnung, die Führigkeit anderer Gebrauchshunderassen. Zwang setzt er in aller Regel extreme Sturheit entgegen.

Leider zieht der Bull Terrier sehr oft die falschen Menschen an. Es hat sich herumgesprochen, daß man den Bull Terrier scharf machen kann, ja, manche falschen Apostel predigen sogar, man müsse ihm auf dem Gebrauchshundeplatz ein neues Tätigkeitsfeld schaffen, das die frühere ständige Bewährung in dem Härtetest der »Pit« ersetze.

Sie wollen überhaupt keinen Arbeitshund, sondern ein richtiges Familienmitglied mit allen Rechten und Pflichten? – Dann sind Sie an der richtigen Adresse, er ist ihr freudiger Begleiter auf langen Wanderungen, schickt sich aber auch in die Wohn- und Auslaufverhältnisse der Großstadt. Den Kindern ist er ein stets bereiter Spielkamerad, wird es aber ernst, fordert oder bedroht man ihn oder seinen Menschen, dann wird er zuverlässig schützen. Durch planmäßige Zucht gewann er eine hohe Reizschwelle, so daß er sich über Kleinigkeiten kaum erregt. Dadurch ist er gutartig, Fremden gegenüber nicht mißtrauisch. Sein Selbstbewußtsein spiegelt sich in dieser Unbefangenheit, mit der er auf alle äußeren Einflüsse zunächst ohne Aggressionen reagiert. Wichtig ist es, ihn in seiner Sozialisierungsphase viel mit anderen Hunden zusammenzubringen, bei Aggressionen gegenüber seinen Artgenossen oder auch gegenüber anderen Tieren bereits in der Jugend erzieherisch einzugreifen. Raufende oder katzenmordende Hunde können zu einer echten Belastung werden.

Abb. 81 »What's Wanted of Foyri«, 1982

Wer eine eigenwillige Hundepersönlichkeit schätzt, wer durch konsequente Erziehung diesem temperamentvollen Muskelpaket der richtige Rudelführer ist, der findet im Bull Terrier seinen Idealhund. Seit über zwanzig Jahren leben wir mit Bull Terriern, sie überhäufen uns mit ihrer stürmischen, immer neu fordernden Liebe und waren uns in mancher Situation treuer Beschützer von Familie und Eigentum. Für uns ist der Bull Terrier die große »number one«, unser Lieblingshund, ohne uns dabei rasseblind zu machen.

Gerne stelle ich noch zum Abschluß diese Rasse mit Fotos erstklassiger Bull Terrier aus der Gegenwart vor. Abb. 80 zeigt den großrahmigen »Ch. Polytelis Silver Convention« aus holländischer Zucht. Er ist ein Rüde, der nach dem Urteil vieler Experten zu den schönsten und besten gehört, die je gezüchtet wurden. Die Importhündin »What's Wanted of Foyri« ist einer der schönsten farbigen Bull Terrier (Abb. 81). Entscheidend für die Auswahl dieser beiden Tiere ist, daß sie nicht nur erstklassige, besonders rassetypische Köpfe haben, sondern auch die vom Standard geforderte funktionsgerechte Gesamtanatomie aufweisen. Der Rassestandard fordert vom Bull Terrier ein Maximum an Substanz im Verhältnis zur Körpergröße. Dies wird leider nur zu oft als Forderung nach einem möglichst hohen Gewicht des Hundes mißverstanden. Die optimale Substanz muß beim Bull Terrier stets begleitet sein von langen, kräftigen Laufknochen, korrekter Winkelung, festem Schulterschluß und raumgreifender Bewegung. Kommt dann noch das rassetypische Wesen hinzu, furchtlos, voller Feuer, aber ohne Aggressivität, dann haben wir den idealen Bull Terrier.

8. Miniature Bull Terrier

Hier treffen wir sie wieder, unsere kleinen Rattenkiller, von deren Aufgaben wir ja ausführlich berichtet haben (KH I, S. 110 ff.). Die Miniature Bull Terrier sind die Nachkommen so berühmter Hunde wie »Billy« und »Jacko«, die einmal durch das Totbeißen von Ratten in Rekordzahlen ihren Besitzern Reichtum und Ansehen verschafften. Auch diese Hunde hatten es nach dem Verbot der Kämpfe schwer, nützlich aber waren sie allemal, denn in den Großstädten Englands gab es auch außerhalb der »Pit« unzählig viele Ratten, ein tüchtiger Rattenfänger war stets gefragt.

Das erfolgreiche Auftreten im Ausstellungsring fiel diesen Lilliputanern schwerer. Sicherlich, auf den Ausstellungen Ende des vorigen Jahrhunderts finden wir beim Bull Terrier stets eine Aufteilung in zwei Gewichtsklassen. Die Großen konkurrierten untereinander, die Kleinen ebenfalls. Die Grenze zwischen groß und klein war von Ausstellung zu Ausstellung verschieden, schwankte zwischen 10 und 16 Pfund, also 4,5 bis 7 kg. In den 80er Jahren waren die Leichtgewichte auf den Ausstellungen recht populär. 1902 verfiel aber der Kennel Club auf die absurde Idee, das Maximalgewicht für Miniature Bull Terrier auf 8 Pfund zu begrenzen, das sind im metrischen System ganze 3,6 Kilo.

Das Herunterdrücken des Höchstgewichtes für die Kleinen ging von der falschen Vorstellung aus, man könne diesen kleinen, aparten Hund langfristig unter den kleinen »Damenhunden« plazieren. Aber auch schon damals waren die Damen schockiert, wenn ihr Liebling sich zielbewußt auf die Ratten- und Mäusejagd begab. Unter einem Schoßhund hatten sie sich eigentlich etwas anderes vorgestellt.

Auch sonst war dieser kleine Kampfhund nicht unbedingt »lady-like«. Eine begeisterte Anhängerin des Miniature's LADY EVELYN EWART schildert ihre persönlichen Erfahrungen so: »Er griff jedes Rindvieh an und wurde mehr als einmal schmerzhaft geschlagen. Auch jedem großen Hund sprang er an den Hals. Die einzige Chance, ihn von seinen kriegerischen Absichten abzubringen, bestand darin, daß seine Herrin während des Kampfes plötzlich weglief. Die Furcht verlorenzugehen, ließ ihn seinen Gegner aufgeben und nachfolgen. Nach

Abb. 82 Ölgemälde Euphémie Muraton, ca. 1880 (Sammlung: Dr. Fleig)

vielen Rettungen in allerletzter Minute erreichte ihn sein Schicksal im Fang eines großen, schwarzen Retrievers, den er in seinem eigenen Zwinger angegriffen hatte.«

Ein Ölgemälde der Tiermalerin Euphémie Muraton etwa aus dem Jahre 1880 zeigt uns eine Miniature Bull Terrier Hündin mit ihren Welpen (Abb. 82). Auffällig ist das absolut perfekte natürliche Stehohr und der für diese Zeit erstklassige Kopf, Bombenknochen und eine sehr typische Haltung der kleinen Hündin.

Dennoch, der Zugang zu den Gemächern schöner Frauen blieb diesem Kleinhund weiterhin verschlossen. LORD DECIES, ein großer Förderer der kleinen Rasse, charakterisiert das Auftreten des kleinen Kerls beim Betreten eines Zimmers, er frage: »Ich bin hier, und wo sind die Ratten?« – Ratten, das gab es nun wohl doch eher in den Hinterhöfen und Ställen, nicht aber im Salon reizender Damen, so war es eben doch nichts mit der Karriere als Liebling der Frauen.

Es gab für die Zucht der Minis nahezu unlösbare Probleme. Standard und Richter verlangten, daß der Hundezwerg in allen Einzelheiten das maßstabgerechte Abbild seines großen Bruders sein sollte. Der große Bull Terrier wurde aber auf ein Maximum an Substanz im Verhältnis zu seiner Größe gezüchtet. Wie macht man das bei dem Mini, bei einem Gewichtslimit von 3,6 kg? 3,6 Kilo bringt ein etwa sechs Wochen alter Welpe des Standard Bull Terriers auf die Waage.

Das viel zu niedrige Gewichtslimit führte zur Zucht flachrippiger, leichtknochiger Hunde. Die Züchter setzten Zuchttiere mit deutlichen Merkmalen der Verzwergung ein, was wiederum extreme Apfelköpfigkeit und Glotzaugen in die Zucht brachte. Und dies beim angestrebten Bull Terrier-Kopf und bei dem Streben nach kleinen, dreieckig geschnittenen Augen! So entfernte sich der Zwerg von Jahr zu Jahr immer weiter von der gesunden Anatomie seines großen Bruders.

Wir zeigen einen sehr typischen Mini, die Hündin »Tiny Mite« aus dem Jahre 1904 (Abb. 83). Blättern wir zurück zur Abbildung 77 und betrachten wir »Bloomsburry King«, dann fällt es doch sicher schwer, »Tiny Mite« als maßstabgerechte Verkleinerung zu empfinden. Gewichtslimit und gleichzeitig Zucht auf ein Maximum an Kraft und Substanz, diese Forderungen lassen sich auf keinen gemeinsamen Nenner bringen. So wurde in diesen Jahren der Mini zur Karikatur, nicht zum Ebenbild seines großen Bruders.

Im Jahre 1918 schloß der Kennel Club sein Zuchtbuch für den Miniature Bull Terrier, es lagen keine weiteren Anmeldungen auf Eintragung von Züchtern vor, die Rasse schien ausgestorben.

Als kleiner Arbeits-Terrier lebte sie aber weiter, auch ohne Eintragungen, weil eben der kleine Mann gerade einen solchen kleinen Hund liebte. Papiere waren unwichtig, solange der Hund das Haus frei von gefräßigen Ratten und anderem Raubzeug hielt. Es gibt Berichte, daß in diesen Jahren vereinzelt erfolgreich versucht wurde, den Mini unter der Erde gegen Fuchs und Dachs jagdlich einzusetzen, über

Abb. 83 »Tiny Mite«, Ölgemälde F. C. Fairman, 1904

der Erde war er gut gegen alle Art von Nagern und Raubzeug, – und ein erstklassiger Wachhund noch obendrein!

COLONEL GLYN, der bekannte Bull Terrier-Mann, gründete 1939 »The Miniature Bull Terrier Club« und schaffte es mit seinen Freunden, eine neue Anerkennung des Rassestandards beim Kennel Club durchzusetzen. Festgelegt wurde eine maximale Schulterhöhe von 14 inches, das sind 35,6 cm, dieses Limit gilt noch heute. Unglücklicherweise verfiel man aber wieder dem alten Fehler und legte erneut ein Gewichtslimit fest, jetzt von 20 Pfund, das sind etwa 9 Kilo.

Wie man die Rasse optimal den Großen angleichen könnte, dies hatte bereits 1930 der Bull Terrier-Kenner HOGARTH aufgezeigt. Er riet zur systematischen Nutzung der klein gebliebenen Hunde

Abb. 84 »Ch. Beewau Enterprise«, Miniature Bull Terrier 1982

aus der Standardzucht der Großen. Zu Recht verwies HOGARTH auf das Beispiel der deutschen Schnauzerzucht, in der auch ein Mittelschlag und Zwerge nebeneinander gezüchtet werden, ohne daß deshalb zwangsläufig bei den Zwergen Apfelköpfigkeit, Glotzaugen, schlechte Front und zarte Knochen aufgetreten sind.

Zögernd gestattete der Kennel Club eine Kreuzungszucht aus den im Lande verbliebenen Zwergen und den Kleinen unter den Großen. Natürlich brachten die »Interbreds« neue Probleme, es war nämlich sehr schwer vorherzusagen, ob in den Würfen nun wirklich Zwerge lagen oder die Welpen sich etwa zu normaler Größe des Standard Bull Terriers entwickelten. Mehrmals gab der Kennel Club auf einige Jahre befristet die Erlaubnis für diese Kreuzungen. Dabei wurde zweifellos der Typ des Minis stark dem Qualitätsstandard der Großen angenähert. War aber dann die Zeit abgelaufen, weitere Kreuzungen nicht mehr statthaft, kam es zu einem schnellen Abfall der Qualität.

Ich erinnere mich sehr gut eines Gesprächs mit RAYMOND OPPENHEIMER über die Schwierigkeiten der Zucht eines typischen Minis. Wir kamen recht schnell zu der gemeinsamen Auffassung, daß es wahrscheinlich gar nicht so übertrieben intelligent ist, die zwei Rassen völlig im Zuchtbuch zu trennen. Warum sollten die zu groß gewordenen Kleinen nicht dann beim Standardbullterrier ihre Heimat finden, der zu kleine Große den Minis von enormer

Hilfe sein? Wenn schon der Typ völlig einheitlich angestrebt werden soll, wozu dann all der Umstand mit dem Trennen der Zuchten? – War es denn eigentlich nicht auch im letzten Jahrhundert so, daß Groß und Klein eigentlich nur im Ausstellungsring durch verschiedene Gewichtsklassen getrennt waren, nicht aber in der Zucht? – Ich bin davon überzeugt, daß eine solche Regelung die Zuchtprobleme des Minis lösen könnte, ohne die allgemeine Bull Terrier-Zucht auch nur im geringsten zu beeinflussen.

Abb. 85 »Ch. Zedbees Zilary«, Spitzenhündin 1982 (Foto: PROKOT)

Im Jahre 1970 wurde die Einkreuzung durch den Kennel Club für einen Zeitraum von 8 Jahren zugelassen. Die aber noch viel wichtigere Entscheidung war die ersatzlose Streichung jeglichen Gewichtslimits aus dem Standard für die Rasse. Damit erhielt der Mini eine neue große Chance, die allerdings von den Züchtern viel zu zögernd genutzt wurde.

Wir zeigen das beeindruckende Ergebnis dieser Zuchtperiode in »Ch. Beewau Enterprise« (Abb. 84), einem Mini, der dem Qualitätsstandard des Standard-Bull Terriers doch schon ziemlich nahe kommt. Er ist wirklich eine beeindruckende Verkleinerung des Bull Terriers. Kopf und Knochen waren ohne die Aufhebung des Gewichtslimits und ohne starken Einfluß aus der Zucht der Großen undenkbar, ebensowenig Substanz und Rippenwölbung. Aus den alten Rattenkillern ist ein guter, kleiner Bull Terrier geworden.

Hervorzuheben ist das erstklassige Wesen des Minis, der hierin seinem großen Bruder in nichts nachsteht. Für die Großstadthaltung ist er dank seiner Kleinheit vorzüglich geeignet, allerdings hat er deutlich stärkeren Terriereinschlag, ist dadurch gehorsamer, muß aber oft darauf erzogen werden, weniger zu kläffen.

Leider muß ich ein wenig Wasser in den jungen Wein schütten. Der Bewegungsablauf, meist auch die Geschlossenheit im Schulterbereich lassen viel zu wünschen übrig. Häufig steht dieser Zwerg hinten auch ziemlich faßbeinig. Insgesamt ist die Qualität des großen Bruders in seiner Anatomie bis jetzt nicht erreicht. Hier ist viel Arbeit zu leisten.

Aber sehen Sie selbst, welch ein aparter Hundezwerg doch ein Miniature Bull Terrier sein kann.

Unsere Abbildung Nr. 85 demonstriert eindeutig Kleinheit und gute Qualität der Rasse. Diese Rasse hat eine echte Chance auf steigende Popularität, wenn es gelingt, die bisher bei nur einigen Spitzenhunden erreichte Qualität in der gesamten Rasse zu verankern. Den Züchtern in unserem Lande wünsche ich bald noch viele Bundesgenossen und eine Intensivierung der Zusammenarbeit, zum Nutzen für die Rasse.

9. Staffordshire Bull Terrier

So um das Jahr 1860 herum haben wir den farbigen Bull and Terrier verlassen und sind James Hinks und dem Siegeszug seines milchweißen Bull Terriers durch die ganze Welt gefolgt. Die Farbe übrigens, die man dann in den 20er Jahren beim Bull Terrier brauchte, sie wurde von den Staffords geholt.

Wer sind diese Staffords? Nun, sie blieben 1860 in ihrer unveränderten Umgebung, als Hund der englischen Arbeiterklasse. Eine rauhe Umwelt, in der oft die Beschäftigung mit dem Hund der einzige Lichtblick war in einer vom Existenzkampf beherrschten Umgebung. Reichtümer hatten sie alle nicht erworben, die Arbeiter in den Kohlenminen, in den Stahlwerken oder in den Tonfabriken im »Black Country«. In der Umgebung von Stafford mit seinen berühmten Porzellanmanufakturen, hier fanden die alten Bull and Terrier besonders intensive Pflege. Hier kämpften sie auch weiter in der »Pit« für ihren Herrn. Die illegale »Dog-Pit« war unverändert der Prüfstein für die Zucht.

Es gibt kaum Darstellungen dieser Hunde aus dem 19. Jahrhundert, hatten doch ihre Besitzer schwerlich Geld, um die Staffords portraitieren zu lassen. Eines der ganz wenigen, ja wahrscheinlich das einzige klar datierte und signierte Gemälde der frühen Staffords stammt von dem Maler E. Loder aus dem Jahre 1883 (Abb. 86). Loder zeigt einen recht einheitlichen Typ bei zumindest vier der gemalten fünf Hunde. Vergleichen wir diese Tiere mit den Bulldoggen des Duke of Hamilton, so drängt sich der Gedanke auf, der Staffordshire Bull Terrier wäre eigentlich der echte Nachfolger der alten Bulldoggen. Zweifellos pulst im Stafford ein wesentlich höherer Anteil des Blutes der alten Bulldoggen als im Bull Terrier, bei dem der Terriereinschlag überwiegt.

Abb. 86 Staffordshire Bull Terrier, Ölgemälde E. Loder, 1883 (Sammlung: Dr. Fleig)

Noch ein anderes hochinteressantes frühes Dokument, eine Kopfstudie des Staffords etwa aus der selben Zeit (Abb. 87). Der flüchtige Betrachter könnte vermuten, dies sei eine Ausschnittvergrößerung aus dem Gemälde von F. Loder. Nein, es ist ein Kopfportrait, das von einem unbekannten Maler auf Glas gemalt wurde. Bei der Restaurierung des Bildes ergab sich, daß unter diesem Ölbild noch ein älteres Bild eines Jagdhundes übermalt liegt. Dem Künstler hatte offenbar das Geld für ein neues Stück Glas gefehlt, darum wurde das alte Bild übermalt. Diese zwei Gemälde sind untereinander eine so ideale Ergänzung, daß sie gerade in ihrem Zusammenwirken wertvolle Dokumente über die Rassegeschichte des Staffords geworden sind. – Noch eine Anmerkung: Den Kenner fasziniert bei diesen frühen Bildern der ausgeprägte Stopp und die Idealproportionen Fanglänge zu Oberkopf.

Natürlich verfolgte man im »Black Country« aufmerksam den steilen Aufstieg des weißen Bull Terriers zum geschätzten und viel bewunderten Ausstellungshund. Um so erbitterter betonte man, daß garantiert nur der alte Hundeschlag etwas tauge, die Weißen seien in all ihrer Schönheit für den echten Kampf völlig unbrauchbar geworden, – degenerierte Schönheitszucht! – Die begehrten Trauben hingen eben viel zu hoch! Auch hier kann man ganz interessante Parallelen zur Gegenwart ziehen, nicht über Hunde, sondern über ihre Zweibeiner!

Dennoch mehrten sich von Jahr zu Jahr die Stimmen, die für eine offizielle Anerkennung der Staffords als eigene Hunderasse eintraten. So machte sich JOE DUNN daran, mit den maßgebenden Züchtern im Lande Meinungen auszutauschen, wie der ideale Stafford wohl aussehen solle. Er bemühte sich sehr darum, bei seinen Befragungen niemanden zu übergehen, die Erfahrungen der Alten zu nutzen. Am 26. 4. 1935 veröffentlichte JOE DUNN in der »Dog World« den Entwurf von Rassekennzeichen für den Stafford. Dieser Entwurf wurde auf der Gründungsversammlung von »The Staffordshire Bull Terrier Club« am 25. 5. 1935 einstimmig verabschiedet und fand dann auch die Anerkennung durch den Kennel Club. Eine alte neue Rasse war 1935 wiedergeboren.

Natürlich gab es auch Kritiker. So berichtete JOHN F. GORDON, einer der energischen Förderer der Rasse, von einer der ersten Ausstellungen nach der Anerkennung durch den Kennel Club. Ein fanatischer Oldtimer legte beschwörend die Hand aufs Herz und warnte alle Umstehenden: »Wenn ein Stafford es hier nicht hat, dann ist er kein Stafford. Achtet auf meine Warnung, Freunde! – Das ist es, was sie vorhaben, . . . sie wollen einen Stafford, der kein echtes Herz mehr hat!«

Abb. 87 Kopfstudie Stafford, ca. 1890 (Sammlung: Dr. Fleig)

Trotz dieser Warnungen machte die neue Rasse ihren Weg. Oldtimer aus dem »Black Country«, in deren Familien der Stafford schon seit Generationen eine Heimat hatte, sie sorgten dafür, daß trotz der Ausstellungen weiter größter Wert auf die Wahrung des Wesens der Staffords gelegt wurde. Joe Mallen, Jack W. Barnard, H. N. Beilby, ihnen vertrauten die alten Züchter und sie erwiesen sich als echte Pioniere für die Rasse.

Bereits 1938 wurden über 300 Welpeneintragungen vorgenommen, nach einer kriegsbedingten Einschränkung schnellte diese Zahl 1949 auf über 2300 Welpen hoch, fiel wieder auf 1200 herab, erreichte dann aber ab 1971 Jahreszahlen von über 2000. Der Stafford hatte den Bull Terrier in der Popularität eindeutig überrundet, 1975 stand die Rasse auf Platz drei in der Rangliste aller Terrierrassen, nur übertroffen von West Higland und Cairn Terrier. Hätten Sie das gewußt? – Und diese Erfolge schon 40 Jahre nach der Anerkennung!

Ein wichtiger Punkt des Rassestandards war und ist umstritten, das ist die richtige Größe des Staffords. Zunächst hatte man 1935 die Größe auf 15–18 inches festgelegt (39,1–45,7 cm), das waren fast Bull Terrier-Größen. Dann kam man zu der Auffassung, der Hund sei damit doch wohl zu groß und schwer, er müsse beweglicher und anatomisch gesünder werden. 1948 senkte man im Standard das Größenlimit auf 14–16 inches (35,5 bis 40,6 cm). Nur sehr zögernd folgten die Züchter dieser Änderung, die von vielen auch heute noch als falsch angesehen wird.

Meine persönliche Erfahrung ist, daß auch in den 80er Jahren in England diese Obergrenze nicht übertrieben ernst genommen wird, kleinere Abweichungen nach oben wohlwollend toleriert werden. Zur Gesamtanatomie der Rasse möchte ich anmerken, daß dieser tiefgestellte Hund in der Bewegung zumeist kein sehr ansprechendes Bild bietet. Sicher hat man auch hier zu lange »Köpfe gezüchtet«, diesen Punkt überbewertet. – Ein gutes Kopfportrait zeigt Abbildung 87. – Die Stellung der Hinterhand ist oft

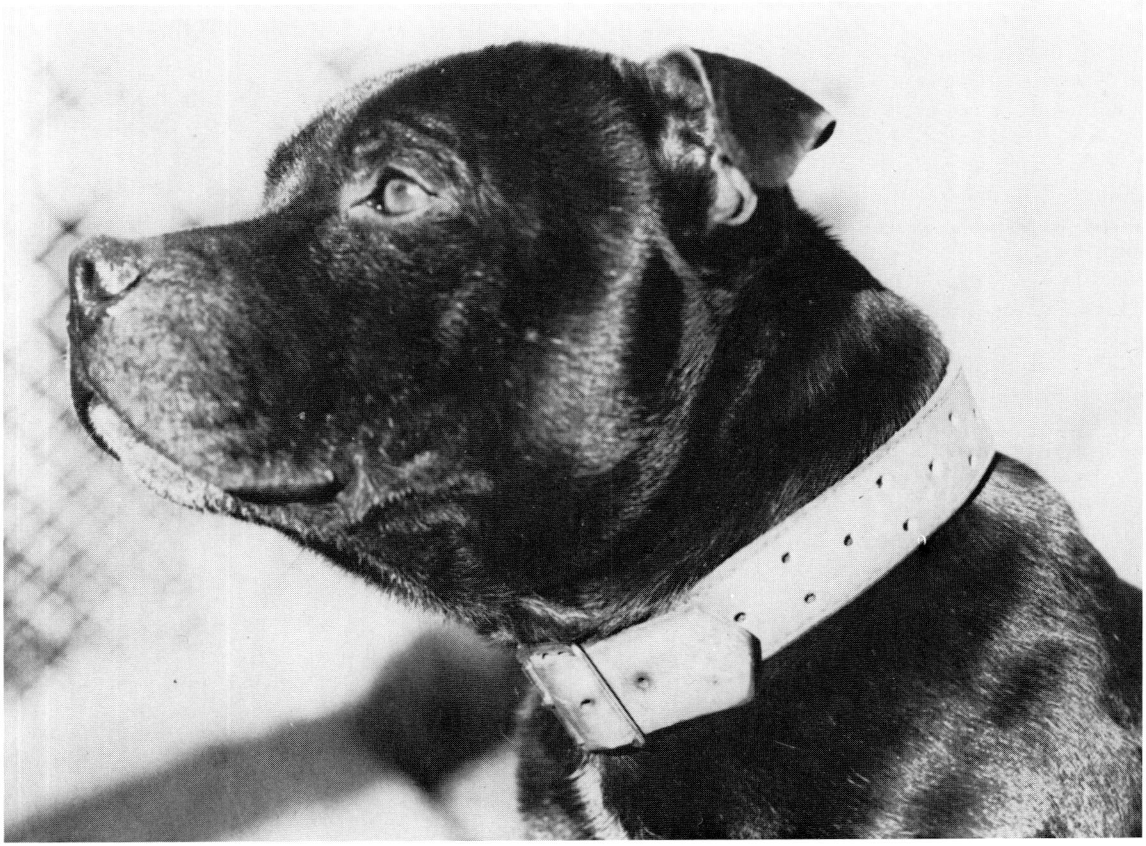

Abb. 88 Kopfportrait »Wardrum Geronimo«, 1981

faßbeinig, auch korrekter Schulterschluß fehlt zu häufig. Es ist noch einiges zu tun, um einen raumgreifenden, nicht trippelnden Bewegungsablauf zu erreichen. Abbildung 88 vermittelt einen guten Eindruck von der Kraft und Stärke eines Spitzenrüden. Auf Abbildung 89 sehen Sie eine substanzvolle Hündin der richtigen Größe von sehr ansprechendem kräftigem Körperbau. Bei beiden Hunden mag ich den besonders rassetypischen, aufmerksamen Gesichtsausdruck.

Die Beurteilung der Rasse kann und darf nicht allein an ihrer kraftstrotzenden äußeren Gestalt erfolgen, viel wichtiger ist ihr einmalig gutes Wesen. Auch der Stafford ist bestens geeignet, voll in die Familie integriert zu werden. Die außerordentlich hohe Popularität in England ist darauf zurückzuführen, daß er praktisch ein problemloser, nervenfester Hund von bezauberndem offenen Wesen ist.

Nur eine einzige Einschränkung muß ich machen. Auch er bedarf konsequenter Erziehung und spricht dabei durch gute Lernfähigkeit an. Aber, – dieser Hund hat lange, wahrscheinlich zu lange in der »Pit« gegen seinesgleichen gekämpft. Und dies ist noch nicht lange her.

Der Staffordexperte W. M. MORLEY kennt die Rasse aus mehr als 30jähriger Erfahrung. Er warnt: »Ganz im Gegensatz zu seinem Umgang mit Menschen verwandelt sich der Stafford bei der Begegnung mit anderen Hunden – gleich welcher Größe oder äußeren Gestalt – häufig vom Gentleman mit vorzüglichen Manieren zur Kampfhundemaschine, er ist dann tatsächlich zu allem fähig. Der Stafford ist jedoch nicht etwa aus seiner Veranlagung heraus bösartig, man kann ihn in der Regel nur als streitsüchtig bezeichnen, wenn sich ihm eben Gelegenheit zum Kampf bietet. In gewisser Weise ist er uns hier ein Rätsel.«

So übertrieben rätselhaft finde ich das Verhalten dieses Hundes gar nicht, wenn man seine züchterische Vergangenheit bedenkt. Ich möchte dringend anraten, die Sozialisierungsphase des Hundes zu nutzen, ihn unbedingt auf Verträglichkeit mit allen Tieren – insbesondere mit Hunden – zu erziehen. Auch und gerade in seiner Jugend sollten keinerlei Aggressionen geduldet werden. Wenn Sie diese Ratschläge genau beachten, in der Erziehung des Staffords Meuteführer geworden sind, dann haben Sie wirklich einen der besten und liebenswertesten Hunde in Ihrem Haus.

Abb. 89 Ch. Hurricane of Judael, 1980

Abb. 90 Hurricane Freya, 1980

10. American Staffordshire Terrier

Unter diesem Namen ist die Rasse seit dem 1. Januar 1972 international anerkannt. Mit ihrem Namen hatten es die Hunde gar nicht leicht. Früher wurden sie auch als American Bull Terrier, Pit Bull Terrier, Yankee Terrier oder als Stafford Terrier bezeichnet. Immer wieder kam es dabei zu Verwechslungen, die durch den heutigen Namen als ausgeschlossen angesehen werden.

Stammvater der amerikanischen Staffords ist der uns bekannte Bull and Terrier. Dieser kam schon mit den britischen Einwanderern etwa 1860 ins Land. Mit der Auswanderung aus England verließ man auch den Bereich des strikten Verbotes der Hundekämpfe. Sicherlich ist es kein Wunder, daß in der neuen Heimat USA rasch das alte Laster wieder ausbrach. Besonders im Nordosten der USA wurde der Hundekampf so ab 1880 professionell betrieben. Leider ist diese Perversion der Hundehaltung auch 100 Jahre später noch in voller Blüte. Darüber haben wir schon ausführlich berichtet (KH I, S. 86 ff., insbesondere Abb. S. 69–72).

Bereits 1898 wurde von C. Bennet der »United Kennel Club« in Kalamazzo/Michigan gegründet. Entgegen seinem universell klingenden Namen hat der Club nur eine einzige Aufgabe, – Pflege und Förderung des »Pit Bull Terriers«, wie sie in jenen Jahren allgemein bezeichnet wurden. Hierzu wurde einmal ein eigenes Zuchtregister eingerichtet, viel wichtiger war aber der Erlaß von verbindlichen Wettkampfregeln für Hundekämpfe, an die alle UKC-Mitglieder gebunden wurden. Schon damals gab es eigene Zeitschriften, vergleichbar den Turfblättern beim Pferdesport. In den Magazinen wurde nahezu ausschließlich über Kämpfe berichtet, diese Reportagen waren dann wieder Grundlage für den jeweiligen Wetteinsatz. Eines dieser Blätter war »The Dog Fancier«, ein anderes »Blood Lines«, aus denen im übertragenen Sinne sich ein Strom Blut ergoß. Aber auch heute noch erscheinen in den USA, ja selbst in europäischen Ländern Publikationen, in denen ganz offen über Kämpfe berichtet, für die Zucht hundemordender Kampfhunde geworben wird. Eines dieser amerikanischen Blätter ist das »Sporting Dog Journal«. In einer mir aus dem Jahre 1977 zufällig vorliegenden Ausgabe wird ungeniert für Welpen aus kampferprobten Elterntieren geworben, über zahlreiche Kämpfe ausführlich berichtet, wobei niemand an der Nennung von Namen der Kampfteilnehmer und der Schiedsrichter Anstoß zu nehmen scheint. Die 1000 $ – Breed nährt noch immer ihren Mann, vielleicht sind inflationsbedingt die 1000 $ auf 10 000 $ angewachsen, die einzige Änderung.

Besondere Popularität gewann der »Pit Bull Terrier« durch so prominente Anhänger wie Theodore Roosevelt und John L. Sullivan. Während des ersten Weltkrieges symbolisierte der »Pit Bull Terrier« auf großen Postern die Tapferkeit das amerikanischen Volkes. Tapfere Allianz dokumentieren für die verbündeten Länder der »Pit Bull Terrier« gemeinsam mit dem Englischen Bulldog.

Glücklicherweise waren nicht alle amerikanischen Züchter dem Rausch des Hundekampfes verfallen. Bereits in den 20er Jahren gab es erste Ansätze, den Hund weiter zu entwickeln, aus der Kampfmaschine sollte ein zivilisierter Ausstellungshund werden. Zeitliche und geistige Parallelen zur Entwicklung in England sind nicht zu übersehen. Interessanterweise beginnt die 1921 gefundene Standardformulierung für den »Pit Bull Terrier« mit folgender Einleitung: »In erster Linie sollte man sich nicht von Äußerlichkeiten leiten lassen, die einem der erste Eindruck vermittelt. Dennoch sollte für jede Hunderasse ein Standard über die angestrebte äußere Form aufgestellt werden.« Der Bull Terrier-Kennner L. CABOT BRIGGS ergänzte diese Aussage noch 1940 mit der Feststellung, die äußerliche Gestalt des »Pit Bull Terrier« sei außerordentlich variabel, man könne getrost sagen, das Aussehen des Hundes spiele nicht die geringste Rolle. So dürfte der 1921 aufgestellte Standard in den ersten zwanzig Jahren nicht viel zur Vereinheitlichung des Rassebildes beigetragen haben.

So etwa um 1930 herum bemühten sich amerikanische Züchter um eine Anerkennung der Rasse durch den American Kennel Club (AKC). Dies ist die einzige kynologische Organisation in den USA, die als Dachverband aller Hunderassen in der internationalen Hundezucht anerkannt ist. An der Spitze der Stafford-Züchter stand Wilfred T. Brandon. Am 10. 6. 1936 wurde der Rassestandard der amerikanischen Staffords vom AKC offiziell anerkannt, damit standen der Rasse das Zuchtbuch und alle nationalen und internationalen Hundeausstellungen offen.

Als Unterschied zum Staffordshire Bull Terrier in England ist anzumerken, daß die amerikanische Verwandtschaft etwa 8 cm mehr Schulterhöhe und etwa 5 Kilo mehr Gewicht erreicht. Die amerikanische Bull Terrier-Zucht hatte schon immer großrahmigere, langbeinigere Bull Terrier bevorzugt. Diese großen Bull Terrier sind in erheblichem Umfange auch in die »Pit-Bulls« eingekreuzt worden und haben damit den amerikanischen Hunden ein Mehr an Substanz und Gewicht gebracht.

Der von Wilfred T. Brandon 10 Jahre lang als Präsident geführte »The Staffordshire Terrier Club of America« bot seinen Mitgliedern zwar den beachtlichen Vorteil, daß durch ihn die für die Zucht hochinteressanten amerikanischen Ausstellungen dem Stafford geöffnet wurden, die »Pit-Bulls« waren keine Rassehunde und damit nicht zugelassen. Dennoch zögerten sehr viele Fanatiker, sich dem Club anzuschließen, denn der neue Club verfolgte eine glasklare Politik gegen alle Arten von Hundekämpfen. Mitgliedschaft und Teilnahme oder auch nur Förderung der Hundekämpfe schlossen sich gegenseitig bedingungslos aus. Da aber im Hundekampf – immer noch – das große Geld lockte, auf der Ausstellung nur züchterisches Prestige, spalteten sich die Anhänger des amerikanischen Staffords in zwei Lager. Ich fürchte, Mr. Brandon folgte auf seinem Weg zur Legalität nur einer Minderheit.

Der Staffordshire Terrier Club of America versuchte seinen Mitgliedern in den »Obedience-Trials« – das sind Gebrauchshundewettbewerbe – eine neue und interessante Aufgabe für ihre Hunde nahe zu bringen. Dabei zeigte sich schnell, daß die neue Rasse durch Intelligenz, Führigkeit und Anatomie sehr viel für diese Arbeit mitbrachte. Ab 1940 errang der Stafford bei den »Obedience Trials« sehr gute Erfolge mit Spitzenplazierungen. Bereits 1941 wurde ein Stafford zum »Hund des Jahres« gewählt. – Dennoch, die andere Seite hatte für viele Rassefanatiker mehr zu bieten, nicht nur Ruhm, Ehre und Arbeit, sondern – sehr viel Geld.

In den 50er Jahren dieses Jahrhunderts wurde ein Brückenschlag versucht zu den im UKC verbliebenen »Pit-Züchtern«. Für einige Jahre gestattete der AKC die anerkannte Registrierung von Hunden aus dem UKC-Lager. Dadurch wurde die Zuchtbasis des AKC wesentlich verbreitert, aber – gleichzeitig kamen wieder Hunde völlig neu in die Zucht, die gerade noch in der »Pit« auf ihre »gameness frisch getestet« waren. – Nach Abschluß dieser Zwischenregelung war aber die Trennung wieder komplett, die zwei Lager bekämpfen sich gegenseitig, wo immer sie können.

Abb. 91 »Ch. Mari-Don Genie Midnight«, American Staffordshire Terrier, Jahrgang 1970

Es gibt eine interessante Zusammenstellung des Zuchtmaterials des American Staffordshire Terriers von RICHARD PASCOE aus dem Jahre 1977. Auf etwa 150 Seiten wird die Rasse dokumentiert. Gäbe es nicht das abgeschlossene Buch als eine Art kleiner Rassenmonographie, sicherlich käme der neutrale Betrachter des Bildmaterials nicht auf Anhieb auf die Idee, es werde hier nur eine einzige Hunderasse vorgestellt. Wir finden hochbeinige und tiefgestellte, breite und schmale, plumpe und elegante Typen. Wer etwas über Hunderassen weiß, er entdeckt hier Typen vom Boxer, Bulldog, Bull Terrier, Dogo

Abb. 92 Kopfstudie »Ch. Patton's Buster Blitz«, Jahrgang 1974

Argentino, Dobermann oder selbst Greyhound darunter. Eine Sammlung der bei weitem noch nicht im Rassetyp verschmolzenen Vorfahren! Wir müssen daraus schließen, daß auch im Jahre 1977 kein einheitlicher Rassetyp entsprechend dem Rassestandard erreicht war.

Zur Illustration bringen wir zwei Fotos, die ich als besonders typisch ausgewählt habe. Wenn ich die Literatur richtig verstanden habe, dann zeigen die hier ausgewählten Fotos (Abb. 91 und Abb. 92) den in USA angestrebten endgültigen Rassetyp.

Einige Erläuterungen zum Standard. Äußerlich fordert er den »gut zusammengesetzten«, also anatomisch korrekt gebauten Hund, untersetzt und substanzvoll. Im Verhältnis zur Größe des Hundes muß stets der Eindruck besonderer Kraft und Stärke entstehen. Nach dem Standard braucht der Hund nicht kupiert zu werden, für mich unverständlich, weshalb dennoch die Züchter ihre Welpen kupieren lassen. Glauben sie wirklich, daß Schnitt und Eleganz des Hundeskopfes das kupierte Ohr erforderlich machen?

Um den Lesern eine eigene Beantwortung der Frage zu ermöglichen, zwei weitere Fotos. Abb. 93 zeigt einen vielfachen Siegerrüden, Original-Import aus den USA, den Ch. Knight Watch Tuckerman direkt nach einem seiner vielen Siege. Abb. 94

Abb. 93 »Ch. Knight Watch Tuckerman«, USA-Import aus den 70er Jahren

Abb. 94 »Colorado v. Simba Camp«, deutsche Zucht 1980

bringt einen sehr ansprechenden Jungrüden aus deutscher Zucht »Colorado vom Simba Camp«. Ich meine, daß Tuckerman in Ausdruck und Adel dem kupierten Rüden in keiner Weise nachsteht! – Der Standard überläßt es den Züchtern, bei Verzicht auf das Kupieren auf Stehohr, Kippohr oder halbes Rosenohr zu züchten. Warum sehen die Züchter nicht das großartige Ergebnis der Bull Terrier-Züchter nach der Jahrhundertwende, wo es gelang, in etwa 20 Jahren das kupierte Ohr durch ein natürliches Stehohr zu ersetzen? In der Rasse hier steckt doch das Erbgut für Stehohren!

Bei einer Schulterhöhe von durchschnittlich etwa 46 cm haben wir mit dem American Staffordshire Terrier einen mittelgroßen, substanzvollen Hund, der geeignet erscheint, als Gebrauchshund analog den amerikanischen Vorbildern auch bei uns erfolgreich geführt zu werden. Seine Chancen als Familienhund sind sicherlich etwa gleich gut wie die des Bull Terriers. Auch er fordert konsequente Erziehung. Dabei darf nicht übersehen werden, daß seine Vorfahren vor nicht allzu langer Zeit rein für den Hundekampf gezüchtet wurden. Sein Sozialverhalten gegenüber seinen Artgenossen ist stark unterentwickelt und muß erzieherisch mit besonderer Sorgfalt gefördert werden. Seit einigen Jahren hat diese schöne Hunderasse auch in Deutschland Liebhaber und eigene Zuchtstätten gefunden.

Eine große Gefahr sehe ich darin, daß dieser Hund immer wieder die falschen Interessenten anlockt. Es sind jene, deren Wertvorstellung zum Hund sich in der stumpfsinnigen Frage manifestiert: »Beißt er?«. Die Idee, die 1000-$-Breed wieder ihrem ursprünglichen Verwendungszweck zuzuführen, den Hund als Beißmaschine und Wettobjekt zu mißbrauchen, sie muß im Interesse des Schutzes der Tiere und Würde des Menschen mit allen Mitteln bekämpft werden. Die Züchter des American Staffordshire Terrier haben mit der Plazierung ihrer Welpen eine große Verantwortung, sollten auch klare Vereinbarungen mit den Abnehmern treffen, um diese Tiere »aus dem Milieu zu halten«.

Anatomisch gesehen ist die Rasse bis jetzt recht uneinheitlich, einzelne Schläge stehen noch ohne harmonische Verbindung nebeneinander. Die Rasse ist züchterisch gesehen sehr jung. Hier hilft nur die strikte Beachtung des Standards, Aufbau von Züchtergemeinschaften, sorgfältige Planung eventueller Importe aus den USA. In der Geschichte der Rasse gab es nur eine Übertreibung, die völlige Sorglosigkeit und Laschheit gegenüber den eigenen Standardvorschriften, die bedingungslose Anbetung des »Eisenfressers«. Anatomische Schäden durch züchterische Übertreibungen sind kaum aufgetreten. Das Bemühen um die Weiterentwicklung dieser schönen jungen Hunderasse verdient aktive Unterstützung.

Eine letzte Anmerkung. Unter dem reißerischen Angebot »Original Pit Bull-Terrier« wird systematisch Dummenfang betrieben. Soweit auf diese Offerte jene zuschlagen, denen ein vernünftiger Hundezüchter ohnedies keinen Hund verkaufen würde, sind diese Angebote vielleicht sogar ein echter Schutz für unsere Hunde (solange diese »Pit-Bulls« ihnen nicht auf der Straße begegnen, ohne Erziehung und noch systematisch scharf gemacht!). Diese

»Pit Bull Terrier« haben keine anerkannten Ahnentafeln, sind von allen Hundeausstellungen zu Recht ausgeschlossen. Mein Rat: Hände weg vom »Pit Bull Terrier«, er ist zumeist Handelsobjekt skrupelloser gewerblicher Hundehändler.

11. Deutsche Dogge

Wir haben bereits die Deutsche Dogge ausführlich in Teil 1 in ihrer Entwicklung über die alten Hatzrüden und die Dänische Dogge dargestellt, die ersten Zuchtbemühungen in unserem Lande aufgezeigt. Wie intensiv gerade das Land Württemberg mit der alten »Ulmer Dogge« an der Entstehung einer systematischen Doggenzucht beteiligt ist, das dokumentiert der Ausstellungskatalog der »Ersten Internationalen Ausstellung von Luxushunden«, die vom 25. bis 28. September 1887 stattfand. Unter dem Protektorat »Seiner Majestät des Königs Carl von Württemberg« fanden sich auf dieser Ausstellung insgesamt 663 Rassehunde ein, unter ihnen die geradezu unglaublich klingende Anzahl von 237 (!) Deutschen Doggen der verschiedenen Farbvarietäten. Jeder dritte Rassehund war auf dieser frühen Hundeausstellung eine Deutsche Dogge!

Ohne Zweifel war die Dogge in diesen Jahren außerordentlich beliebt. Der große Wach- und Hofhund war in Württemberg eben die »Ulmer Dogge«, nicht etwa der Schäferhund. Über das Land verteilt gab es kleine Züchter, in der Regel mit einer Hündin, die eben im ganzen Land den passenden Wächter lieferten. Aber auch prominente Kynologen gab es unter ihnen, so der uns bereits von dem Französischen Bulldog bekannte Max Hartenstein aus Plauen, der in der Doggenzucht mit seiner berühmten »Faust-Linie« Pionierdienste leistete, und Chr. Essig aus Leonberg, der spätere Vater der Leonberger Hunderasse. Selbst Züchter aus Berlin waren angereist. Am Rande des Ausstellungsgeschehens gab es eine Fülle von Gesprächen über die Zukunft der Rasse. Hieraus kam es dann zur Gründungsversammlung des ältesten deutschen Zuchtvereins, »Verein für Liebhaber Deutscher Doggen« am 12. Januar 1888. Kurze Zeit später wurde dieser Name umgewandelt in »Deutscher Doggen Club«. Es war ein sehr angesehener Club, der es verstand, das gesamte kynologische Geschehen in Deutschland maßgeblich mit zu tragen, – bis zur Organisation eigener Hundeausstellungen für alle Rassen. Seine Mitglieder waren bemittelt, der Club gehörte zu den wohlhabendsten aller Hundeclubs, kamen ihm doch stets reiche Spenden zu.

Welch hohes Ansehen die Deutsche Dogge um die Jahrhundertwende genoß, möchte ich durch drei Zitate dokumentieren. 1891 schreibt Arthur SEYFARTH: »Die Liebhaberei und Verehrung für diese hochedle, vornehme Hunderasse hat die weitesten und vornehmsten Kreise erfaßt und erstreckt sich nicht nur auf Deutschland, sondern auch auf alle übrigen hundeliebenden Nationen des ganzen Erdballs. Die Deutsche Dogge ist gegenwärtig der vielbegehrteste Mode-Hund aller Nationen geworden, der Hund der Zukunft der CANIS GRATISSIMA in Sportkreisen, der erklärte Liebling der Damen-Salons, der Stolz der deutschen Kynologen, der deutsche Nationalhund.« Unser vorderer Innentitel dieses Buches zeigt Arthur Seyfarth's »Deutsche Colossal-Dogge Lord«, ein prächtiges Bild seiner Zeit, ein Dokument, welche Qualität die Züchter bereits 1890 erreicht hatten. Dies war natürlich nur möglich auf einer bereits über Jahrzehnte betriebenen Reinzucht, der allerdings die exakte Zuchtbuchführung fehlte.

LUDWIG BECKMANN schreibt 1894 in seiner »Geschichte und Beschreibung der Rassen des Hundes«: »Die Deutsche Dogge in ihrer jetzigen Form ist vielleicht die vollendetste und schönste Hunderasse, welche bis jetzt existiert.« Die vorzügliche Anatomie führt BECKMANN zu Recht auf die jagdlichen Aufgaben der alten Hatzrüden zurück. Dies sei der Hintergrund für die imponierende Größe, Kraft und Gewandheit der Dogge.

Einige Jahre später greift RICHARD STREBEL den Grundgedanken Beckmann's nahezu wörtlich wieder auf: »Ein Hund, der wohl ohne Übertreibung als das Vollendetste an Größe, Ebenmaß, Kraft und eleganter Bewegung angesehen werden kann, was je an Hunden geschaffen wurde.«

Fürst Bismarck, der eiserne Reichskanzler, war sein Leben lang von Deutschen Doggen begleitet. Sein »Reichshund Tyras« machte weltweite Schlagzeilen, als er bei einer lebhaften Diskussion die Handbewegungen des russischen Premierministers Prinz Gotschakoff falsch verstand. »Tyras« sah in diesen Gesten einen Angriff gegen seinen Herrn, sprang den hohen Gast an und riß ihn zu Boden. Glücklicherweise wurde der russische Prinz nicht ernsthaft verletzt, die Entschuldigungen wurden angenommen, der Frieden in Europa blieb erhalten. Wen wundert es aber, daß die nationalen Empfindungen sich voll mit »Reichshund Tyras« identifizierten? Die Rasse gewann viele neue Anhänger und Bewunderer.

Mit getragen von dieser nationalen Bewegung trat nun die Reichshauptstadt Berlin als Pflegestätte der Doggenzucht neben Württemberg. Etwa um das Jahr 1890 hatten die Berliner Züchter mit ihren Doggen die Schwaben von Rang eins der deutschen Doggenzucht verdrängt. Entsprechend der Begeisterung für die Rassen kam es in vielen Städten und Landen zur Gründung eigener Zuchtvereine, die sich als recht eigenständig erwiesen. Es war ein langer und dorniger Weg, der sich über viele Jahrzehnte erstreckte, diese Vereine zu einem Verband umzuwandeln. Aber die rivalisierenden Clubs bewirkten auch eine sehr aktive Arbeit für die Rasse. Interessante Meldezahlen werden berichtet, so bereits im Juni 1885 60 Doggen in London. Damals zeichnete sich gerade in England eine sehr große Begeisterung für diese eleganten großen Hunde ab, – immer noch »Great Danes« genannt, obwohl man durchaus die internationale Führung Deutschlands anerkannte. – Leider wurde auch die Dogge vom Kupierverbot in ihrem Siegeszug durch England vorübergehend stark gebremst.

Meldezahlen in Deutschland? Frankfurt 1888 mit 110 Doggen, Köln 1889 mit 116 Doggen. Bis zum Ausbruch des ersten Weltkrieges schien die Zukunft der Doggen völlig ungetrübt. – Und dann kam der Hunger, – und auch hier ein ernsthafter Rückschlag.

Das sehr sorgfältig geführte Deutsche Doggenzuchtbuch spiegelt die Zucht. Allerdings wird wieder und wieder beklagt, daß eine große Anzahl von Züchtern sich nicht der Mühe der Anmeldung der Hunde unterzogen. Das Eintragungsalter begann übrigens erst ab sechs Monaten, damit geben die Zahlen nur Trends, kein klares Bild über die in den Jahren tatsächlich insgesamt gezüchteten Tiere. Deshalb verzichte ich auf eine nähere Besprechung der Zahlen. Nur soviel: Bis 1926 waren in insgesamt 30 Jahren 11 000 Deutsche Doggen im Zuchtbuch erfaßt. Nach dem Rückschlag im Krieg stiegen die Eintragungen in den Inflationsjahren extrem an, so etwa 1925 auf 2150 Eintragungen. Zum Vergleich: 70er Jahre dieses Jahrhunderts jährlich etwa 2000 Welpen, 1981/82 je etwa 1800 Welpen.

Nun aber erst noch ein Foto einer guten Vertreterin der Rasse Jahrgang 1912. Wir zeigen die Siegerin »Nelly – Walter« (Abb. 95). Wie unser Innentitel »Lord« zeigt auch »Nelly« einen Doggenschlag, der noch etwas kürzer auf den Läufen und länger im Rücken war. Auch der Hals ist bei beiden Tieren etwas kürzer als es dem moderneren Ideal entspricht. Beide Tiere sind aber kerngesunde, großrahmige schöne Hunde, auf die unsere Beschreibungen von BECKMANN und STREBEL voll zutreffen. Sie machen es sicher verständlich, warum die Rasse zu einer Art »deutschem Nationalhund« wurde. Schöne, gute, in ihren Körperfunktionen ausgewogene elegante Tiere!

Die Anerkennung der Qualität der Dogge beschränkt sich nicht auf Deutschland oder den Kontinent. Besonders interessant finde ich einen Kommentar aus England, dem Mutterland der Mastiffs und Bullmastiffs. 1934 lesen wir in der großartigen, dreibändigen »HUTCHINSON's Dog Encyclopaedia«: »Die deutsche Dogge (Great Dane) ist heute die populärste Hunderasse von allen großen Hunden!« Hätten Sie gedacht, daß im Mutterland der Hundezucht trotz Kupierverbot die Deutsche Dogge sich tatsächlich auf Rang 1 vor den eigenen Mastiffs plazieren konnte? – Eigentlich ein Beweis für die hohe Qualität der deutschen Zucht! – Hervorgehoben wird, daß die Dogge eine geradezu ideale Kombination von Anmut mit Kraft darstelle. Sie vereinige in sich die Leichtigkeit des Greyhounds mit der Kraft des Mastiffs. – Man sollte immer wieder daran erinnern, daß die gesunde Anatomie, die Beweglichkeit der Dogge ihren Ursprung darin hat, daß eben nicht nur auf Masse und Gewicht, Knochenstärke und Substanz gezüchtet wurde, sondern das Erbe schneller und ausdauernder Jagdhunde sorgfältig gewahrt wurde. – Besonders bewundert man in den 30er Jahren in England die natürliche Intelligenz der Dogge. Nur ganz wenige Hunde würden sie darin übertreffen. Auch dies kann die deutsche Zucht sicherlich als einen ganz wichtigen Erfolg verbuchen.

Gerade der Vergleich mit England macht so besonders deutlich, daß dank ihrer Herkunft von den großrahmigen schnellen Rüden sich die Deutsche Dogge vorteilhaft von den anderen molossoiden Hunden abhebt. Interessanterweise wird sie in England auch immer wieder mit Irish Wolfhound oder Deerhound verglichen. RAWDON LEE ordnet sie

Abb. 95 Champion »Nelly – Walter«, Deutsche Dogge, Jahrgang 1912

in »Modern Dogs« 1894 unter »Sporting Breeds« ein, zählt sie also noch zu den Jagdhunden. Diese Herkunft sollte nie übersehen werden. Bei der Dogge hat man nicht die auf der Hetzjagd erworbene gute Anatomie durch sture Zucht auf Masse und Gewicht zerstört.

Und doch gibt es einen Punkt, wo sich menschliche Kurzsichtigkeit und Lust an Übertreibungen auch bei dieser Rasse versündigten. Das war der Wunsch nach immer mehr Größe! Eigentlich ist es züchterisch ein Unding, Mindestmaße für eine Rasse vorzuschreiben, dann Wunschmaße – bedeutend höher – und dann eben schlichtweg die erreichte Schulterhöhe zu idealisieren. Dies erinnert nun einmal an den Turmbau zu Babel.

SEYFARTH forderte 1891 Schulterhöhen von 80–90 cm, begleitet von einem Körpergewicht von etwa 60–80 Kilogramm. Er prägte den Begriff der »Deutschen Colossal-Dogge«. Anfang der 90er Jahre verlangte der Rassestandard beim Rüden zumindest 76 cm, möglichst 80 cm, 1913 werden zumindest 78 cm, möglichst 82 cm gefordert, – die Hündinnengrößen sind etwas nach unten abgestuft. Forderung des Standards: »Bedeutende Größe«. Noch eine weitere Spielwiese für gewichtig vorgetragene Forderungen war und ist die Farbzucht der Doggen. Von dem Vorrang der Anatomie unter der bei vielen anderen Rassen gewählten Überschrift: »Ein guter Hund kann keine schlechte Farbe haben!« ist man weit entfernt.

Zurück zur Schulterhöhe. Man darf einfach nicht übersehen, daß angestrebtes Riesenwachstum mit einer Fülle gesundheitlicher Risiken verbunden ist. Wir erleben das doch auch bei zu schnell und zu lang wachsenden Zweibeinern. Die Gesündesten sind dies meist nicht!

Das letzte Jahrhundert wußte, daß gerade die Doggenschläge ganz spezifische Fütterungsprobleme mit sich brachten. Zu Recht galt die Zucht großer starkknochiger Hunde als sehr schwierig. Nur zu oft wurden diese großen Hunde von der Rachithis heimgesucht, hatten doch viele Liebhaber und Züchter einfach weder das Wissen noch Zugang zu den richtigen Futtermitteln. Man denke an den gigantischen Bedarf an Aufbaustoffen, die der Hunderiese innerhalb der Wachstumsperiode zwingend fordert, wenn die angestrebten Größen gesund erreicht werden sollen. Der Goliath braucht allerbeste Futtergrundlage und eine Fülle an Bewegung, wenn er gesund das Ziel eines Maximums an Schulterhöhe erreichen soll. Und es gibt durchaus ernst zu nehmende Gerüchte, daß mit Hilfe der Medizin Wachstumsschübe künstlich ausgelöst werden, die einfach gefährlich sind. Auch von Anabolika ist dabei die Rede!

Ich habe bei allen Hunderassen stets vor Übertreibungen gewarnt und muß es auch hier tun. Dabei kann ich es einfach nicht logisch nachvollziehen, daß ein Hund etwa dadurch schöner oder wertvoller wäre, daß er eben zwei oder auch fünf Zentimeter größer ist als sein Konkurrent. Zucht auf Extreme

Abb. 96 Carlo v. d. Haardburg, Doggenrüde, Jahrgang 1979 (Foto: Schumacher)

führt in aller Regel zu unsinnigen Übertreibungen zu Lasten der so wichtigen körperlichen Harmonie.

Unsere Abbildung 96 zeigt den gestromten Rüden »Carlo v. d. Haardburg«, Jahrgang 79. Imponierend Ausdruck und Haltung von »Vaun von der Nürburg«, eine besonders aparte Farbvariation (Abb. 97). Erkennen Sie sie wieder, die »Harlekin-Dogge«, die wir ja schon bei der »Dänischen Dogge« besprochen haben, hier aber in ihrer vollkommensten Schönheit? Und wenn ich noch etwas anmerken darf, – als Liebhaber dieser Hunde, nicht als Fachmann für Doggen, der ich keinesfalls zu sein vorgebe. – Ich mag auch gerade bei Vaun den kräftigen Hals, nicht ganz so geschwungen wie wir ihn noch sehen und sicherlich auch bewundern werden. Bei Vaun hat man den Eindruck, daß alle Teile des Körpers zu einander in sehr ausgewogenem Verhältnis stehen.

Abb. 97 Harlekin-Dogge »Vaun v. d. Nürburg« (Foto: Schumacher)

Die Doggenzüchter streben nicht nur eine imposante, anatomisch richtige Gestalt der Dogge, sondern auch ein zuverlässiges Wesen ihrer Hunde an. Die Deutsche Dogge hat wesentlich mehr Temperament, mehr Beweglichkeit, auch mehr Bewegungsdrang als die anderen Molosser, die wir bereits besprochen haben. Diese Eigenschaften sind bei der Dogge mit einer mittleren bis niedrigen Reizschwelle gekoppelt, die zu Fehlreaktionen führen kann. Auch wird hin und wieder von scheuen und nervösen Doggen berichtet, ein besonders unschönes Bild bei dieser stolzen Hunderasse. Und Agressivität und Scheu liegen nach den Erkenntnissen der Verhaltensforschung eng beieinander.

Bei der Größe des Hundes und einigen bedauerlichen Unglücksfällen gibt es Warnungen, die Rasse sei unzuverlässig, sie könne für Menschen gefährlich werden. Das gilt generell für alle Hunde mit niedriger Reizschwelle und überschäumendem Temperament, der Umgang mit diesen Hunden ist schwieriger als mit den bulldogblütigen »Gemütsathleten«.

Ein Kenner sagte mir einmal – es war Philipp Grünig, einer der Pioniere der Dobermannzucht – er habe sich sein Leben lang darum bemüht, alle in der Sensationspresse verzerrt aufgebauschten Unglücksfälle mit Hunden an Ort und Stelle zu überprüfen. In 95 Prozent der Fälle habe klar menschliches Fehlverhalten, fehlendes Wissen um das tierische Verhalten vorgelegen, nur in fünf Prozent der Fälle war die Unberechenbarkeit des einzelnen Hundes der auslösende Faktor. Das ist sicherlich auch heute noch so. Aber, – menschliches Fehlverhalten wird es immer

Abb. 98 Kopfstudie »Fleur Royal«, Weltsiegerin 1965 (Foto: Nouc)

geben, läßt sich letzten Endes ebensowenig ausschließen wie tierisches. Und wenn dann eine Dogge reagiert, – dann steht dies ausführlich mit Schlagzeilen in der Regenbogen-Presse, beim Pekinesen nicht!

Dennoch, man muß sich bei der Haltung einer Dogge bewußt sein, daß ein solcher Risikofaktor besteht, vielleicht bei dieser Rasse auch höher liegt als bei vielen anderen. Nicht ohne Grund geht das deutsche Recht von einer Gefährdungshaftung aus, ohne die Frage des individuellen Verschuldens weiter zu prüfen. Große Hunde bringen eine höhere Gefährdung, dem kann der Hundehalter durch gewissenhafte Erziehung und vernünftige Überwachung seines Tieres entgegentreten. Aber auch der Züchter hat Möglichkeiten. Ich vertrete kompromißlos den Standpunkt, daß durch planmäßige Zucht auf hohe Reizschwelle unsere Hunde für den Umgang im täglichen Leben so nervenfest gezüchtet werden sollten, daß sie den Umwelteinflüssen ruhig und selbstsicher gegenübertreten. Das ist unendlich viel wichtiger als bei der Bewertung eines Hundes nachzuzählen, ob er auch alle Zähne hat! Eine solche systematische Zucht auf Selbstsicherheit ohne Aggressivität ist keine leichte Aufgabe, aber realisierbar. Dies beweist eine stattliche Anzahl wesensmäßig ausgeglichener nervenfester Deutscher Doggen.

Die Umwelt ist nicht gerade günstig für sehr große Hunde. Große Hunde fordern von ihren Besitzern sehr viel mehr persönliche Opfer als mittlere oder kleine Hunde. Wer einmal PAUL EIPPER's »Gelbe Dogge Senta« gelesen hat, der wird sicherlich verstehen, zumindest ahnen, weshalb die Dogge so viele begeisterte Anhänger hat. Der Deutsche Doggen-Club zählt etwa 3000 Mitglieder, in der Schweiz gibt es 500, in Holland 400 Mitglieder, um nur einige Länder willkürlich herauszugreifen. Die Rasse erfreut sich weltweit ungeschmälerter Beliebtheit, denn überall gibt es begeisterte Hundefreunde, die eben gerade von einem solchen großen schönen Hund träumen.

Selbst in Ländern mit Kupierverbot hat die Rasse sich mit mittelschweren Behängen durchgesetzt. Wie edel der Kopf der Dogge ist, das beweist eine Kopfstudie der Weltsiegerin 1965 »Fleur Royal« (Abb. 98). Die strenge, hart gemeißelte Form dieses Hundeschädels wird durch die Form des kupierten Ohrs gekrönt. Offen gesagt, ich freue mich trotzdem, daß in vielen Ländern der Welt den jungen Doggen diese Prozedur erspart bleibt. Ich weiß, wovon ich spreche, habe ich doch in jungen Jahren selbst noch mit kupiert, Ohren nach dem Kupieren geklebt und habe über die Jahre eine Fülle übel verschnittener Ohren gesehen. Etwas weniger Ästhetik, Verzicht auf die ganz große Vollendung im Interesse des Tierschutzes? Ketzerische Bemerkungen, die manchen fanatischen Doggenfreund verletzen! – Und ob nicht doch ein Körnchen Wahrheit in diesen Überlegungen steckt?

»Die Deutsche Dogge vereinigt in ihrer Gesamterscheinung Adel, Größe, Kraft und Eleganz wie kaum eine andere Hunderasse.« Dies ist der erste Satz des Doggenstandards. Niemand kann sich sicherlich dem überwältigenden Eindruck entziehen, wenn eine Deutsche Dogge mit Riesensätzen durch eine hohe Wiese jagt oder im eleganten Trab der Pferdekutsche folgt. Und dazu kommt bei diesem eleganten Riesen ein Wesen, das mancher als »Seele des Hundes« empfindet!

Ein Begleiter für den Menschen, der Freude an einem großen rassigen Hund hat, für den Ästheten, der sich in Form und Bewegung des Hundes immer wieder neu verlieben kann. Jeder, der diesen Hund führt, sei sich aber bewußt, daß die erzieherische Beherrschung dieses wehrhaften Hundes, seine Pflicht ist. – Eine edle Hunderasse, ja wirklich, Visitenkarte deutscher Hundezucht.

12. Boxer

Hier finden wir ihn also wieder, den Brabanter und den Danziger Bullenbeißer, den wir bereits unter den Hatzrüden kennengelernt haben. Er hat sich kleiner gesetzt, nachdem das Bullenbeißen langsam außer Mode geraten war. Beim Rindvieh ist er zwar geblieben, aber jetzt hilft er beim Viehtreiben, ist zum Gehilfen des Metzgers geworden. Der Sprung zur Nase des Bullen ist streng verboten, nur noch der Griff an die Hinterbeine. Damit hält er widerspenstige Rindviecher in Schach, aber auch Haus und Hof seines Herren schützt er, er ist ein mittelgroßer, stämmiger brauchbarer Hund, der sich nützlich macht.

Bereits in den 20er Jahren des 19. Jahrhunderts kamen eine ganze Reihe englischer Bulldoggen in den Großraum um Hannover, auch in den darauf folgenden Jahrzehnten werden weitere Bulldoggen in verschiedene deutsche Lande exportiert. Die beiden Hundeschläge – Bullenbeißer und Bulldog – ohnedies schon für gleichartige Aufgaben gezüchtet, vermischten sich weitgehend, so daß Alfred Brehm in der Erstausgabe seines »Illustrierten Thierlebens« 1864 zwar noch Bullenbeißer und englische Bulldoggen als getrennte Rassen bespricht, in der zweiten Auflage von 1886 aber identifiziert er recht unbekümmert Bullenbeißer und Bulldog als gleiche Rasse, gebraucht bei Schilderungen von Gegebenheiten für den selben Hund einmal die Bezeichnung Bulldog, dann wieder Boxer. Offensichtlich hat ihn der recht englisch klingende Name dieses deutschen Hundes zu einer solchen Identifikation verführt. In beiden Ausgaben wird der Charakter dieser Hunde als außerordentlich angriffslustig und unbeherrscht beschrieben!

Wir müssen davon ausgehen, daß tatsächlich der alte Bullenbeißer und die englische Bulldogge in Deutschland recht intensiv untereinander gekreuzt wurden. PH. STOCKMANN hat sicherlich recht, wenn er dann die züchterische Trennung der zwei Rassen voneinander wie folgt charakterisiert: »Die Engländer als geborene Züchtergenies erfaßten das Übertypische und Groteske und – schufen so die heutige Bulldogge. Der praktische Deutsche jedoch wollte den Gebrauchswert seines Bullenbeißers nicht der monströsen Äußerlichkeit opfern.« Eine kurze, prägnante Charakterisierung der Entstehung zweier moderner Rassen!

LUDWIG BECKMANN nimmt den Boxer in den Nachtrag seines großen Werkes 1895 unter »Deutsche Bulldogge« auf und schreibt, man treffe in größeren Städten Deutschlands nicht selten eine große, wohlgestaltete, rasch bewegliche und energische Bulldogform, welche landläufig populär wohl als Boxer bezeichnet werde. »Diese Hunde haben nicht das Unförmliche des jetzigen englischen Bulldogs, und nicht deren unzuverlässigen Charakter.«

Die Boxerspezialisten sind sich einig, daß die Wiege des Deutschen Boxers in München stand. Man behauptet, in der Isarstadt habe sich über Jahrzehnte eine breitere Zuchtbasis aufgebaut, der »Münchener Bier-Boxer«. Dr. NEUMANN: »München war für den Boxer das, was Ulm oder Württemberg der Deutschen Dogge war, eine Heimstätte während des Niedergangs.« – Dr. NEUMANN glaubte, daß eben gerade im Großraum München der so verabscheute Fremdeinfluß der englischen Bulldoggen weitgehend vermieden worden sei. In dieser Stadt habe sich das alt-germanische Bullenbeißerblut weitgehend rein erhalten. Diese Vermutung wird von RICHARD STREBEL nachdrücklich widerlegt. Strebel selbst war passionierter Bulldoggenzüchter. Er hatte eine ziemlich schlechte Bulldoggen-Hündin aus seiner Zucht verkauft, da sie ihm viel zu leicht und windig erschien. Sie stammte aus einer fast rein weißen Bulldoglinie. Ausgerechnet sie wurde zur Stamm-Mutter einer neuen Boxerlinie. Ein Foto aus dem Jahre 1896 (Abb. 99) illustrierte Strebels Bericht recht eindrucksvoll. STREBEL unterstreicht die weitgehende Identität der fünf hier abgebildeten weißen Boxer mit den Bulldoggen, die zu dieser Zeit allgemein auf deutschen Ausstellungen die englische Bulldogge repräsentierten. Dagegen verkörperten die beiden dunklen Hunde auf dem Foto links mehr den alten Bullenbeißerschlag. Sehr auffällig ist die geringe Körpergröße aller dieser Boxerhunde, man achte einmal auf das Verhältnis der Körpergröße von Mensch und Hund.

Nun, mehr oder weniger Einfluß der englischen Bulldogge, früher waren solche Diskussionen stets von nationalen Emotionen überlagert, – es mußte ja ein urdeutscher Hund sein, – heute sollte man dies objektiver sehen können. Etwas überspitzt, aber

Abb. 99 Boxerzucht München 1896

sicherlich nicht falsch, wäre die Feststellung, daß eigentlich in Deutschland Ähnliches mit den importierten englischen Bulldoggen geschah wie in Frankreich. In beiden Ländern nutzte man die gute Qualität des alten englischen Bulldogs, kreuzte bodenständige, bewährte Hunderassen mit ihm. So entstand in Frankreich die Französische Bulldogge, in Deutschland – wie BECKMANN schreibt – die Deutsche Bulldogge, – wie wir jetzt wissen – der Deutsche Boxer. Und so grundverkehrt finde ich es gar nicht, daß dieser deutsche Hund einen englisch klingenden Namen trägt.

Im Jahre 1895 gab es auf einer Hundeausstellung in München für Boxer eine Versuchsklasse, in der vier Boxer vorgestellt wurden, Sieger wurde der Rüde »Flocki«, der dann auch unter der Zuchtbuchnummer 1 das Zuchtbuch der Boxer-Rasse anführt. Am 17. 1. 1896 wurde der Boxerclub in München gegründet, schon am 29. 3. 1896 wurden 50 Boxer auf einer ersten Spezialausstellung vorgestellt. Ihre Besitzer waren großenteils Metzger, Viehhändler, Studenten und kleine Gewerbetreibende. Wie in so vielen Hundeclubs, so begann auch hier schnell der Streit, bereits am 7. 1. 1897 wurde dann der »Deutsche Boxer-Club« gegründet. Viele fühlten sich von der Zielsetzung beider Clubs nicht angesprochen, ja sogar durch diese geschädigt. Die Zielsetzung war ganz klar: Weg vom Bulldogtyp! Dies aber gefiel all denen, die ja recht »bulldogartige Boxer« besaßen recht wenig, schmälerte doch dieses Zuchtziel schmerzhaft ihre wirtschaftlichen Chancen, sei es Welpenverkauf oder auch willkommene Decktaxe. Nach jahrelangen Auseinandersetzungen fanden die Clubs wieder zusammen. Am 14. 1. 1902 wurden die ersten Rassekennzeichen verabschiedet, 1904 wurde das erste Boxer-Stammbuch veröffentlicht, die Boxerzucht hatte begonnen.

Interessant, im Rassestandard gab es 1902 Schulterhöhen von 45 bis 55 cm, die Boxer waren also wesentlich niedriger gestellt als heute. Unsere Abbildung Nr. 100 zeigt uns eine Zeichnung von RICHARD STREBEL aus dem Jahre 1904, zwei als recht typisch angesehene Boxerrüden. »Prinz Mark v. Graudenz« hatte eine Schulterhöhe von 53,5 cm bei einem Brustumfang von 73,5 cm.

Abb. 100 Boxer »Prinz Mark von Graudenz« und »Kvik«, Zeichnung R. Strebel, 1904

Von München aus begann der Boxer seinen Siegeszug durch Deutschland. Der erste Weltkrieg brachte die bekannten Erschwernisse in der Zucht, gleichzeitig bestand aber auch der Boxer seine Bewährungsprobe als Kriegshund. Nach dem Krieg gewann der Boxer schnell mehr und mehr Popularität, am 22. 9. 1924 wurde der Boxer offiziell als fünfte Polizeidiensthunderasse behördlich anerkannt. Dies brachte ihm neue Liebhaber aus dem Kreis der Hundesportler.

Dreißig Jahre nach seiner Gründung kommt der Boxerclub im Jahre 1926 zu der stolzen Feststellung: »Aus dem alten schläfrigen Bierboxer ist ein flotter, lebhafter Hund geworden, dessen schöne Erscheinung und gute Größe ihn zum Polizeidienst- und Schutzhund besonders geeignet macht. Der eigentümliche, auf Gegensätze aufgebaute Kopf und Körper des Boxers ist einer ewigen Wandlung unterworfen, und es bedarf der schärfsten Zuchtwahl, um ein Ausarten nach der Doggen- oder Bulldogseite zu verhindern.«

BAZILLE berichtet 1926 von 1800 Mitgliedern des Boxerclubs, damit hatte der »Kleine« seinen großen Vetter – die Deutsche Dogge – in der Popularität bereits überholt, der Doggenclub zählte zur gleichen Zeit nämlich 300 Mitglieder weniger. Auch größer ist der Boxer geworden, der Standard fordert jetzt vom Rüden 54–60 cm, möglichst 57–58 cm, Hündinnen sollten 50–58 cm hoch sein. Die am Anfang der Rassegeschichte zulässigen Farben schwarz und weiß wurden 1925 und 1926 verboten, – eigentlich schade, es blieben nur noch die typischen Farben gelb, rot, mit und ohne Stromung, – mit und ohne Maske. BAZILLE unterstreicht die Forderung: »Der Charakter des Boxers ist von größter Wichtigkeit und bedarf sorgsamster Pflege!« Bis

Abb. 101 Ein mittelgroßer, kraftstrotzender Hund »Athos v. d. Buche« Foto: CORNELIUS

zum Jahre 1934 wurden im Boxerstammbuch 30 000 Eintragungen vorgenommen, ein eindeutiger Beweis für die Popularität des Boxers.

Der Rest ist schnell erzählt. Der Deutsche Boxer ist heute eine in aller Welt geschätzte Hunderasse. Ein mittelgroßer, kraftstrotzender Hund (Abb. 101), mit den Eigenschaften eines echten Familienhundes. Er hat als Dienst- und Gebrauchshund seine Leistungsfähigkeit vielfach unter Beweis gestellt. Mit ihm wird nur der Hundeführer Erfolg haben, der sich bewußt ist, daß der Boxer individuelle Anforderungen an seinen Ausbilder stellt. Er arbeitet gerne und freudig, wenn man ihn zu fordern versteht, neigt aber als echter Bulldog-Abkömmling zu Eigenständigkeit.

Von Hause aus ist der Boxer ein ausgesprochen menschenfreundlicher Hund, selbstbewußt, hohe Reizschwelle, gutartig, ein wunderbarer Spielgefährte für Kinder. Wer Freude an dem kraftvollen Muskelspiel eines wohlproportionierten Hundes hat, der kann sich sicherlich am Spiel zweier Boxer stundenlang erfreuen. Er ist ein schöner Hund.

Der Boxerkopf ist von ausgeprägter Eigenwilligkeit, er verrät Kraft und wache Intelligenz dieses Hundes (Abb. 102). Nicht alle werden seinen Vorbiß schätzen, hier zeigt er sein altes Bulldogerbe offen. Manche mögen auch die bei dieser Kopf- und Gebißform offenen Lefzen nicht so besonders, denn, – wenn ihm das Wasser im Maul zusammenläuft, dann fließt dies eben den Gesetzen der Schwerkraft folgend durch die offenen Lefzen, es kommt zu dem bei einem Familienhund nicht so geschätzten »Sabbern«. Zwar wird immer wieder behauptet, dies sei inzwischen durch die Kunst intelligenter Züchter »weggezüchtet«. Ich frage mich nur, wie man das macht, ohne die Kopfform zu ändern. – Und, imposant ist eben dieser Schädel doch, – eigenwillige Schönheit hat ihren Preis!

Der Boxer ist in seiner Zucht weitgehend von übertriebenen Modelaunen verschont geblieben. Größe und Gewicht stehen in einer vernünftigen Relation zueinander, so daß sich der Hund frei und flüssig bewegen kann. Soll ich es mir versagen, auf das notwendige Kupieren von Ohr und Rute bedauernd hinzuweisen? – Eigentlich recht ungerne, sah ich doch im Ausland durchaus schöne Boxer, die auch mit natürlichen Ohren recht gut aussehen. – Ja, kupiert sieht es besser aus, zugegeben, – aber . . ., hierzu habe ich einiges bereits bei der Deutschen Dogge und beim Bull Terrier gesagt.

Für Menschen, die den Hund nach der Schablone »Beißt er?« bewerten, wahrscheinlich nicht der richtige Hund, dazu ist der Boxer – Gott sei Dank – zu gutartig und nervenfest. Die hohe Reizschwelle ist für seinen Besitzer beruhigend und nervenschonend. Ein idealer Familien- und Begleithund, passend in unsere Zeit, pflegeleicht, unproblematisch, kein Kläffer, auch zur Haltung in der Großstadt durchaus geeignet.

Kein Wunder, daß der Boxer in der ganzen Welt eine stattliche Zahl von Liebhabern gefunden hat und sicherlich täglich neue findet.

Abb. 102 Kopfstudie Boxer »Ben v. d. Burg Windeck« Foto: CORNELIUS

13. Mastino Napoletano

»Der Mastino Napoletano ist eine uralte Hunderasse, die jahrhundertelang von Bauern rund um den Vesuv reinerhalten wurde. Erst 1949 wurde sie wieder entdeckt und von der FCI als Rasse anerkannt. Man nimmt an, daß der Mastino ein direkter Nachfahre der alten römischen Kampfhunde ist. Der Mastino ist ein hervorragender Wach- und Schutzhund, der allein schon durch sein Äußeres jeden Eindringling in Schach halten wird.«

Mit diesen Sätzen beschreibt der Club für Molosser e. V. den großen Favoriten der deutschen Molosserfreunde, der sich in den letzten fünf Jahren zur stärksten Rasse unter den von diesem Club betreuten 7 molossoiden Rassen entwickelt hat. Der »Panzer der Antike« – ein phänomenaler Werbeeinfall eines Mastinofans – hat unser Land und die in ihm zuvor gepflegten alten englischen und französischen Molosser überrollt, auf Ausstellungen und in der Zucht ist der Mastino heute mit Abstand die Nummer 1.

Schon bei der Besprechung der Bordeaux-Dogge habe ich dargestellt, daß der gesamte Mittelmeerraum von Spanien über Frankreich bis nach Italien dem »alten Volkssport Hundekampf« huldigte. Die wehrhaften Jagdhunde wurden zunächst Bullenbeißer, dann Hundekämpfer. Dabei bevorzugte offensichtlich der Südländer Kämpfe großer Hunde im Gegensatz zu England mit seinem Bull and Terrier. Diese südländischen Hunderassen entstanden alle aus großrahmigen bodenständigen Saupackern oder Hirtenhunden, unter Einkreuzung englischer Mastiffs und Bulldoggen.

Abb. 103 Mastino Napoletano in seiner Heimat Neapel

Bei einem Vergleich der Berichte römischer Schriftsteller, alter Bilder und Statuen mit den napoletanischen Molossern drängt sich der Gedanke auf, daß diese Hunde nahezu optimal der kriegerischen Gestalt der alten Molosser nahe kommen. Der alte römische Kampfhund ist im Mastino Napoletano wieder auferstanden.

Allerdings kann man keinesfalls von einer »reinen Rasse« sprechen im Sinne einer klassischen Hundezucht. Eine Rasse, in der erst ab 1949 zaghaft versucht wurde, nach einem gemeinsamen Standard zu arbeiten, von ihr kann man einfach heute noch nicht erwarten, ein einheitliches Rassebild zu präsentieren. Ich erinnere mich sehr gut, daß ich bei meinem ersten Besuch in einem namhaften Zwinger drei Hündinnen kennenlernte, die in ihrem Typ so weit auseinanderlagen, daß man kaum verstehen konnte, daß sie alle Preisträger auf internationalen Ausstellungen waren. Und dies liegt etwa zehn Jahre zurück. Für eine ausgereifte Zucht bedarf es einer stattlichen Anzahl von Hundegenerationen, und solche schweren Hunde haben noch viel mehr züchterische Probleme als andere Hunderassen.

Man sollte sich bewußt sein, daß die ersten Züchter drunten in Neapel sicherlich aus den unteren Gesellschaftsschichten kamen. Für sie gab es eigene Spielregeln, auch in der Hundezucht. Unsere Abbildung 103 dokumentiert, daß der Mastino nicht etwa in den Villen der Reichen, sondern in den Hütten der Armen wieder erstanden ist. Er war in Neapel der typische Hund der Metzger, Bauern und Nachtwächter, der große Hund des kleinen Mannes. Der Besitz eines solchen Hundes war eine Auszeichnung, brachte Anerkennung und Bewunderung.

Als Vater des heutigen Mastino Napoletano gilt Piero Scanziani. Auf einer Ausstellung in Castel dell' Ovo im Jahre 1946 wurden erstmals acht »cani da presa« vorgestellt, dies war damals ihr Name rund um Neapel. Diese Hunde waren in ihrer äußeren Form recht unterschiedlich, einer aber von ihnen faszinierte Piero Scanziani durch seine besonders beeindruckende Größe und Kraft, sein Bild ließ ihn nicht mehr los. In den Folgejahren bereiste Signore Scanziani den Raum um Neapel und kaufte für seinen Zwinger »Villanova« mehr oder weniger rein gezüchtete Welpen auf. Erst 1949 gelang es ihm, seinen Traumhund »Guaglino« auch zu erwerben. Der Rüde wurde zum ersten Champion der Rasse, er wurde als erster Mastino im Zuchtbuch LOI eingetragen.

1949 gründeten die Anhänger der Rasse die »Societa Italiana del Mastino«. Ihre Aufgabe war »die Entwicklung der Zucht und Auslese, Abrichtung und Verbreitung des ‚Mastino di Napoli‘«. Noch im selben Jahr wurde der Rassestandard verabschiedet und von der FCI anerkannt, dabei war wieder »Guaglino I« das Vorbild, das im Standard beschrieben wird. Dieser Rüde wurde im Zwinger »Villanova« zum Stammvater der heutigen Rasse. Piero Scanziana festigte das äußere und charakterliche Erscheinungsbild von »Guaglino« durch systematische Inzest- und Inzuchtlinien.

Zwischen der kynologischen Spitzenorganisation Italiens und dem neuen Zuchtclub kam es zu der Vereinbarung, daß der Mastino-Club ein eigenes Stammbuch aufbaute. Hier wurden zunächst alle Welpen eingetragen, dann im Alter zwischen 10 und 18 Monaten überprüft. Entsprachen sie dabei nicht den Anforderungen, so wurden sie wieder aus dem Stammbuch (LIR) gestrichen. Konnte nachgewiesen werden, daß die ersten drei Generationen der Welpen im LIR eingetragen waren, so stand das offizielle italienische Zuchtbuch (LOI) zur Eintragung offen. Auch alle Mastini mit anerkanntem nationalen Championtitel wurden in das LOI aufgenommen.

Das klingt auf dem Papier alles sehr vernünftig, ich muß aber anmerken, daß zwischen Theorie und Praxis doch wohl Unterschiede vorliegen. Es gibt auch in den 80er Jahren Mastini Napoletano, bei denen keine drei Generationen nachgewiesen sind, – offensichtlich erfolgen also noch immer Einkreuzungen aus unbekannten Quellen. Noch erstaunlicher ist es, daß selbst die Abstammung von vielfach gebrauchten Spitzenzuchtrüden ganz offen als ungeklärt diskutiert wird, obwohl diese Ahnentafeln haben. Dann wieder hört man, daß es bei einer ganzen Reihe von Paarungen zweifelhaft sei, ob tatsächlich der angegebene Vater auch wirklich der Erzeuger des Wurfes sei. Eine Züchterin drehte einen Film, um den Nachweis führen zu können, daß tatsächlich der angegebene Rüde das Vatertier ihres Wurfes ist. Offensichtlich liegt Süditalien sehr weit, mancher alte Fuchs meint, daß er die Geheimnisse seiner Spitzenzucht durch korrekte Abstammungsangaben enthüllen würde, – er wahrt sein Geheimnis und schreibt eben dann andere Namen ein.

So können wir festhalten, daß diese Hunderasse in ihrer Zucht im Ursprungsland doch wohl noch in den Kinderschuhen steckt.

Dennoch hatte die Rasse einen geradezu komethaften Aufschwung. Von 1950 bis 1959 wurden insgesamt 156 Welpen eingetragen, von 1960 bis 1969 waren es bereits 905 Welpen und 1970 bis 1979 stolze 9737 Mastini Napoletano!

Damit hatte sich die Zucht in den 70er Jahren gegenüber den vorangegangenen zehn Jahren verzehnfacht, ein klarer Beweis für die steil gewachsene Popularität der Rasse. Ob diese Steigerung mit ursächlich war, daß die Rasse in ihrer breiten Masse im Typ kaum Fortschritte erzielte? Gab es bei einem solchen Boom überhaupt noch eine Aussonderung weniger geeigneter Hunde? Ob eine solche Entwicklung – begleitet von sehr guten Welpenpreisen – eine Rasse mehr schädigt oder fördert?

Für den kynologischen Betrachter wirft der Mastino Napoletano ähnliche Fragen auf wie die Englische Bulldogge. Auf der einen Seite wird sich kaum ein Hundeliebhaber unbeeindruckt zeigen von der Größe, Kraft und Wucht dieses Hundekolosses. Bei vielen Hundefreunden setzt aber dann – hoffentlich – der Verstand ein, das Wissen, daß der Hund ein Laufraubtier ist, – sein muß. Das führt zu der kritischen Frage: Kann dieser Koloß mit bis zu 75 cm Schulterhöhe und etwa 80 Kilogramm Lebendgewicht, kann ein solcher Hund noch gesund sein?

Lassen Sie mich solche Gedanken an einem Beispiel erläutern. Im »Molosser Magazin« wird 1982 der Rüde »Falco della Grotta Azzura« als das Idealbild eines Mastino gepriesen. Der Herausgeber spricht von »einem funktionalen Gebäude, gesunder Konstruktion mit enorm starken Knochen und einem wuchtigen, aber sehr edlen Kopf«. Es ist die Rede von ungeheuer reichen Falten, einmalig gut angelegter Schulter. Dies ist ein Mastino, »bei dem Vorhand und Hinterhand über einen festen Rücken gut miteinander verbunden sind.«

Leider habe ich diesen Hund nicht selbst gesehen, CHRISTOFER HABIG sieht aber in den hier von ihm veröffentlichten Bildern Dokumente, die dem Mastino-Anhänger demonstrieren, wie ein anatomisch richtig aufgebauter Mastino aussehen soll. »Er stellt für mich den Mastino schlechthin dar.«

Leider erhielt ich auf meine Bitte, die Fotos, die nach Herrn Habig den Mastino-Typ so ideal zeigen, für mein Buch verwenden zu dürfen, einen abschlägigen Bescheid.

Was ich auf den Fotos gesehen habe? Ich sah auf diesen Aufnahmen eine Art Dinosaurier, zugehörig der Urform der Riesenechsen, einen Hund mit völlig disproportionalem Kopf- und Halsteil, wodurch die Anatomie des Laufraubtieres schon völlig aus der Balance gebracht, extrem kopflastig wurde. Als Ausgleich hierzu war der Rüde dann hinten steil gewinkelt, deutlich überbaut. Ausgeprägte Bänderschwäche in der Front, ausgewinkelte Schultern, – ein »Riesenbulldog« mit allen uns schon von früher her bekannten anatomischen Problemen. Aus dem Foto gewann man den Eindruck, der Hunderiese könnte jeden Augenblick unter seinem eigenen Gewicht zusammenbrechen. – »Falco« soll ca. 75 cm Schulterhöhe und über 100 kg Gewicht gehabt haben!

So unterschiedlich sehen also zwei Kynologen die selben Bilder! Wir sprachen über Fotos von einem der berühmtesten »Super-Mastini«!

Ich habe das Thema der »soundness« in diesem Buch mehrfach angesprochen, davor gewarnt, züchterische Übertreibungen zu tolerieren, wenn sie ganz offenbar die Funktionsfähigkeit einer Hunderasse gefährden. Ich spreche den Hundezüchtern das Recht ab, durch Übertreibungen von Masse und Gewicht, aber auch durch Verzerrung der natürlichen Proportionen, die Gesundheit der ihnen anvertrauten Hunderassen zu gefährden. Auf dieses Thema werde ich noch im letzten Kapitel des Buches näher eingehen. Ist es kein Alarmzeichen, wenn ein Spezialist bei einer Hunderasse ernsthaft hervorhebt, daß bei einem Champion und Spitzenzuchtrüden tatsächlich es noch eine funktionale Verbindung zwischen Vorder- und Hinterteil des Hundes über den Rücken gibt? Das setze ich eigentlich bei allen Hunden voraus!

Abb. 104 Kopfstudie »Bella Testa diy Gilda di Ponzano« Foto: Seewald Molosser-Edition

Wenn ich diese Betrachtung breiter angelegt habe, dann sicherlich nicht, um einen bestimmten Hund zu kritisieren. Dies ist nur ein besonders prägnantes Beispiel, daß der Rasse-Insider wegen des Typs eines Hundes offensichtlich bereit ist, gravierende Mängel hinzunehmen. Für mich sind das Übertreibungen, die man der Hunde wegen nicht mitmachen sollte.

Durch die freundliche Hilfe engagierter Mastino-Freunde kann ich nun dennoch den Mastino Napoletano meinen Lesern mit sehr guten Bildern vorstellen. Besonders beeindruckend ist natürlich der ausdruckstarke Schädel dieses Hundes (Abb. 104). Wen wundert es, daß allein schon dieser Kopf den meisten Menschen bedrohlich erscheint? Erinnern wir uns daran, Kriegshunde sollten bereits durch ihre äußere Gestalt zur Drohung werden, Wachhunde ebenso. Dies beweist sicherlich auch, daß der Mastino in erster Linie als großrahmiger, gefährlich erscheinender Wachhund gezüchtet wurde, weniger für Hundekämpfe. Stellen Sie sich vor, wie verletzlich gerade die reichen Falten den Hund machen, welche Möglichkeiten sie beim Hundekampf dem – Gegner – bieten würden. Vergleichen Sie es mit den geradezu aufgepumpten Kopfformen von Bull Terrier und Staffords, wo keine losen Hautfalten Angriffsflächen bieten.

Abb. 105 Kopfstudie »ORO«, Sieger Neapel 1982
Foto: Mahret

Sehr beeindruckend – in seiner Art schön – die klare Form des Rüdenschädels in unserer Abbildung 105. Wir zeigen eine Kopfstudie von »ORO«, Sieger Neapel 1982, Neuimport in Deutschland. Der Experte sagt: »Er zeigt den Idealtyp im Kopf!« Es gibt kaum eine andere Hunderasse, mit einem so ausdruckstarken Kopf!

Und um Ihnen noch eine kleine Freude zu machen, ein Portrait von »Orfeo die Colosseo Avallu«. Haben Sie schon einmal deutlicher gesehen, was ein Hund nach einem langen Tag einer Hundeausstellung denkt? (Abb. 106)

Einer der besten der Rasse war »Aronne«. Für die Experten ist er der erfolgreichste Mastino, den es je gab. Von ihm bringe ich gerne eine sehr schöne Bewegungsstudie der Fotografin SIGRID SEEWALD (Abb. 107). Dieses Foto vermittelt einen vorzüglichen Eindruck der urigen Kraft und gleichzeitigen Geschmeidigkeit dieses Hunderiesen. Leider ist »Aronne« vor kurzem in die ewigen Jagdgründe eingegangen. Sein Besitzer JÜRGEN DIDION schreibt: »Aronne war sowohl in seinem Aussehen wie in seinem Charakter das Symbol des wahren Mastino: ein echter ‚Panzer der Antike'. Sein Charakter war furchtlos und offen. Er reagierte stets mit der erhabenen Gelassenheit eines Riesen, war aber im entscheidenden Moment, wo er Gefahr für die Seinen witterte, von blitzartiger Agression, ohne jegliche Kompromisse.« Das ist es wohl, die Verbindung von körperlicher Kraft und Beweglichkeit im Falle der Gefahr, was so viele an dieser Hunderasse fasziniert. Dazu kommt das Bewußtsein, sich auf einen solchen Begleiter im Falle einer Bedrohung bedingungslos verlassen zu können. »Dieser Traum vom treuen, vierbeinigen Tod als Begleiter geistert durch viele Männerköpfe« (ULRICH KLEVER).

Gerne stelle ich »Aronne« noch in einer Frontaufnahme (Abb. 108) und in einer Seitenaufnahme (Abb. 109) vor. Diese Fotos des Rüden wurden kurz vor seinem Tod im Alter von fast sieben Jahren aufgenommen. Sie beweisen, daß es sehr gut aufgebaute Mastini gibt. Sein Typ ist sicherlich ein gutes Ziel für die weitere Zucht.

»Mörderhund der Millionäre!«

»Zu wild! Polizisten holten vier Kampfhunde eines Berliners ab!«

Das sind nur zwei von zahlreichen Schlagzeilen, die mir 1982 auf den Schreibtisch flatterten. Schon an anderer Stelle habe ich dargelegt, daß die Sensationspresse sicherlich nicht gerade das Medium ist, um kynologische Fragen auszudiskutieren. Ebenso richtig ist aber auch, daß wir alle heute nicht mehr auf einem Einödhof allein für uns leben, sondern mitten in einer zivilisierten Umwelt, – in steter Tuchfühlung mit unseren lieben Nachbarn. Man sollte solche Pressekampagnen auch nicht zu leicht nehmen!

Dieselbe Presse wurde mehr als einmal mißbraucht, um für den »Panzer der Antike« Reklame zu fahren. Das hat sich – vorsichtig ausgedrückt – sehr stabilisierend auf die Preise ausgewirkt. Man

Abb. 106 »Orfeo di Colosseo Avallu« Foto: Seewald Molosser-Edition

konnte ja dabei dem Wohlhabenden so schön suggerieren, daß Millionäre und ihr so kostbares Hab und Gut am wirksamsten durch solche lebenden napoletanischen Urtypen geschützt wären, – und dies zum Preis für kostbare Antiquitäten!

Im Molosser-Magazin liest sich das dann so: »Der Mastino hat eben das Pech, sich zur Vermarktung besser zu eignen als andere Molosser.« Der Herausgeber spricht von einer sehr unguten Entwicklung bei den Preisen, von Mitläufereffekt bei der Verkaufspolitik der Auchzüchter, und daß der Mastino Napoletano eben doch so manchen Zweibeiner anziehe, der sich für die Haltung dieser Hunde wenig eigne.

Dem kann ich nur beipflichten! Ich meine, daß dieser Hund tatsächlich nur in die Hand des »Fortgeschrittenen« gehört. So mancher Käufer eines Molosserwelpen hat überhaupt keine Vorstellung, was

Abb. 107 »Aronne in Action« Foto: Seewald Molosser-Edition

Abb. 108 »Aronne« Foto: Mahret

es heißt, einmal so 60 bis 70 Kilogramm eines wütenden Mastinos körperlich beherrschen zu müssen. Da geht es sicherlich nicht, einfach die Leine loszulassen und auf Hilfe anderer zu hoffen. Diese Hunde sind kein Spielzeug für Reiche, kein Statussymbol, sondern komplizierte Lebewesen. Es gibt Alarmeinrichtungen und Schutzvorrichtungen, die viel unkomplizierter sind.

Für die Züchter ist es schon sehr schwierig, einen guten Mastino zu züchten, die Aufgabe, diesem Welpen dann ein richtiges Heim zu finden, sie erscheint mir noch viel schwieriger! Etwas grob ausgedrückt: Solche Hunde ziehen viele »Spinner« an, die eben haargenau von einem solchen Hund träumen. Der Grund, warum gerade sie meinen, dieser Hund wäre genau der richtige für sie, dies ist mehr eine Frage an den Psychater als an den Kynologen.

Die Arbeit an einer solchen schwierigen und interessanten Hunderasse ist sicherlich eine Lebensaufgabe. Ein langer weiter Weg liegt vor den Züchtern, bis einmal lauter »Aronnes« im Ausstellungsring stehen werden. Der Rasse täte es gut, wenn die »Vermarktung« dieser Hunde bald ein Ende fände. Das hier bezahlte große Geld schadet der Rasse, insbesondere bringt es Hundewelpen zu Besitzern, die am Ende mit diesem Hund und seinen Anforderungen nicht fertig werden. Wachsende Verkäufe erwachsener Hunde sind ein ernstes Warnzeichen! Ich wünsche von Herzen jedem kleinen Mastino (Abb. 110), er möge ein gutes Heim, verständnisvolle Menschen finden; Menschen, die selbst Disziplin haben und über die innere und äußere Kraft verfügen, um einen so starken und eigenwilligen Hund zu beherrschen.

Abb. 109 »Aronne« Foto: Mahret

Abb. 110 Mastino-Welpe, 10 Wochen alt

14. Dogo Argentino

Christoph Kolumbus entdeckte 1492 die Neue Welt. Schon auf der zweiten Fahrt mit 17 Schiffen führten die spanischen Eroberer an Bord ihrer Schiffe neben Waffen, Gerätschaften, Saatgut auch – Kriegshunde mit sich. Diese ausgebildeten Kampfhunde verbreiteten unter den Ureinwohnern Angst und Schrecken. Innerhalb von knapp 50 Jahren hatten die Europäer den neuen Erdteil erobert und untereinander aufgeteilt.

Das Land Argentinien wurde ab 1525 von Spanien kolonialisiert. Die neuen Herren waren von ihren großrahmigen Mastins begleitet, erst dienten sie dem Schutz der neuen Siedlungen, dann begleiteten sie ihre Herren auf der Jagd. Es zeigte sich, daß sie bei der Verfolgung entflohener Sklaven erstklassige Dienste leisteten, auch bei der Unterdrückung der Ureinwohner.

Die Stadt Cordoba wurde schon 1573 gegründet. Hier wurden die mitgeführten alten Packer züchterisch weiter entwickelt, entsprechend den Aufgaben im Lande. Bald schlug auch das Laster der Hundekämpfe und des bull-baiting wieder durch. Cordoba wurde zur Heimat einer großrahmigen weißen Cordobeser Dogge (Perro de Pelea Cordobes).

Argentinien ist ein riesiges Land mit sehr gegensätzlichen Gesichtern. Im Nordwesten finden wir weite Steppengebiete, von undurchdringlichen Dornbüschen übersät, im Nordosten beherrschen feuchte Tropenwälder das Land. Im Süden erhebt sich ein Gebirgszug, dazwischen die Weiten der La Pampas. Die Kolonialisierung brachte Farmer ins Land, Argentiniens riesige Rinderherden bevölkerten das Land. Ihnen stellten nach Kräften der Jaguar und der Puma nach. Um die Jagd interessanter zu machen, wurde europäisches Schwarzwild ins Land geholt, das sich geradezu ungeheuerlich vermehrte und zur Geißel des Ackerbaus wurde.

Zur Bejagung von Raubzeug und Schwarzwild brauchte man gute Hunde, die körperlich den Strapazen der Jagd in diesem weiten Land gewachsen waren. Die alte Cordobeser Dogge brachte zwar die notwendige Angriffslust, den Willen zum Töten, Schmerzunempfindlichkeit, nicht aber die für die riesigen Jagdgebiete erforderliche Schnelligkeit, Ausdauer, Gewandtheit und Nasenleistung. Die aus Europa importierten Jagdhunde wiederum hatten zwar Nase, Ausdauer, Schnelligkeit anzubieten, nicht aber den Schneid und auch die Kraft im Kiefer, um wirklich Jaguar, Puma oder Schwarzwild anzugreifen. In Europa waren ja inzwischen die alten großen Hatzrüden ausgestorben, die für derartige harte Arbeit taugten.

Nur ein einziger Hund bot sich für diese gefährliche Jagd an, der englische Bull Terrier, der eigentlich fast alle gewünschten Eigenschaften mitbrachte. Nur diesem fehlte es doch an Größe und Substanz für die schwere Arbeit.

Der Arzt Dr. Antonio Nores Martinez begann in den 20er Jahren dieses Jahrhunderts mit der planmäßigen Zucht einer eigenen – der einzigen – argentinischen Hunderasse. Selbst passionierter Jäger und von seiner Ausbildung her Genetiker stellte er ein Zuchtprogramm auf, das für die speziellen argentinischen Jagdgebiete den idealen Jagdhund gegen Raubzeug und Schwarzwild zum Ziel hatte. Nach seinem tödlichen Jagdunfall setzte sein Bruder Agustin Nores Martinez seine Zucht fort, führte die Rasse zur Anerkennung. Dr. Martinez hatte als Ausgangsrassen den alten Cordobeser Doggenschlag und den englischen Bull Terrier. Diese Rassen sind die breiten Wurzeln, aus denen der Dogo Argentino erwuchs. Gezielte Einkreuzungen erfolgten mit der Deutschen Dogge, ihr Erbe waren Kraft, Größe und eine sehr gute Anatomie. Der englische Pointer machte aus der stumpfen Nase der ersten Kreuzlinge einen mit hoher Nase arbeitenden Jagdhund, der Irish Wolfshound sollte Größe und Schnelligkeit bringen, der Bulldog wiederum zähes Festhalten an der einmal gefaßten Beute. Auch Bordeaux-Dogge, spanischer Mastin, Pyrenäenmastiff und Boxer sollten die Rasse verbessern. Ein großer Schmelztiegel verschiedener Hunderassen, die Argentinier vergleichen es selbst mit der Entstehungsgeschichte des Dobermanns, sie alle haben den weißen Jagdhund von etwa 60 – 65 cm Schulterhöhe und etwa 35–40 kg Gewicht geschaffen. Dabei entschied über Zuchtverwendung oder Ausscheiden der Hunde weitgehend der Erfolg auf der Jagd, einer Jagd auf riesigen Flächen gegen gefährliche Gegner.

Anders als seine europäischen Kollegen verlangte der argentinische Jäger nach einem weißen Hund.

Oft jagten Mensch und Hund gemeinsam das gefährliche Raubtier. Die weiße Farbe schützte den Hund vor einem Fehlschuß des Jägers, da Raubtier und Jagdhund klar voneinander zu unterscheiden waren. Auch schätzte man in Argentinien einen stumm jagenden Hund, der seine Kraft nicht durch lautes »Geläut« vergeudete und dadurch seine Gegner vorzeitig in die Flucht trieb.

Zur weißen Farbe: das weiße Haarkleid als solches ist noch kein Indiz für Albinismus, solange man in der Zucht sorgfältig auf gute Pigmentierung von Nase, Haut und Auge achtet. Der starke Einfluß des Bull Terriers aus jenen Jahren, da er noch rein weiß gezüchtet wurde, ist aber zu sehen. Unglücklicherweise konzentrierte sich Dr. Martinez in den ersten Zuchtplanungen auf einen außerordentlich wesensstarken Bull Terrier-Rüden, der damit heute hinter fast allen Tieren steht. Dieser Rüde trug das Gen für Taubheit, das auch heute noch in der Rasse verwurzelt ist. Beim Bull Terrier brachte die Einkreuzung der Farbigen Hilfe, ließ das Taubheitsproblem auf eine Quote von maximal 1% absinken. Beim Dogo Argentino, nunmehr über sehr viele Hundegenerationen immer nur weiß gezogen, muß bei den Welpen mit einer wesentlich höheren Taubheitsquote gerechnet weden. Ob das Beispiel der Bull Terrier nicht doch nachahmenswert wäre? Für den Weißfan ein schockierender Gedanke, aber er könnte den Dogo Argentino von dieser Geißel befreien. Und ob ein farbiger Dogo wirklich unschön wäre? Farbige Bull Terrier haben trotz aller Widerstände ihren Weg gemacht, zum Vorteil auch der Weißen! Nach dem seit 1949 anerkannten Rassestandard sind alle farbigen Abzeichnen mit Ausnahme im Bereich des Kopfes verboten. Ob aber nicht dennoch jemand einmal ausbricht und gegen den Stachel – Standard – lökt?

Wir haben es beim Dogo Argentino mit einer noch recht jungen Hunderasse zu tun, die überdies aus einem für Europa sehr fernen Land kommt. Es gibt Gerüchte, daß die Zuchtverhältnisse im weiten Argentinien sicherlich zumindest ebenso schwer zu durchschauen sind, wie wir es bei unserem Ausflug nach Neapel schon besprochen haben.

Im Mutterland Argentinien soll es so etwa 3000 Dogos geben, Schwerpunkte außer Cordoba sind Buenos Aires, La Plate, Mendoza und San Luis. Der argentinische Zuchtclub zählt etwa 500 Mitglieder, aber es gibt auch noch mit ihm rivalisierende Zuchtvereinigungen, die von der FCI nicht anerkannt sind. Schwerpunkt in Europa der Dogo-Zucht ist Deutschland, soweit man bei insgesamt etwa 140 Hunden in ganz Europa überhaupt von einem Schwerpunkt sprechen kann. Nach Deutschland importierte der bekannte Kynologe Dr. ERICH SCHNEIDER-LEYER im Jahre 1968 drei Dogos. Er hat sich sehr für die Rasse eingesetzt. 1972 fiel der erste Wurf der Rasse in Deutschland, innerhalb der letzten 10 Jahre waren es nur 62 Welpen aus insgesamt 13 Würfen. Die wenigen engagierten Förderer der Rasse tun sich sehr schwer. Argentinien ist weit, es gibt Sprachprobleme. Die Zucht braucht dringend neue Importe, dazu müßte man erst eine klare Bestandsanalyse im Mutterland durchführen und danach die Importe planen. Es kostet sehr viel Geld, so etwas durchzuführen. Ich wünsche der Rasse einen Mäzen, der hilft, diese Hunderasse auch bei uns planmäßig aufzubauen.

Der Dogo Argentino ist ein sehr schöner Hund, es ist ein ästhetisches Vergnügen, diesen Hund draußen in der freien Natur zu beobachten. Aus Holland erhielt ich ausdruckstarke Bilder. Sie lassen ahnen, wie dieser weiße Jäger in seiner weiten Heimat auf die Pirsch geht. Schauen Sie sich einmal die Bewegungsstudien der Abbildungen 111–113 an! Mit welch kraftvollen Sätzen dieser Hund das Schilf zerteilt. Abbildung 114 erinnert an die Tropenwälder Argentiniens und Abbildung 115 zeigt den passionierten Jagdhund auf der Lauer. Ich hoffe, die großartigen Fotos erwecken bei einigen meiner Leser echtes Interesse an dieser Hunderasse.

Sicherlich muß man wissen, daß in Argentinien die jagdliche Brauchbarkeit des Dogo laufend geprüft wird. In vielen Farmen der Dogo-Züchter gibt es »Test-Pumas« und »Testsauen«, an denen der Nachwuchshund zu beweisen hat, daß er jagdliche Schärfe besitzt. Sicherlich sind solche Prüfungen mit unseren Vorstellungen über vernünftigen Tierschutz nicht in Einklang zu bringen. Das gilt aber ebenso für kontinentale Prüfungen von Jagdgebrauchshunden, ja auch für gar manche Überprüfung von Ge-

Abb. 114 Wasserjagd (Foto: H. J. Blom)

brauchshunden im Leistungssport. – Ich habe Filme gesehen, die zeigen, mit welchem Schneid halbwüchsige Dogos an den Recht wehrhaften »Test-Puma« herangehen. Dies war aus der Warte des interessierten Jägers sicherlich sehr beeindruckend. Natürlich gibt es in Europa keine die Herden bedrohenden Jaguare oder Silberlöwen, auch die Jagd auf Sauen erfolgt vernünftigerweise in der Regel mit der Kugel, so bestehen sicherlich wenig Chancen, diesen Hund hier jagdlich zu führen. Sein Jagdrevier ist tatsächlich das riesige Argentinien.

Abb. 111 Sprung (Foto: H. J. Blom)

Abb. 112 Flug (Foto: H. J. Blom)

Abb. 113 Landung (Foto: H. J. Blom)

Der Dogo Argentino wird aber in seiner Heimat auch recht erfolgreich von Polizei und Heer als Diensthund eingesetzt. Nach seiner Herkunft und Anatomie sollte er für den Gebrauchshundesport eine Menge mitbringen. Aus Österreich weiß ich, daß dort versucht wird, den Dogo als echten Gebrauchshund zu präsentieren. Unsere Abbildung Nr. 116 zeigt den Dogo in imponierender Drohhaltung. Das Gebiß erinnert tatsächlich etwas an ein Krokodil. Und wenn man seine Vorfahren Revue passieren läßt, es steckt eine Menge guter Anlagen in diesem Hund, einschließlich der erstklassigen Nase.

Wir haben im Dogo Argentino einen ziemlich atypischen Molosser, sicherlich aber einen typischen Kampfhund. Diese Rasse schlägt echt eine Brücke zu den Verwendungsformen und Aufgaben, die uns von den großen Hatzrüden bekannt sind.

Abb. 115 Auf der Lauer! (Foto: H. J. Blom)

Experten stimmen darin überein, daß in Argentinien eine erfolgreiche Bejagung von Jaguar, Puma und Sauen ohne die nachhaltige Hilfe des Dogo Argentino unmöglich wäre. Ein Kampfhund also, der in heutiger Zeit dem Menschen noch einen unentbehrlichen Dienst leistet. Die riesigen Flächen und das völlig unwegsame Gelände fordern einen solchen Jagdgefährten.

Zum Schluß dieses Kapitels möchte ich Ihnen noch zwei interessante Fotos zeigen. Abb. 117 zeigt eine Hündin aus Argentinien Anfang der 70er Jahre. Sie besticht durch Eleganz und vorzügliche Anatomie, unverkennbar der Doggeneinschlag, für mich ein traumhaft schöner Hunde!

Als Kontrastprogramm ein Originalimport der 80er Jahre nach Österreich. Diese Hündin zeigt Kraft, Substanz und einen mächtigen, rassetypischen Schädel.

Wir stehen vor dem uns schon bekannten Phänomen, daß junge Hunderassen sicherlich Zeit brauchen, bis über viele Generationen planmäßiger Zucht ein einheitlicher Typ erreicht wird. Auf die Züchter und Liebhaber dieser schönen Hunderasse wartet noch viel Arbeit.

Abb. 116 Gebiß wie ein Krokodil (Foto: Dr. Schimpf)

Abb. 117 Ein traumhaft schöner Hund!

Abb. 118 Kraft und Substanz des Dogo Argentino (Foto: Dr. Schimpf)

15. Fila Brasileiro

Wie sich die Bilder gleichen! In Argentinien jagt die Dogo Argentino den Jaguar, in Brasilien kämpft der Fila Brasileiro gegen den »Onca«, den brasilianischen Leopard. Kynologisch gesehen gehört der Fila damit in erster Linie zu den großen Jagdhunden, er ist Großwildjäger, aber auch Herdenschutzhund. Seine Qualifikation für diese Aufgaben verdankt er jedoch seiner Abstammung und Zugehörigkeit zu den Kampfhunden.

Auch der Fila Brasileiro entstammt molossoiden Hunderassen, die einmal die europäischen Eroberer ins Land brachten. Argentinien wurde von Portugal kolonialisiert, die Europäer kamen im 15. Jahrhundert ins Land. Auch in Brasilien bildete sich ein Zuchtgebiet, in dem die alten Rassen bewahrt wurden. Hier war es der Süden des Staates Minas Gerais.

Die ursprünglichen Aufgaben der brasilianischen Packer war das Einfangen entflohener Sklaven, wiederum eine Parallele zu Argentinien. Diese Hunde waren so gefürchtet, daß sie angeblich völlig ohne Begleitung die Entflohenen einfingen und wieder zu ihrem Herrn zurück brachten.

In Minas Gerais gab es riesige Farmen, die Packer schützten ihre Herden gegen Raubtiere, in erster Linie gegen den gefährlichen »Onca«. Sie machten sich aber auch beim Hüten und Treiben der Rinderherden nützlich und unentbehrlich. Noch heute wird in den Farmen der junge Fila im Kral getestet, ob er einen Jungstier durch gezielten Griff an Nase oder Ohren so lange allein festhalten kann, bis der Zweibeiner das Tier mit Seilen festgelegt hat. Dies ist notwendig, um die verwilderten Tiere zu kennzeichnen oder auch tierärztlich zu behandeln. Hervorragende Dienste leistet der »Farm-Fila« beim Treiben der Herden durch unwegsames Gelände und Sumpfgebiete.

Der Fila Brasileiro ist Kampfhund, Jagdhund, Viehtreiber und erstklassiger Wachhund, alles zugleich!

Die alten Importschläge wurden Ende des 19. und Anfang des 20. Jahrhunderts weiter durch gezielte Einkreuzungen europäischer Hunde verbessert. Mastiff, Bloodhound und Bulldog waren die für die Weiterentwicklung der Rasse entscheidenden Einkreuzungen. So etwa ab 1930 kann von einem Rassetyp des Filas im weitesten Sinne gesprochen werden. Sicherlich sollte aber in Brasilien ebenso wenig wie in Neapel oder Argentinien in jenen Jahren von einer planmäßigen Zucht gesprochen werden. Es fehlte jeglicher Standard als etwa übereinstimmendes Ziel, die einzelnen Farmer züchteten ihren eigenen Schlag entsprechend ihren Arbeitsforderungen.

Einem Mann ist das Verdienst um die Zucht der neuen Rasse zuzusprechen, dem Rechtsanwalt Dr. Paulo Santos Cruz. Er entdeckte im Jahre 1949 seine große Liebe zu dem Fila, er schuf damit die einzige eigene brasilianische Hunderasse. Sein Zuchtziel war ein großrahmiger Schutz- und Wachhund, mit viel Schärfe und Angriffslust, gleichzeitig Herdenschutzhund und Jagdhund gegen Raubtiere. Er besuchte die weiten Farmen des Landes Minas Gerais, traf hier zahllose Mischformen aus allen jenen großrahmigen Ausgangsrassen. Er traf seine Auswahl entsprechend seinen eigenen Vorstellungen über Wesen und Anatomie der neuen Rasse. Bis zu 42 Filas bevölkerten gleichzeitig die Zwingeranlagen »Parnapuan« in Santos. Aus diesen Aufkäufen schuf Dr. Cruz den heutigen Fila Brasileiro.

Im Auftrage des argentinischen Kennel Clubs erstellte Dr. Cruz 1950 den Standard der Rasse. Man darf davon ausgehen, daß die Vorfahren aller heutigen Filas einmal im Zwinger »Parnapua« oder auf den Großfarmen in Minas Gerais lebten. Um die auf diesen Farmen gezüchteten Hunde der Zucht zuzuführen, wurde ein »Registro Initial«, ein Register für Hunde unbekannter Abstammung eingerichtet. Die zur Eintragung vorgesehenen Farm-Filas wurden von Fachleuten auf Anatomie und Wesen begutachtet, entsprachen sie dem angestrebten Typ, so wurden sie in das Register aufgenommen. Heute ist dieses Register – gegen den Widerspruch von Dr. Cruz – geschlossen, damit können die Farm-Filas auf legale Weise nicht mehr in die Zucht aufgenommen werden. Man darf sich aber wirklich bei derartigen Feststellungen nicht verleiten lassen, in Brasilien eine ähnliche Zuchtüberwachung anzunehmen, wie dies etwa in Deutschland der Fall ist.

Erste Fila-Importe nach Deutschland erfolgten 1954. Herzog Albrecht von Bayern importierte direkt von Dr. Cruz »Parnapuan-Filas«. Nach gewissen Umstellungsschwierigkeiten bewies sein Förster Martin Pils, daß Filas auch in unserem Lande jagdlich geführt werden können. – Eine eigene Zucht in Deutschland entstand aber erst 1974. Im Jahre 1982 wurden aus deutscher Zucht 78 Welpen eingetragen. Damit hat auch der Fila die englischen und französischen großen molossoiden Kampfhunderassen in der Popularität weit überholt.

Der Fila ist ein schwieriger Hund. Selbst seine Züchter und Anhänger betonen, der Hund eigne sich nur für den erfahrenen Hundekenner. Die Problematik liegt in der Kraft dieses stattlichen Hundes von immerhin 70–75 cm Schulterhöhe bei einem Gewicht von etwa 50–60 Kilogramm, verbunden mit einer sehr niedrigen Reizschwelle und starkem Mißtrauen gegen alles Fremde. Was nicht zu Haus und Hof gehört, wird angegriffen. Selbst bei dem Umgang mit Kindern ist Vorsicht geboten, der Fila könnte mißverstehen und agressiv werden.

Diese Verbindung von ausgeprägter Naturschärfe mit niedriger Reizschwelle machen den Hund für die Haltung in der Stadt völlig ungeeignet, auf dem Land braucht er ein großes, gut eingefriedetes Grundstück, viel Auslauf und einen Herrn – oder Frauchen – der ihn beherrscht. Auch muß bei Spaziergängen sehr darauf geachtet werden, daß seine ausgeprägte Jagdpassion nicht durchbricht. Von seiner Anatomie her – und seiner Agressivität – könnte er für jeden Wildbestand zur Geißel werden.

In der Literatur findet man weitgehend übereinstimmende Charakterisierung dieses Hundes, wobei ihm Schärfe und außerordentliche Wachsamkeit attestiert werden, – ein Hund für ein einsam gelegenes Gehöft, wo ein solch angriffslustiger Wächter heute noch eine Aufgabe findet. Der Rassestandard verlangt noch zu allem Überfluß, der Hund müsse gegenüber Fremden stets sehr zurückhaltend und abweisend sein. Andererseits wird Scheu und Ängstlichkeit als zuchtausschließender Fehler angesehen. – Ein Hund für verhinderte Dompteure!

Hierzu ein sehr offenes Wort. Bei einem solchen Wesensbild erscheint der Hund zwar bei der Jagd auf den Leoparden oder als Schutz großer Büffelherden oder einsamer Farmen ideal, nicht aber als ein Haus- und Begleithund in unserem Lande. Wie nahe niedere Reizschwelle, Aggressivität, Scheu und Ängstlichkeit wesensmäßig miteinander verbunden sind, das haben die Verhaltensforscher klar nachgewiesen. Ob man dies wirklich bei den Züchtern des Fila noch nicht erkannt hat?

Gerade das, was alle anderen Kampfhunderassen auszeichnet, nämlich natürliche Gutartigkeit dem Menschen gegenüber und ruhiges Selbstbewußtsein, verbunden mit hoher Reizschwelle, das alles gibt es beim Fila nicht. Wer meistert ein Muskelpaket von 60 Kilogramm, wenn es irgendeine Handlung mißversteht und wutentflammt angreift? Und wie kann man einen solchen Hund dann noch zum Ablassen bewegen? Bei aller Anerkennung der guten anatomischen Formen des Filas, ich käme mir vor, als ginge ich mit einer ungesicherten Pistole in der Hosentasche spazieren.

Eine Standardbestimmung bei einem starken, wehrhaften Hund, er müsse allem Fremden gegenüber mißtrauisch und aggressiv sein, ist in unserer heutigen Zeit und bei den jetzigen Umweltgegebenheiten sicherlich nicht zu verantworten. Der Fila ist damit vom Charakter her ein atypischer Molosser, – wirklich nur für sehr erfahrene Hundekenner mit ganz besonderen Haltungsverhältnissen zu empfehlen.

Das ist um so bedauerlicher, weil der Fila anatomisch ein recht gesunder Hund ist, den mit Abstand niedrigsten HD-Befall aller großen Molosser hat, nur etwa 10% der untersuchten Hunde wiesen HD mittel oder schwer auf. Abb. 119 zeigt besonders schön den ausdrucksstarken Kopftyp der Rasse. Anders als bei den übrigen Molossern mit kurzem Fang und mächtigem Oberkopf sind die Proportionen Fang zu Oberkopf beim Fila nahezu 1:1. Man beachte den besonders tiefen Fang, den kaum vorhandenen Stop. Völlig unverkennbar bei diesem Schädel ist der massive Einfluß des Bloodhounds.

Welche Beweglichkeit und Kraft in diesem Hund stecken, zeigt der Bewegungsablauf spielender Hunde. Auch so betrachtet ist der Fila ein typischer Molosser, ein Hund mit den Bewegungen eines schnellen Jagdhundes. Charakteristisch für ihn, bei langsamer Bewegung bevorzugt er den Paßgang.

Kraft und Stärke des Filas, aber auch den unver-

Abb. 119 Fila Brasileiro »Boa vom Grünlandhof« (Foto: Seewald, Molosser Edition)

wechselbaren Kopftyp, zeigt Abb. 120. Dieses Foto eines sitzenden Hundes läßt ahnen, daß ein solch kraftstrotzender Hund auch dem Leoparden gefährlich werden kann. Besonders typisch für die Rasse sind stark ausgeprägte Halswamme und die lose Haut, die im Bereich der Hinterhand beim sitzenden Hund sogar Falten wirft.

Der Fila ist ein großrahmiger, gut aufgebauter Hund. Anatomische Übertreibungen fanden nicht statt, sie hätten ja auch die Gebrauchsfähigkeit des Hundes beeinträchtigt. Abb. 112 zeigt einen Rüden aus deutscher Zucht und wir sehen einen Hund, der bei aller Kraft in gar keiner Weise überladen wirkt. Dies ist eine begrüßenswerte Abweichung gegenüber den anderen Rassen, die wir schon besprochen haben.

In den letzten Jahren ist in Brasilien ein harter »Kampf um die Reinerhaltung des Fila Brasileiro« entbrannt. Dr. Cruz kämpft um die von ihm geschaffene Rasse und wehrt sich erbittert gegen neue Einkreuzungen mit Mastiff und Mastino Napoletano. Den Anhängern solcher Einkreuzungen wirft er vor, sie wollten den alten brasilianischen Arbeitshund zu einem übergroßen modernen Ausstellungshund umzüchten. Sie zerstörten alle Aufbauarbeit und verfremdeten damit die einzige nationale Rasse Brasiliens. Erstaunlicherweise nimmt man auch von deutscher Seite leidenschaftlich Partei in dieser Frage, obwohl ja unsere Zucht im Vergleich zu Brasilien praktisch bedeutungslos ist. In Brasilien wurden 1975/900 Filas, 1980/5000 Filas gezüchtet. Aus Deutschland wird argumentiert, daß gegen die Einkreuzungen von Mastiff und Mastino »die Geschich-

Abb. 120 »Clavigo v. d. Hofreite«

te und der über Jahrzehnte gewachsene Typ des Filas stehe.«

Manche haben einen etwas merkwürdigen Begriff von Geschichte. Über zwei Bücher habe ich nun versucht, die wahre Geschichte der Kampfhunderassen aufzuzeigen. Und Geschichte – auch im Sinne der Hundezucht – erstreckt sich nun einmal über wesentlich längere Zeiträume als dreißig Jahre.

Wir haben gesehen, wie Dr. Cruz in ziemlich autonomer Entscheidung so ab 1950 eine Rasse aufgebaut hat, wie vermischt der Fila gezüchtet wurde, wenn man dies einmal von den ursprünglichen Molossern der Kolonialherren an verfolgt. Wir wissen von Dr. Cruz selbst, daß der englische Mastiff eine der Grundsäulen ist, auf denen der Fila aufgebaut wurde. Erinnern wir uns auch, daß der alte Mastiff Ende des zweiten Weltkrieges nahezu ausgestorben war, und wie durch züchterische Fantasie und Initiative die alte Rasse neu entstand.

Ich wehre mich dagegen, daß man nur den ehrwürdigen Begründern einer Hunderasse das Recht zubilligt, darüber nachzudenken, was für eine Rasse gut oder schlecht ist. Jeder Züchter, auch der Züchter in den 80er Jahren des 20. Jahrhunderts hat das Recht, ja die Pflicht, darüber nachzudenken, ob die von ihm geliebte Rasse in Exterieur und im Charakter wirklich noch den Erfordernissen seiner Zeit entspricht. Es gäbe sicherlich genügend kynologische Gründe, über eine Blutauffrischung des Filas nachzudenken.

Diese Rasse sollte wirklich den Hundefreunden Tiere bieten, welche den Umweltbedingungen der nächsten 50 Jahre gewachsen sind. Aber viele Fanatiker verbeißen sich eben lieber auf einen idealen Kopftyp, auf gewünschte Farbvariationen oder ähnliches, anstatt sich der Grundfrage zu stellen, ob sie eigentlich für ihre Mitmenschen einen Hund züchten, der diesen Freude macht.

Wenn man einmal eine Hunderasse nicht allein von ihrer Anatomie her betrachtet, sondern insbesondere auch das Wesensbild analysiert, dann darf ich doch sicherlich meine Frage wiederholen, ob ein großrahmiger, starker Hund tatsächlich in unserer Zeit noch mit extrem niedriger Reizschwelle und einer im Rassestandard geforderten Feindhaltung gegenüber allem Fremden gezüchtet werden soll. Ich sehe hierin einen echten Mangel, eine völlig überflüssige ständige Nervenbelastung des Menschen. Züchten wir unsere Hunde für menschenfeindliche Einsiedler?

Könnten nicht gerade die Einkreuzungen von Mastiff und Mastino ein Weg sein, den Fila den heutigen Umweltanforderungen anzupassen? Sieht man denn nicht, daß es vernünftige Argumente für eine solche Veränderung geben könnte? Es liegt mir völlig fern, mich in den Streit in Brasilien in der einen oder anderen Richtung einzumischen, die Anhänger der Einkreuzungen werden dem Vernehmen nach sogar vom brasilianischen Kennel Club unterstützt. Meine Anmerkungen sollten nur verdeutlichen, daß man nicht zu vorschnell von einem ge-

Abb. 121 »Artus vom Grünlandhof« (Foto: Seewald Molosser-Edition)

schichtlichen Erbe sprechen sollte, – und daß Geschichte allein auch als Entschuldigung nicht ausreicht, um Nachdenken in der Gegenwart zu verbieten. Echtes geschichtliches Wissen um die Entstehung und um die inneren Verbindungen der Kampfhunderassen untereinander sollte dazu beitragen, solche Diskussionen sachlich zu führen.

Mein Wunsch für den anatomisch so schönen Fila Brasileiro ist es, daß man durch züchterische Maßnahmen ihn von seiner künstlich angezüchteten Menschenfeindlichkeit befreien möge. Dann stünde sicherlich einer rasch wachsenden Beliebtheit dieses Hundes nichts mehr im Wege.

16. Sonstige Kampfhunderassen

Der Begriff »Kampfhund« ist »in«! Er wertet den Hund für seinen Besitzer und in der öffentlichen Meinung auf. Kein Wunder, daß so mancher Züchter, so mancher die Rasse betreuende Club sein Image aufpoliert, die Rasse mit der werbewirksamen Bezeichnung »Kampfhund« schmückt. So gibt es kynologische Phantasten, die auf mehr als dreißig verschiedene Hunderassen kommen, die sie in diese Kategorie einordnen.

Die ersten fünfzehn Rassen, die ich von den modernen Rassen vorstellen durfte, sind kynologisch gesehen echte Kampfhunderassen. Ich habe aber schon bei den zwei letzten Rassen darauf hingewiesen, daß dies bereits Mischformen sind, gleichzeitig Jagdhund, Hirtenhund und echter Kampfhund! Nachstehend möchte ich noch zwei weitere Hunderassen vorstellen, die in unserem Lande kaum vertreten, ihrer Herkunft nach aber echte Kampfhunderassen sind.

A. TOSA INU

Diese japanische Hunderasse entstand in der zweiten Hälfte des 19. Jahrhunders. Sie wird in Japan auch als »SUMO-HUND« bezeichnet. – Sumo-Kämpfer sind japanische Ringer, die einen ganz besonderen, schon über 1500 Jahre alten Ringkampf austragen. Dabei geht es darum, stets trotz der gegnerischen Angriffe auf den Beinen zu bleiben, es dem Gegner nicht zu erlauben, mit irgend einem anderen Körperteil als den Beinen gegen den Boden gedrückt zu werden. Kräftige und mutige junge Japaner betreiben ein systematisches Body-Building über Jahre, werden dadurch zu kraftstrotzenden Muskelpaketen von 100 und mehr Kilogramm Gewicht.

Dieser Sumo-Kampf ist auch das Reglement für den traditionellen japanischen Hundekampf. Der Tosa Inu ist also ein »Ringer-Hund«, die Kämpfe werden nach den Sumoregeln ausgetragen. Gewinner ist der Hund, der seinen Gegner mit dem Körper auf den Boden drückt, von den Beinen bringt und am Boden liegend festhält. Beißende und knurrende Hunde werden disqualifiziert, von weiteren Kämpfen gesperrt.

Beim Sumokampf erfolgreiche Tosas bekamen ein kostbares Ornat, schön ausgeschmückte Stoffschürzen mit einem krönenden Aufbau kunstvoll geflochtener dicker Hanfseile. Gefragt war nicht der wilde Kämpfer, der Beißer, sondern der körperlich starke Hund, Mut gepaart mit Geschicklichkeit, Geduld und Ausdauer.

Der Tosa Inu entstand aus dem bodenständigen Shikoku-Inu, einem etwa 25 kg schweren und etwa 55 cm hohen einheimischen Hund, der sehr an einen europäischen kurzhaarigen Großspitz erinnert. Diese Hunde wurden mit europäischen Hunderassen wie Bulldog, Mastiff, Bernhardiner und Deutscher Dogge gekreuzt. Man wollte diese Kampfhunde größer, gewaltiger machen. Heute messen die Tosas 67–73 cm Schulterhöhe bei Gewichten von 45–50 Kilo. Die Blütezeit der Tosa-Zucht lag zwischen 1924 und 1933, da soll es in Japan über 5000 Tosa-Züchter gegeben haben.

Für uns Europäer ist schwer zu begreifen, wie man eine Hunderasse zu einem Ringkämpfer umfunktionieren kann, der damit ja gegen seine natürlichen Instinkte, gegen jede normale Kampftechnik eines Hundes handeln muß. Die Vermutung liegt nahe, daß die für solche Kämpfe ungeeigneten Zuchtprodukte in »normalen Hundekämpfen« Einsatz fanden.

Es gibt in Europa bisher nur einige wenige Exemplare, erste Zuchtversuche. Abbildung 122 zeigt ein nach Deutschland importiertes Zuchtpaar und Abbildung 123 bestätigt die Vermutung, daß diese Hunde in der Regel wohl doch lieber ihren Fang benutzen als zu ringen.

Es ist kaum anzunehmen, daß die Importeure die Absicht haben, in Europa künftig Sumo-Ringkämpfe zu veranstalten, man erwartet wohl doch von diesen japanischen Kampfhunden ganz besondere Qualitäten. Ob sich diese Erwartungen erfüllen werden?

Abb. 122 Tosa Inu, Originalimporte aus Japan (Foto: Eva-Maria Vogeler)

Abb. 123 Spielende Tosas (Foto: Eva-Maria Vogeler)

B. BOSTON TERRIER

Die Heimat dieser Hunde ist das Land Massachusetts in den USA, seine Hauptstadt Boston gab ihr den Namen. Bei der Entstehungsgeschichte des American Staffordshire Terrier haben wir schon gesehen, daß die englischen Einwanderer englische Kampfhunderassen mit in ihre neue Heimat brachten und daß auch der Hundekampf recht schnell populär wurde. In Boston wurden Bulldogge und Bullterrier untereinander gekreuzt, man züchtete die Hunde ausschließlich für die »dog-pit«, sie sollten da ihr Geld verdienen. Aus diesen Kreuzungen entstanden Hunde sehr unterschiedlicher Größe und Gewichtes, sie lagen zwischen 7 und 30 Kilogramm, was bei den extremen Ausgangsrassen gar nicht verwunderlich erscheint.

GRAF BYLANDT kommt in seinem großen Hundebuch 1897 zu der Auffassung, Boston Terrier und Boxer seien ein und dieselbe Rasse, er nennt als betreuenden Club für den Boston-Terrier den Boxer-Club München (auch große Kynologen können einmal irren). Das Bildmaterial ist bunt gemischt zwischen deutschen Boxern und amerikanischen Boston-Terriern. Er nennt für die Rasse Schulterhöhe von 35 bis 50 cm, Gewichte von 7 bis 25 Kilogramm. Trotz der Bildermischung ist die Abbildung eines Hundes in Boston »Tom« außerordentlich typisch (Abb. 124). Sie kann ebenso den Boston-Terrier des Jahres 1896 wie den heutigen Boston-Terrier repräsentieren. Unsere Abbildung 125 zeigt ein Ölgemäl-

Abb. 124 Boston Terrier »Tom« 1897

de, das etwa 1880 in den USA entstanden ist. Interessant erscheint die recht treffende Größenrelation zwischen Boston Terrier und Bull Terrier. Dieses Bull Terrier-Portrait wiederum dokumentiert den Einfluß auf die Entstehungsgeschichte des Dogo Argentino. Erwähnt sei noch, daß der Boston in den USA kupiert wird, in Europa in der Regel unkupiert bleibt. Durch spätere Einkreuzung der Französischen Bulldogge hat man heute in Europa beim Boston Terrier das typische Fledermausohr.

Es ist anzumerken, daß der Boston Terrier vom American Kennel Club (AKC) seit dem 27. 2. 1893 als eigene amerikanische Hunderasse anerkannt ist. Seither hat der Boston Terrier in den USA als der »good little Yankee dog« eine treue Anhängerschaft. Auch in England fand der Hund in den 30er Jahren engagierte Züchter und Liebhaber, blieb dabei aber eine kleine Rarität. Wir lesen, daß so etwa um 1935 in England für gute Exemplare des Boston Terriers selbst Preise von 2000 £ als nicht ungewöhnlich galten.

Hier muß klar gesehen werden, daß modebedingt der Boston über die Jahre mehr und mehr zum kleinen Luxusgeschöpf, zum Damenhund wurde. Die hohen Preise wurden vor allem für ganz kleine Hunde bezahlt. Aus dem ursprünglichen Kampfhund wurde ein kleines Luxusgeschöpf, – auch mit den Problemen der Zwergzucht.

Nach dem Standard vom 9. 4. 1957 gibt es heute drei Gewichtsklassen: Unter 15 lbs. (6,8 kg), 15–20 lbs. (6,8–9,1 kg) und 20–25 lbs. (9,1–11,4 kg). Der Trend geht sehr eindeutig zur kleinsten Kategorie, zum kleinen Luxushund. Dabei spielt Farbe und gleichmäßige Zeichnung für die Bewertung eine unverhältnismäßig große Rolle. Als typischen Kampfhund kann man aus diesen Gründen den Boston Terrier heute wohl auch nicht mehr ansehen.

Nun habe ich insgesamt siebzehn echte moderne Kampfhunderassen meinen Lesern einzeln vorgestellt. Ich bin sicher, daß so mancher Hundefreund seine Rasse bei dieser Reihung vermißt. Kynologisch gesehen endet aber hier meine Reihung der echten Kampfhunderassen. Warum einige aus dieser Kategorie auszuschließen sind, das darf ich an noch zwei Beispielen erläutern.

Abb. 125 Boston Terrier und Bull Terrier, Ölgemälde USA, ca. 1880 (Sammlung: Fr. Fleig)

C. HIRTENHUNDE

Es gibt eine stattliche Zahl großrahmiger Hirtenhunde-Rassen in vielen europäischen und außereuropäischen Ländern. Diese hatten mit Sicherheit unter ihren Vorfahren molossoide Hunde, auch sind in diese Rassen Mastiff, Bulldog und Bullenbeißer eingekreuzt worden. Bei einzelnen Rassen versucht man sogar eine Abstammung von der alten Tibet-Dogge zu konstruieren. In den großen Hirtenhunde-Rassen fließt mit Sicherheit das Blut alter Molosser, allerdings unterschiedlich verdünnt durch einheimische Schäferhundeschläge. Wollte aber der Club für Molosser tatsächlich alle Hunderassen mit molossoiden Einkreuzungen vertreten, er würde bald zu dem Verein, der die meisten Einzelrassen zu betreuen hätte.

Kynologisch sollte man Kampfhunde und große Hirtenhunde nicht in einen Topf werfen. Kampfhunde wurden gezüchtet – wie in KAMPFHUNDE I nachgewiesen – als Kriegshunde, zur Jagd auf wehrhaftes Wild und für vom Menschen arrangierte Tierkämpfe.

Hirtenhunde hatten und haben sicherlich in allen Ländern der Erde die Aufgabe, die Herden auch gegen vier- oder zweibeinige Räuber zu schützen, – dies war auch zum Beispiel die Aufgabe der Deutschen Schäferhunde, – es macht sie aber sicherlich nicht zu Kampfhunderassen. Große Hirtenhunderassen, die auch heute noch ihre Herden gegen Raubtiere verteidigen, finden wir u. a. in Rußland, Jugoslawien, Ungarn, Tschechoslowakei, Anatolien (Türkei), Norditalien, Schweiz, Spanien und Portugal.

Hirtenhunde sind in erster Linie Herdenhunde, sie haben trotz der Einkreuzungen großer Molosser schon »von Berufs wegen« einen völlig anderen Charakter als die in diesem Buch vorgestellten echten Kampfhunde. Gelegentliche Abwehr von Raubtieren ist etwas völlig anderes als die Zucht echter Packer für die Jagd oder von Hunden für den Tierkampf!

Aber es ist ebenso werbewirksam, »Kampfhunderassen« zu erfinden, es ist geschäftlich viel besser auszuwerten. Wer braucht denn in unserem zivilisierten Europa einen riesigen Hirtenhund, welche Aufgabe soll er übernehmen, wo sind die Herden, die er bei uns schützen könnte?

Abbildung 126 zeigt einen solchen imposanten Hirtenhund, den Mastin Espânol in seiner spanischen Heimat. Ich wünsche allen diesen schönen Hirtenhunden, daß sie nicht in eine Umwelt verpflanzt werden mögen, in der sie keinen ihnen angemessenen Lebensraum mehr haben, wo sie vom gesunden Arbeitshund zum armseligen Zwingerhund degenerieren würden. Denken wir doch an das Beispiel der nordischen Hunde, die mit viel Einsatz aus ihrer polaren Heimat zu uns verpflanzt wurden. Den Schlittenhunden verschaffen wir jetzt mühselig künstliches Sommertraining, im Winter reisen ihre Besitzer in den wenigen schneereichen Wochen über hunderte von Kilometern, um ihnen wenigstens etwas angemessene Bewegung und Training vor dem Hundeschlitten zu geben. Sehr strapaziös für Mensch und Tier! – Wo sind in den Flachländern Europas die großen Herden, an denen die stolzen Hirtenhunde ihnen angemessene Aufgaben finden könnten? Rettet man Hunderassen, in dem man sie aus ihrer wilden, angestammten Heimat herausreißt und dann in Zwinger sperrt? Kynologisches Nichtwissen, – oder ausgeprägter Geschäftssinn? Am Ende werden es die Hunde zu bezahlen haben – und die Menschen enttäuscht sein!

Abb. 126 Mastin Espanol, Hirtenhund in Spanien

D. MOPS

Ich bin ganz sicher, daß viele Hundefreunde auch diese Rasse unter den echten Kampfhunden suchen. Lange Zeit war die Herkunft dieses vierschrötigen kleinen Muskelprotzes umstritten. Viele Autoren sind der Meinung, er sei ein Abkömmling der englischen Bulldogge. BUFFON bezeichnet ihn schlicht als Bulldog-Variante, BECKMANN ist wohl der erste, der schon 1895 erkennt, daß das hohe Alter der Mopsrasse eine Abstammung von der Bulldogge

Abb. 127 Mops-Hundekampf?

ausschließt. Er verweist auf Holland und die Beziehungen der Niederlande zum Fernen Osten. Dennoch spricht Prof. EUGEN SEIFERLE 1960 von einem Zwerghund von unverkennbarem Doggentyp, ULRICH KLEVER sieht in ihm 1982 einen Zwerghund von unverkennbarem Molossertyp. Also doch ein Kampfhund?

Es ist wahr, daß im 19. Jahrhundert in England vereinzelt englische Zwergbulldoggen in die Rasse eingekreuzt wurden. Dabei zielte man darauf, die Kurznasigkeit weiter zu »vollenden«, und holte sich kräftig den bulldogtypischen Vorbiß herein. Aber dies ist nur ein ganz kleiner Ausschnitt der Rassegeschichte.

Die Spezialisten der Rasse stimmen schon lange überein, daß die Wiege des Mopses in China stand, daß er ein enger Verwandter des Pekinesen und anderer asiatischer Kurznasen ist. Insbesondere detaillierte Schädelmessungen und -vergleiche brachten die Mopskennerin Mrs. WILHELMINE SWAINSTON GODGER zu dem zwingenden Schluß, daß der Mops den asiatischen Kurznasen, keinesfalls aber den Bulldog- oder Mastiffnachkommen zugeordnet werden muß. Hinzu kommt die Tatsache, daß der Mops in seinem ganzen Wesen seinen asiatischen Verwandten recht nahe steht.

Kurznasige Zwerghunde wurden in China als Damenhunde schon vor Christi Geburt gezüchtet. Nach Holland kam der Mops aus dem Fernen Osten über holländische Seefahrer. Nach England, das für die Mopszüchtung sehr große Bedeutung gewann, kamen etwa gleichzeitig Möpse aus Holland und aus Peking.

So verlassen wir jetzt diese charmante Hunderasse, da sie wirklich unserem Kreis der Kampfhunde nicht angehört und hoffen, daß der kleine Kerl »sich nicht mopst«. (Abb. 127).

III. Kampfhunde in der Zukunft

Machen wir uns keine Illusionen, die Umwelt, in der wir leben, wird von Jahr zu Jahr hundefeindlicher. Das deutsche Recht ist schon lange gegen den Hund, Hunde sind Sachen, keine von den Sachen differenzierte Lebewesen. Der Hundehalter haftet nicht nur für Verschulden, sondern im Rahmen der Gefährdungshaftung dafür, daß er durch Haltung eines Hundes grundsätzlich andere gefährdet. Einzig und allein das Tierschutzgesetz bringt einen Lichtblick, aber nur einen sehr schwachen.

Wer in der Großstadt mit seinem Vierbeiner seinen Abendspaziergang macht, nach den Gemeindeverordnungen müßte er stets Schaufel und Eimer mit sich führen, falls . . . Haben Sie auch schon so erfreuliche Gespräche mit lieben Mitmenschen geführt, wenn Ihr »Hasso« nun doch irgendwo einmal das Bein heben mußte?

Und wie sieht es mit dem ersehnten Urlaub aus, draußen in der Natur, vom Hund stets begleitet? Die Freude der Hotelinhaber und der anderen lieben Gäste ist meist so groß, daß – zur Urlaubszeit alle öffentlichen und privaten Tierheime von Hunden überquellen. –

Hundefreundlichkeit, Kinderfreundlichkeit? Beides sehr, sehr selten geworden.

Und was tun wir nun mit unseren Kampfhunden? Überbleibsel aus einer Zeit, da der Hund seinen Herrn noch wirklich schützen konnte, ein Stück Romantik, Sentimentalität, Nostalgie?

Parellel zur immer kälter werdenden Umwelt, nüchternen Sachlichkeit, Kommerzialisierung, wachsenden Existenzangst des Menschen, parallel hierzu wächst noch immer die Sehnsucht nach einem Wesen, das den Menschen zurück geleitet in eine andere, bessere Welt. Der Hund, er ist stets für den Menschen da, einfach immer da, bereit zum Spiel, zum Spaziergang, zum ruhig neben Herrchen liegen. Der Hund freut sich immer, über jede neue Begegnung mit seinem Menschen, er schenkt Zärtlichkeit, sucht selbst Streicheleinheiten. In einer hektischen Umwelt voller Ärgernisse, Unbequemlichkeiten, der Hund ist da, wann immer man ihn braucht, er wartet auf seinen Menschen, bis er ihn ruft. Das ist wohl die Erklärung für die innige Freundschaft Hund – Mensch, sie wird auch in Zukunft fortbestehen, ja die Sehnsucht nach einer solchen Zweisamkeit wird noch wachsen.

Nun müssen wir klar erkennen, daß unsere Kampfhunde recht anspruchsvolle Hunde sind. Der Kampfhund fordert ein Mehr von seinem Besitzer, er gibt aber dieses Mehr auch wieder reichlich zurück. In der Regel kostet ein Kampfhund mehr als andere Hunde, in der Anschaffung, in der Fütterung, in der Pflege, bei großen Rassen auch in der Unterbringung, denn sie brauchen sehr viel freien Auslauf. Er verlangt ein deutliches Mehr an konsequenter Erziehung, an persönlicher Sorgfalt, an Eingehen auf seine Eigenheiten. Er bietet ein Mehr – an Hund, an Persönlichkeit, an Hingabe, an Verteidigungsbereitschaft. Das Wesen der Kampfhunderassen ist eine Kostbarkeit, man muß hierfür eine Antenne habe, sonst sollte man einen anderen Hund kaufen. Ich glaube, – besser, ich bin fest davon überzeugt, diese Hunde schenken an den Menschen ein Vielfaches von dem, was sie empfangen zurück. Dies ist meine Erfahrung über einige Jahrzehnte.

Dennoch, es gibt über die Zukunft unserer Kampfhunde einiges zu bedenken. Bei der Betrachtung der einzelnen Rassen gab ich immer wieder Hinweise über Fehlentwicklungen, Mißverständnisse, Probleme, welche die Zweisamkeit belasten. Auf einige dieser Punkte möchte ich jetzt nochmals eingehen.

Der Kampfhund muß sich zum Ende des 20. Jahrhunderts einer vom Menschen geschaffenen Umwelt anpassen, für die er als Rasse sicherlich züchterisch nie geplant war. Die allerwichtigste Anpassung liegt im psychischen Bereich. Hohe Reizschwelle, Gutartigkeit gegenüber Mensch und Tier im Alltagsleben, dies sind zwei Grundvoraussetzungen für Hunderassen, die in unser modernes Leben passen sollen. Aggressivität und ungezügelte Angriffslust sind etwas völlig anderes als sinnvolle Verteidiungsbereitschaft, die wir von einem wehrhaften Hund erwarten dürfen. Zähnefletschende, nervöse oder zitternde Kampfhunde, sie sind nicht nur Zerrbilder ihrer Rasse, sie passen auch einfach nicht in unsere Zeit. Gesucht ist der gutartige, nervenfeste Hund. Alle sicherlich notwendigen anatomischen Veränderungen sind gegenüber der Forderung nach einem sicheren Wesen zweitrangig.

Hinsichtlich der Anatomie unserer Kampfhunde sollten die Zuchtvereine sorgfältig und selbstkritisch prüfen, welche Standardforderungen notwendig, sinnvoll, der Rasse dienlich sind. Gestrichen werden sollten Forderungen, welche die Rassen belasten. Man sollte nicht länger so verbissen und Traditionen überbewertend vorgeben, man züchte perfekte Kampfmaschinen nach physikalischen Berechnungen, auch wenn dies die Hunde zu anatomischen Krüppeln macht. Und ob das furchterregende Äußere, das Verzerrte und Groteske wirklich bei manchen Rassen heute noch angemessen ist, auch darüber sollte man ruhig nachdenken. – Kein Opfern des Rassetyps, aber unbedingt Abbau von Übertreibungen!

Zuweilen schlägt die Tagespresse gerade zu diesem Thema kräftig dazwischen, – und dabei mangels sorgfältiger Recherchen auch oft gründlich daneben. Wer aber meine Anmerkungen zu einigen Rassemerkmalen kritisch nachvollzieht, er wird in vielen Hinweisen sicherlich so manches Körnchen Wahrheit finden. Man sollte übrigens den Splitter im eigenen Auge nicht gering schätzen, auch wenn man beim Nachbarn glaubt, den berühmten Balken zu sehen.

Darf ich nochmals mein Grundanliegen aufgreifen, das besonders Größe und Gewicht unserer Hunde betrifft? In den Standards aufgestellte Forderungen auf Riesenwuchs oder Maximalgewicht stehen in unauflösbarem Widerspruch zur Forderung auf optimale Gesundheit der Hunde, sind mit der Anatomie des Laufraubtiers Hund unvereinbar. Weg von der Anbetung von Größe, weg von der törichten Angabe mit hohen Körpergewichten! Wir brauchen gut bewegliche Hunde mit festen Muskeln und Bändern. Ein prüfender Seitenblick auf die Anatomie unserer Windhunde böte interessante Vergleichsmöglichkeiten.

Einige medizinische Wahrheiten dürfen nicht übersehen werden. Schnelles Wachstum des Skeletts, schwere Knochen und das Streben nach einem Maximum an Substanz führen bei unseren Hunden häufig zu schweren Störungen. Das Skelett wird durch Muskeln und Bänder zusammengehalten, werden diese durch zu hohe Gewichte überlastet, so werden die Bänder gedehnt, die Muskeln verkrampfen. Ein solcher Hund hängt dann lose in den Bändern, lose Bänder beeinträchtigen den Hund in Stand und Bewegung. Die Überbeanspruchung des ganzen Stützapparates führt zu Zerrungen, Rissen, schwierig ausheilende Lahmheiten.

Bei den großen Rassen treten öfter Wachstumsstörungen im Knochenbereich auf, besonders gefährlich ist die Humeruskopf-Nekrose. Dabei sterben im Kopf des Oberarmknochens Gewebezellen ab, die beim jungen Hund gebildete Knorpelsubstanz löst sich auf, anstatt sich zu festigen.

Gefährdet sind auch die schweren Rassen durch Frakturen, insbesondere im Bereich des Ellenbogengelenks. Man muß von einer gewissen erblichen Disposition für solche Brüche ausgehen, meist tritt der Schaden bei Überbeanspruchung im Spiel auf.

Bei den großen Rassen tritt Arthritis auf, fettleibige Hunde, die sich wenig bewegen, erscheinen besonders gefährdet.

Noch etwas zur Bewegung. Beim sehr jungen schweren Hund kann ein Zuviel manchmal noch schädlicher sein als ein Zuwenig. Wichtig ist, daß der Junghund nicht in Zwingerhaltung körperlich und geistig verkümmert, er braucht Sonne, Licht und Raum.

Hüftgelenkdisplasie (HD) befällt schwere Rassen besonders stark. Nach den Reihenuntersuchungen des Molosserclubs von fünf durch ihn betreuten Rassen im Jahre 1982 haben gesunde Hüften: 16% der Bordeaux-Doggen, 27,3% der Bull Mastiffs,

30,2% der Mastino Napoletano, 56,6% der Mastiff und 57,8% der Fila Brasileiro. Kein erfreuliches Zahlenmaterial.

Erwähnen möchte ich nochmals das Problem der Magenerweiterung und Magendrehungen bei den Großen. Hiergegen gibt es keine Patentrezepte, der einzige brauchbare tierärztliche Rat lautet, diese Hunde öfter und mit kleinen Mengen zu füttern. – Auch dies ein Indiz dafür, daß man ungestraft nicht zu groß und massig züchtet, denn die Erschlaffungen im Bänderapparat des Magen- und Darmtraktes tritt bei kleineren Rassen praktisch nie auf.

Ich möchte betonen, daß ich diese Fragen im vollen Wissen darum angeschnitten haben, daß Abhilfe kurzfristig nicht geschaffen werden kann. Tierzucht heißt auch Denken in Generationen. Wir züchten an unserer Aufgabe vorbei, wenn wir diese Probleme nicht sehr bald einplanen!

Es gibt eine Fülle von Problemen in der Hundezucht, übrigens auch in anderen Rassengruppen. Ich sah es als eine Aufgabe an, einige davon, die mir am wichtigsten erschienen, hier offen zu diskutieren.

Vor Jahren hatte ich einmal Gelegenheit, auf einer Tagung über die Entstehung der Kampfhunderassen zu sprechen. Aus Bildern meiner Sammlung führte ich den Nachweis, daß offensichtlich bei vielen Rassen die Hunde vor etwa fünfzig bis hundert Jahren anatomisch gesünder waren als heute. Übertreibungen gab es im Übermaß eigentlich erst in der Hundezucht des 20. Jahrhunderts. Die Züchter mußten in der Vergangenheit in der Praxis stets beweisen, daß ihre Hunde die angestrebte körperliche oder geistige Leistung tatsächlich erbrachten. Hierfür ist der Ausstellungsring nicht immer ausreichende Prüfung, manchmal begünstigt der Richter sogar durch sein Urteil sinnlose Übertreibungen.

Bei der Diskussion über erkennbare Mängel der Hunde in heutiger Zeit, ausgelöst durch falsche Anforderungen des Standards oder auch durch irrige Interpretation des Standards, erfolgte mit erstaunlicher Regelmäßigkeit der Hinweis, daß nur das Ursprungsland einer Rasse dem abhelfen könne, da werde ja der Standard bestimmt. Solange solche Fehler aber im Ursprungsland nicht bekämpft würden, werde er auch durch Importe aus dem Ursprungsland wieder in andere Länder weitergetragen.

Dies ist sicherlich wahr, dennoch wohl nicht unabänderlich. Sollte wirklich die internationale Zusammenarbeit aller engagierten Züchter an nationalen Egoismen auf die Dauer scheitern? Ich meine, auch ausländische Stimmen werden von den Clubs der Ursprungsländer sehr wohl gehört, wenn sie wirklich etwas zu sagen haben. Und züchterische Logik, züchterischer Erfolg sind international.

Wir haben sehr schöne deutsche Kampfhunderassen, Dogge und Boxer sind erstklassige Visitenkarten der deutschen Hundezucht. Dennoch bedaure ich es, daß eine alte deutsche Hunderasse ausgestorben ist, ich denke an den alten deutschen Bärenbeißer, wie er uns etwa in den Stichen von RIDINGER hervorragend überliefert ist. Ja, er lebt weiter in der Dogge und auch im Boxer, dennoch ist es um die alte Urform jammerschade, es war ein sehr schöner Hund ganz eigener Prägung. In KH I habe ich bei dem Kapitel über die Jagd auf wehrhafte Tiere eine ganze Reihe guter Abbildungen gebracht (u. a. S. 25, 30, 31, 32, 43). Hier möchte ich heute ein Kopfportrait des alten Saupackers vorstellen (Abb. 128), das die Schönheit dieses alten Hundeschlages spiegelt. Es gibt interessante Rückzüchtungen alter Kampfhunderassen, dies haben wir in diesem Buche gesehen, junge »alte Rassen«. Deutsche Züchter haben auch einmal den schon ausgestorbenen Hovawart wieder zum Leben erweckt. Warum eigentlich nicht auch den Bärenbeißer? Es gibt mit Sicherheit in unserem Lande noch großrahmige, zotthaarige große Hundeschläge, in Boxer und Dogge pulst das Blut dieser Hunde. Ein großrahmiger, zotthaariger Hund, mit gutem typischen Wesen, gesund und wetterfest, – diese Rückzüchtung wäre sicherlich eine echte kynologische Aufgabe, sie erfordert etwa 20 Jahre, aber Anhänger sollte eine solche Idee sicher finden.

Die Italiener haben ihren Mastino, die Argentinier den Dogo, Brasilien den Fila, alle diese Zuchten begannen ernsthaft erst vor etwa 30 Jahren. Und wir? – Ich meine, züchterische Fantasie und Schöpfungskraft sollten eigentlich nicht nur unseren Vorfahren vorbehalten sein. Diese ist ebenso gefragt für eine Rückzüchtung wie für Verbesserungen vorhandener Rassen heute.

Abb. 128 Kopfportrait eines Bärenbeißers Ag Schleich, ca. 1870.

Lassen Sie mich zum Schluß kommen. Für den Liebhaber des Charakters eines Kampfhundes bieten sich entsprechend seinen räumlichen Verhältnissen interessante Rassen an. Diese wollte ich in meinem Buch den Lesern näher bringen. Für den großzügigen Lebensraum mit viel freier Bewegung empfehlen sich Deutsche Doggen, Mastiffs und die anderen Großen, sie möge der Mastino nochmals an dieser Stelle vertreten (Abb. 129). Aber auch mit weniger Lebensraum begnügen sich gute Rassen, auch in der Großstadt sind sie angenehm zu halten, die Boxer, Bulldoggen, Bull Terrier und Staffords. Sie seien zum Schluß gemeinsam durch eine besonders gelungene Illustration des Französischen Bulldogs vertreten (Abb. 130).

Mein Buch ist wesentlich umfangreicher geworden als geplant. Es war eine schöne Aufgabe, aus einer Fülle von Material das Wesentliche herauszuarbeiten, es so auszuwerten, daß es den Anhängern der Kampfhunde ein abgerundetes Bild vermittelt, den Hunden neue Freunde gewinnt.

Mir bleibt die Hoffnung, daß kritische Anmerkungen Impulse auslösen für eine bessere Zukunft unserer Hunde. Mit Kraft, Mut und Schwung, auf in die Zukunft! (Abb. 131)

162

Abb. 129 »Assunta v. Brabant« mit Schauspielerin Heide Keller

Abb. 130 Studien Französische Bulldogge Eugen Kaibalf, ca. 1920.

Abb. 131 Mit Kraft, Mut und Schwung, auf in die Zukunft! Foto: Johann Wenzel

IV. Dankeschön

Dieses Buch wäre ohne die Hilfe vieler Freunde nicht entstanden. Ein ganz herzliches Dankeschön allen, die durch erstklassige Fotos mir geholfen haben, das Buch reich auszustatten.

Dank für viele Informationen engagierter Züchter, Dank für hoch willkommene Hilfe bei der technischen Gestaltung!

Dieter Fleig

Ludwig Beckmann „Geschichte und Beschreibung der Rassen des Hundes"

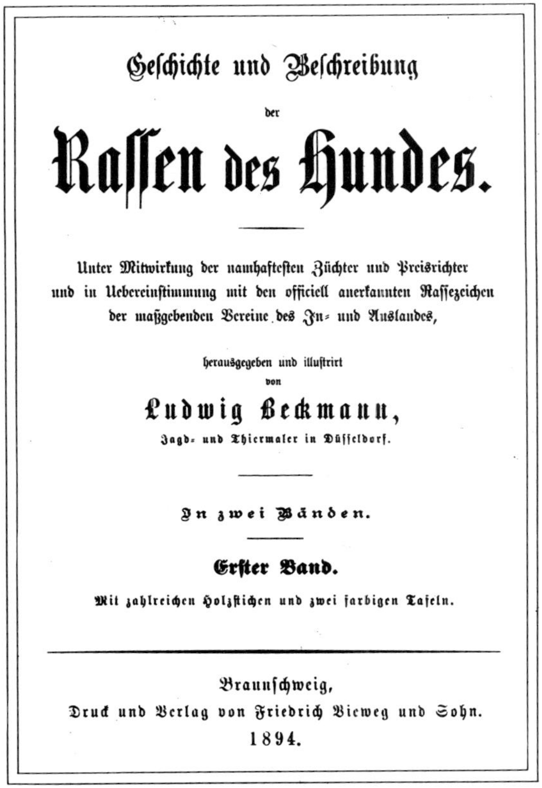

Geschichte und Beschreibung

der

Rassen des Hundes.

Unter Mitwirkung der namhaftesten Züchter und Preisrichter
und in Uebereinstimmung mit den officiell anerkannten Rassezeichen
der maßgebenden Vereine des In- und Auslandes,

herausgegeben und illustrirt
von

Ludwig Beckmann,

Jagd- und Thiermaler in Düsseldorf.

In zwei Bänden.

Erster Band.

Mit zahlreichen Holzstichen und zwei farbigen Tafeln.

Braunschweig,
Druck und Verlag von Friedrich Vieweg und Sohn.
1894.

Reprint der 1894 erschienenen zwei Prachtbände

786 Seiten Großformat
250 Holzstiche und zwei Farbtafeln

Dies ist *die Fundgrube* für jeden Hundefreund.
2 in Kunstleder mit Goldprägung gebundene Bücher

Das Lebenswerk des berühmten Düsseldorfer Kynologen und Tiermalers.

Dieses Buch bietet den Maßstab, ob die Rassehundezucht des 20. Jahrhunderts wirklich Fortschritte gebracht hat.
Der *„Beckmann"* gehört in die Bibliothek jedes Hundefreundes.

Herkunft, Anatomie, Farben, Zucht, Krankheiten, Ausbildung; – und über 120 detaillierte Einzelbeschreibungen der um die Jahrhundertwende existierenden Hunderassen.

Anfragen erbeten an:

VERLAG HELGA FLEIG
D-5531 MÜRLENBACH / EIFEL
HAUS ALEMANNENTRUTZ
Telefon 06594/653